Das kleine Holzlexikon

ROTO-Fachschriftenreihe
Band 1
Gesamtredaktion Gerd Heuser

ISBN 3-921546-16-8

Holzreproduktionen Brüllmann KG, Stuttgart
Druck Leibfarth + Schwarz, Dettingen/Erms

ROTO-Fachschriftenreihe Band I

Dipl.-Holzwirt Klaus-Günther Dahms

Das kleine Holzlexikon

Herausgegeben von der

Informationsabteilung der ROTO FRANK AG

1992 / 5. Auflage

Wegra-Verlagsgesellschaft mbH Stuttgart

Vorwort

Die Bedeutung von Holz als Bauwerkstoff nimmt seit Jahren wieder zu. Auch im Fensterbau ist es weder dem Kunststoff noch dem Aluminium gelungen, das Holz zu verdrängen; dies gilt vor allem für den Wohnungsbau.
Um auf dem laufenden zu bleiben, ist die Beschäftigung mit dem Rohstoff Holz für alle, die damit umgehen, deshalb immer aufs neue notwendig. Daß dies nicht nur erkannt, sondern auch praktiziert wird, zeigt der Erfolg des »Kleinen Holzlexikons«: rund 70 000 Exemplare lieferte die ROTO-Informationsabteilung seit seinem Erscheinen aus - eine stattliche Anzahl!
Sie beweist, wie beliebt das handliche Nachschlagewerk in der Fachwelt ist, das jedem Holzverarbeiter bei der Artbestimmung hilft und ihm die Auswahl geeigneter Hölzer für seine Arbeit erleichtert.
Der Entschluß, bereits die zweite Auflage zu überarbeiten, fiel angesichts dieser großen Nachfrage nicht schwer. Jetzt ist nach der vierten auch für diese fünfte Auflage wieder eine Bearbeitung und Erweiterung notwendig geworden. Neue Importhölzer wurden aufgenommen, die seit einigen Jahren dem Verarbeiter mehr und mehr angeboten werden, über deren Eigenschaften und Einsatzmöglichkeiten ihm aber noch wenig bekannt ist. Bei bereits beschriebenen, aber früher wenig verwendeten Hölzern sind Erfahrungen einbezogen worden, die in den vergangenen Jahren in der Praxis gemacht werden konnten. Andere Holzarten, die am Markt keine Bedeutung mehr haben, wurden herausgenommen.
Durch die neue Überarbeitung ist diese Auflage eine wichtige Ergänzung der früheren Bücher. Möge »Das kleine Holzlexikon« auch weiterhin der gute Ratgeber des Holzverarbeiters sein und ihm Zutrauen zur Verwendung neuer Überseehölzer geben oder ihm die Bestätigung seiner eigenen Erfahrungen liefern.

Im Januar 1992
ROTO-Informationsabteilung

Einführung

Bei dieser neuerlichen Überarbeitung des »Kleinen Holzlexikons« wurde berücksichtigt, daß inzwischen eine Erweiterung der Holzimportliste erfolgte und sich auch die wirtschaftliche Bedeutung verschiedener Holzarten geändert hat. Darüber hinaus konnten neue technische Erkenntnisse eingearbeitet werden, wie zum Beispiel das Vorhandensein von Maserstämmen und -knollen und deren Nutzung, um das Lexikon auf den neuesten Stand von Wissenschaft und Praxis zu bringen.

Bei der wieder in gleicher Form vorgenommenen Gliederung ist für den Leser jedoch folgendes zu beachten:

Holznamen: Als Leitname wird die DIN 4076/1 nebst Kurzzeichen (-) angewandt; bei Tropenhölzern wird dabei weitgehend der ATIBT-Nomenclature gefolgt. Bei europäischen Hölzern sind weitgehend auch die englischen und französischen Handelsnamen mit aufgenommen.
Weitere Handelsnamen und lokale Be-

zeichnungen sind nur soweit erwähnt, als sie in einem gewissen geographischen Bereich von Bedeutung sind. Auf falsche Namensbezeichnungen wird, sofern erforderlich, hingewiesen.

Vorkommen: Es sind nur die wirtschaftlich wichtigsten Großräume, die auch als regelmäßige Liefergebiete in Frage kommen, erwähnt, unter Anpassung der jüngsten politischen Staatsnamengebung.

Baumbeschreibung: Die Dimensionshinweise verstehen sich nur auf die Nutzholztauglichkeit bzw. auf die Bezugsmöglichkeit.

Farbe: Der Splint-/Kernholzunterschied ist besonders hervorgehoben, ebenso die farbliche Veränderung vom frischen zum trokkenen Holz.

Makroskopisches Erscheinungsbild und Gesamtstruktur: Die Angaben beziehen sich besonders auf die primären Merkmale, die die Strukturbilder bestimmen, wobei die Gefäße in ihrer Größe sich etwa aufteilen lassen in:
grobe Poren,
mittelgroße Poren,
feine Poren.

Eigenschaften: Die Lufttrockengewichtsangaben in g/cm^3 beziehen sich auf den Feuchtigkeitsgehalt von etwa 15 Prozent; hingegen stellt die Gewichtsangabe des Landungsgewichtes in kg/m^3 das Erfahrungsgewicht des frischen Rundholzes dar.

Die Rohwichte ist keine feste Größe, sondern kann, abhängig vom Wuchsstandort einen erheblichen Streubereich aufweisen. Deshalb sind die angegebenen Mittelwerte als Richtwerte aufzufassen.

In der Schwindung wird unterschieden:
bis 10 Prozent gering schwindend
bis 15 Prozent mäßig schwindend
über 15 Prozent stark schwindend

Festigkeitswerte sind nur von den Holzarten angegeben, über die schon wissenschaftlich abgesicherte, repräsentative Werte vorliegen, wobei nunmehr die SI-Einheiten, d. h. N/mm^2, verwandt wurden. Auch diese Werte können um etwa plus/minus 10 Prozent abweichen.

Bearbeitung und Oberflächenbehandlung: Die wichtigsten Bearbeitungsformen sind vorangestellt, dann wird auf besondere technologische Fragen der anschließenden Verarbeitung eingegangen. Hieran schließt die Darstellung des Trocknungsverhaltens und der Oberflächenbehandlung an.

Fehler: Erwähnt sind nur natürliche Fehler, die die Ausnutzung behindern bzw. die holzartengemäße Verwendungsmöglichkeit einschränken.

Eignung und Verwendung: Es werden nur die wichtigsten Verwendungsgebiete genannt, unterschieden nach dem Einsatz von Vollholz und Furnieren.

Insgesamt konnten 113 Holzartenbeschreibungen aufgenommen werden. Deren wichtigste technologische Kennziffern sind noch in einer Tabelle zusammengefaßt, die außerdem Hinweise auf die möglichen Lieferformen enthält.

Die Farbtafeln sind gegliedert in Nadel- und Laubhölzer. Innerhalb dieser Gruppen stehen diejenigen Hölzer zusammen, die entweder derselben botanischen Gattung angehören oder sich farblich ähnlich sind und deshalb ausgetauscht werden können. Der obere Teil der einzelnen Abbildung zeigt das Holz ohne Oberflächenbehandlung, im unteren Teil ist es mit einer handelsüblichen Lasur behandelt.

Mit dieser Neuauflage des »Kleinen Holzlexikons« liegt dem Holzpraktiker ein übersichtliches, schnell informierendes Handbuch vor, das ihn gegebenenfalls dazu anregen möge, in grundsätzlichen Standardwerken sein Wissen zu vertiefen.

Abachi (ABA)

Obeche, Ayous, Wawa, Samba

Die Bezeichnung Wawa gilt für Ghana, Samba für die Elfenbeinküste, Ayous für Kamerun und Äquatorialguinea. In Liberia sagt man meist Obeche.

Triplochiton scleroxylon

Familie: *Sterculiaceae*

Vorkommen: Tropisches Westafrika von Sierra Leone bis nach Kamerun sowie bis nach Zentralafrika (Zentralafrikanische Republik, Kongo, Zaire).

Baumbeschreibung: Die auf 25 bis 30 m nahezu astfreien Schäfte haben jedoch hoch hinaufreichende Brettwurzeln bei Durchmessern von 70 bis 120 bis 200 cm und sind in der unteren Stammhälfte meist hohlkehlig.

Farbe: Blaßgelb bis weißgrau, Westkamerun- und Guinée-Equatorial-Herkünfte strohgelb; praktisch kein Unterschied zwischen Splint und Kernholz; Verfärbungen durch Bläuepilzbefall kommen häufig vor.

Makroskopisches Erscheinungsbild und Gesamtstruktur: Grobe, zerstreut angeordnete, nicht sehr zahlreiche Poren; Porenrillen deutlich, häufig ziemlich lang und gewunden und gleich gewachsen. Die teils breiten Zuwachszonen sind, abhängig vom klimatischen Standort, oft erkennbar. Feine Holzstrahlen sind radial als seidig glänzende Spiegel sichtbar. Gelegentlich ist bei manchen Standorten mit einem wolligen Kern zu rechnen. Sehr gleichmäßige, jedoch grobporige Struktur; vereinzelt vorkommender Wechseldrehwuchs verursacht weite Glanzstreifen.

Eigenschaften: $r_{15} = 0{,}40$ g/cm^3, Landungsgewicht um 575 kg/m^3, sehr gering schwindend; sehr gutes Stehvermögen, teils wechseldrehwüchsig, weich und fest, geringer Elastizitätsmodul. Der charakteristische Geruch verfliegt mit der Austrocknung.

Bearbeitung und Oberflächenbehandlung: Vorwiegend Schälen und Sägen, gelegentlich auch Einmesserung. Gut zu bearbeiten sowie gut und schnell zu trocknen, verlangt sehr scharfe Werkzeuge.
Holzverbindungen halten gut, jedoch nimmt Abachi viel Leim auf.

Fehler: Standortabhängiger, unterschiedlich starker innerer Wurmbefall; frisches Holz verblaut leicht; nicht sehr witterungsfest; wolliger Kern und Hohlfäule bei überalterten Bäumen. Hellbraunes und hartes Kernholz mit hellen mineralischen Einlagerungen (selten).

Eignung und Verwendung: Besonders vielseitig einsetzbar, dabei auch zum Austausch mit Nadelhölzern geeignet. Türfutter und -bekleidung, Absperrfurniere, Leisten und Rahmenwerk, Prothesen, Karosserie-, Musikinstrumenten- und Saunabau, Verpackungen. In der Sperrholzherstellung vorwiegend als Blindfurnier, teils auch für Türfriesen, nur gelegentlich als Deckfurnier.

Abura (ABU)

Bahia, Subaha, Voukou, Longwa

Bezeichnungen wie Ciliatis, Afrikanische Erle und Afrikanische Pappel sind als irreführend abzulehnen.

Hallea ciliata und *H. stipulosa* u. w.

Familie: *Rubiaceae*

Vorkommen: Von Liberia bis Nigeria sowie von Gabun bis nach Angola und Zaire hineinreichend.

Baumbeschreibung: Schlanke, mittelhohe, gerade Bäume von 50 bis 80 cm Durchmesser, auf 15 m astfrei, kaum Wurzelanläufe.

Farbe: Gelbbraun mit rötlichem Einschlag; Splint etwas heller, häufig schon graurosa verfärbt, jedoch sonst farblich wenig unterscheidbar.

Makroskopisches Erscheinungsbild und Gesamtstruktur: Zuwachszonen bei einigen Herkünften schwach angedeutet. Zahlreiche mittelgroße Poren, häufig in kurzen, radialen Reihen angeordnet; dichtliegende, feine Porenrillen; keine Kernstoffeinlagerungen. Speicherzellen in zahlreichen schmalen, dichten Bändern sowie zahlreiche, dichte Holzstrahlen, die radial als 1 mm hohe Spiegel oder feine Flecken sichtbar sind. Schlichtes Holz mit einer gradfasrigen, gleichmäßigen, mittelfeinen Struktur; nur selten gering wechseldrehwüchsig.

Eigenschaften: $r_{15} = 0{,}60$ g/cm^3, Landungsgewicht 890 bis 920 kg/m^3, mäßig schwindend, Stehvermögen befriedigend; für sein mittleres Gewicht fest und dicht, leicht eindrückbar; ziemlich säurefest. Frisch unangenehmer Geruch. Wenig dauerhaft.

Bearbeitung und Oberflächenbehandlung: Vorwiegend Sägen, gelegentlich Schälen. Gut zu bearbeiten, jedoch Werkzeuge stumpfend. Alle Holzverbindungen halten gut; besonders gut aber ist das Holz zu nageln und zu schrauben sowie zu pressen und zu verformen. Trocknet schnell.
Jegliche Oberflächenbehandlung ist möglich; besonders geeignet zum Beizen.

Fehler: Nicht sehr witterungsfest, verstockt leicht; Herzrisse möglich; verursacht Korrosionsflecke. Frisches Rundholz wird schnell von Insekten und Pilzen befallen; schwammiges Herz bei alten Bäumen. Violettbraunes Kernholz (Nußkern).

Eignung und Verwendung: Als Schnittholz besonders für profilierte Lisenen, für Bilderrahmenleisten, Türrahmen und für den Modellbau. Als Sonderverwendung für Akkumulatorenbrettchen und chemische Behälter. Spielzeug, Zierverpackungen, Treppengeländer.

Afrormosia (AFR)

Kokrodua, Assamela, Bohala

Die Phantasiebezeichnung Afrikanisches Goldteak ist abzulehnen.

Pericopsis (= Afrormosia) *elata*

Familie: *Fabaceae*

Vorkommen: Elfenbeinküste, Ghana, Südkamerun, Nordkongo, Zentralzaire.

Baumbeschreibung: Die häufig hohlkehligen und etwas verformten Stämme – wuchsmäßig sind die südlichen Herkünfte besser ausgeformt – sind auf etwa 20 bis 25 m astfrei. Die Durchmesser schwanken erheblich zwischen 70 bis 150 cm.

Farbe: Das 2 bis 4 cm breite, weiß- bis hellgrau gefärbte Splintholz ist deutlich vom gelblichbraunen bis helloliven Kernholz abgesetzt, dieses dunkelt nach und zeigt durch Spätholzzonen eine schwache Farbstreifigkeit. Die glatten Oberflächen haben einen dekorativen Glanz.

Makroskopisches Erscheinungsbild und Gesamtstruktur: Zahlreiche mittelgroße, zerstreut angeordnete Poren; die engen Porenrillen verursachen eine gleichförmige, feinporöse Oberfläche, sie können einen weißgrauen Inhalt haben, der je nach Schnittfläche unregelmäßig geformte, helle, kalkähnliche Flecken bilden kann. Die Speicherzellen beeinflussen das Holzbild nicht; Zuwachszonen sind nur sehr schwach ausgebildet; die feinen Holzstrahlen sind stockwerkartig angeordnet. Der häufig vorkommende Wechseldrehwuchs verursacht einen regelmäßigen, engen Glanzstreifen. Ein dichtes, festes, dekoratives Holz.

Eigenschaften: $r_{15} = 0{,}76$ g/cm^3, Landungsgewicht 1150 kg/m^3, geringes Schwindmaß, gutes Stehvermögen, die Festigkeitswerte können fast denen von Afzelia gleichkommen. Pilz-, insekten- und witterungsfest.

Bearbeitung und Oberflächenbehandlung: Sägen und Messern, wobei letzteres eine

gründliche Dämpfung voraussetzt. Holzverbindungen durch Schrauben und Nageln halten gut, jedoch ist ein Vorbohren zu empfehlen. Alkalische Leime sowie frischer Mörtel und Metalle führen im Kontakt mit feuchtem Holz zu Verfärbungen bzw. Korrosionserscheinungen. Die Trocknung verläuft langsam ohne besondere Rißbildung oder Verzugserscheinungen.
Im Außenbau empfehlen sich DD- und Harnstofflacke, auf bewitterten Flächen sind Lasuren vorzuziehen. Für innen sind alle üblichen Mittel geeignet.

Fehler: Teils starker Wechseldrehwuchs und Hohlkehligkeit; flächige Kalkflecken auf den Messerfurnieren.

Eignung und Verwendung: Ein hochwertiges und dekoratives Messerfurnierholz und ein technologisch wertvolles Vollholz mit vielseitigen Einsatzmöglichkeiten im Innen- und Außenbau, besonders auch für Fenster, das anstelle von Teak, Afzelia, Iroko und Eiche verwendet werden kann. Wegen seiner hohen Abriebfestigkeit auch für Parkett und Treppen zu empfehlen.

Afzelia (Doussie) (AFZ)

Apa, Chamfuta, Doussie, Lingue

Wenn auch einzelne Arten und Herkünfte häufig mit einem unterschiedlichen Handelsnamen bezeichnet werden, so gilt heute doch allgemein, daß die drei ersten, wichtigsten Arten gemäß ATIBT auch gemeinsam unter dem Handelsnamen Doussie oder Afzelia erfaßt werden; lediglich für die ostafrikanischen Herkünfte wird Chamfuta verwendet.

A. africana u. *bella*	= Lingue und Papao
A. bipindensis	= Doussie
A. pachyloba	= Apa
A. cuanzensis	= Chamfuta
A. xylocarpa	= Makamong
Intsia bijuga	= Merbau, Kwila

(Die letzten beiden aus Asien sind sehr ähnlich.)

Familie: *Caesalpiniaceae*

Vorkommen: Unterschiedlich häufig in Westafrika von Liberia bis einschließlich Kamerun, jedoch auch vereinzelte Vorkommen in Gabun, im Kongo und in Angola sowie in Ostafrika (Mosambik). Merbau und Makamong nur im tropischen Südostasien. In Kamerun stocken die größten Vorkommen an *A. bipindensis,* die jedoch auch teils mit *A. pachyloba* vermengt sind.

Baumbeschreibung: Die Güte der Wuchsausformung ist standortabhängig, wobei häufig wenig zylindrisch ausgeformte Stammschäfte anfallen, die spannrückig sind. Doussie weist meist die bessere und ruhigere Stammform auf. Apa kann weniger gradfasrig sein und außen mehr leichte Beulen zeigen. Durchmesser 60 bis 120 cm, astfreie Stammschäfte etwa auf 15 m.

Farbe: Das je nach Alter 3 bis 10 cm breite, gelblichgraue Splintholz fällt am schwächsten bei *A. cuanzensis* aus und am stärksten bei *A. pachyloba.* Die Kernholzfarbe ist auch von der Art abhängig; so sind *A. africana* und *A. pachyloba* blaßgelb bis hellbraun gefärbt, *A. bipindensis* und *A. cuanzensis* mehr hellrotbraun mit einem starken Nachdunklungseffekt zu Dunkelrotbraun, wenn sie direktem Lichteinfluß ausgesetzt sind. Die gehobelten Flächen sind matt glänzend.

Makroskopisches Erscheinungsbild und Gesamtstruktur: Die groben, zerstreut angeordneten Poren sind sofort erkennbar, weil sie von einem typischen augenförmigen Speicherzellenfeld auf dem Hirnschnitt umgeben sind; die Porenrillen verlaufen oft unregelmäßig und gewunden und zeigen auf dem Längsschnitt einen hellweißlichen bis gelblichen Inhalt. Im Stamminnern und in Spalten befinden sich häufig harte bis bröckelige graue oder gelbe Kernstoffablagerungen, wobei der gelbe Inhalt bei dem dunklen Afzelia-Typ, also bei *A. bipindensis,* überwiegt. Die Zuwachszonen sind nur schwach auf dem Quer- und Fladerschnitt zu erkennen; Wechseldrehwuchs kommt vor.

Eigenschaften: $r_{15} = 0{,}80$ g/cm³, Landungsgewicht 1150 kg/m³; gute Festigkeitseigenschaften, z. B. Druckfestigkeit 70 N/mm², Biegefestigkeit 150 N/mm². Hervorzuheben sind das geringe Schwindmaß, ein hervorragendes Stehvermögen, sehr gute Witterungsfestigkeit, jedoch spröde. A. bipindensis kann durch UV-Strahlen identifiziert werden.

Bearbeitung und Oberflächenbehandlung: Trotz seiner Härte bereitet der Einschnitt keine grundsätzlichen Schwierigkeiten, jedoch sollten stellitisierte Sägeblätter und, für die Bearbeitung, hartmetallbestückte Werkzeuge benützt werden. Sägespäne und Schleifstaub müssen wegen ihrer die Schleimhäute reizenden Wirkung sorgfältig abgesaugt werden. Die Trocknung erfolgt sehr langsam, jedoch ohne Schäden, sofern die Fasern nicht unregelmäßig verlaufen. Nach der Kammertrocknung sollte eine mehrtägige »Entspannung« erfolgen. Das überdurchschnittliche Stehvermögen erfordert eine Herabtrocknung auf das zukünftige Verwendungsklima, weil bei frischem, sägefallendem oder nur oberflächlich abgetrocknetem Holz die gesamte Trocknungsschwindung im fertigen Werkstück erfolgen kann. Dadurch entsteht ein nachteiliges Verziehen, das wegen der langsamen Trocknung häufig erst viel später im Bau festgestellt wird. Außerdem kann es Korrosionsflecken geben. Für Nägel und Schrauben vorbohren.
Die Oberflächenbehandlung erfolgt nach gründlicher DD-Lackgrundierung am besten mit Klarlacken auf Alkyd- oder Epoxidharzbasis. Deckanstriche sind mindestens dreifach aufzutragen. Für stärker bewitterte Außenflächen empfehlen sich Lasuranstriche. Schwer beizbar. Porenfüller zweckmäßig.

Fehler: Das Stamminnere kann Aushöhlungen aufweisen; frisches Rundholz neigt bei starkem Frost schnell zur Rißbildung.

Eignung und Verwendung: Für Außenbauten wie Rahmenwerk, Fenster, Türen, Tore, Zäune, gärtnerischen Bedarf sowie für chemischen Behälterbau und im Schiffsbau. Im Innenbau für Fußböden bzw. Parkett, Treppen, Werktische. Hin und wieder werden Messerfurniere für Küchenmöbel verwandt.

Agba (AGB)

Tola, Tola branca, Weißes Tola

Bezeichnungen wie Pink Mahogany, Nigerian Cedar oder gar Goldkiefer sind irreführend und sollten für Agba nicht verwendet werden.

Gossweilerodendron balsamiferum

Familie: *Caesalpiniaceae*

Vorkommen: Nigeria, Gabun, Kongo, Angola, Zaire. In Kamerun und Gabun wächst das sehr ähnliche Oduma von *G. joveri,* das jedoch grobporiger und rötlicher ist.

Baumbeschreibung: Die bis 20 m praktisch astfreien Baumschäfte haben Durchmesser von ca. 70 bis 180 cm und keine Wurzelanläufe. Ringeln, 3 Monate vor dem Einschlag, verhindert das Reißen der Stämme.

Farbe: Gelblichhellbraun, rötlich getönt; der 12 cm breite Splint ist etwas heller, aber nicht scharf abgesetzt.

Makroskopisches Erscheinungsbild und Gesamtstruktur: Mittel- bis grobporig, zerstreut, von Speicherzellen unscharf eingefaßt; Porenrillen fein und gerade, vielfach mit dunklen Inhaltsstoffen. Feine Holzstrahlen bilden radial 0,5 mm hohe Spiegel. Zuwachszonen schwach erkennbar; Harzkanäle nur mit der Lupe erkennbar. Geradfasriges, schlichtes, ziemlich homogenes, mittelfeines, bis an die Markröhre gesundes

Holz. Wechseldrehwuchs kommt vereinzelt vor.

Eigenschaften: $r_{15} = 0{,}53$ g/cm^3, Landungsgewicht 800 kg/m^3, gering schwindend; gutes Stehvermögen, mäßige Festigkeitseigenschaften, nicht sehr elastisch, mäßig hart; sehr witterungsfest. Im frischen Zustand harzig-aromatischer Geruch.

Bearbeitung und Oberflächenbehandlung: Vorwiegend Sägen, gelegentlich Schälen. Für das Dämpfen vor dem Schälen sind wegen des Harzaustritts besondere Temperatursteigerungen mit einem Unterbrechungsrhythmus einzuhalten. Freiluft- und Kammertrocknung verlaufen schnell und ohne besondere Schwierigkeiten, sofern man bei der Kammertrocknung die wegen des Harzinhalts nicht zu hohen Temperaturen kontinuierlich steuert. Trockenes Holz ist mit allen Werkzeugen gut zu bearbeiten und gut zu verleimen. Alle Holzverbindungen halten gut.
Die Oberflächenbehandlung kann durch Harzaustritt erschwert werden. Schnell zu polieren; verlangt Porenfüller.

Fehler: Großer Harzreichtum im Splintholz, was die Werkzeuge verschmiert; Ringschäle; Querrisse durch Fällschäden oder Windbruch.

Eignung und Verwendung: Besonders im Außenbau für Jalousien, Fenster und Türen; ferner für Rahmen, Möbelfüße sowie für Vollholzprofile bei Stilmöbeln als Nußersatz. Geeignet auch für Parkett, Decksplanken, Fässer und zur Sperrholzherstellung. Innenausbau für Wände, Decken, Futter und Bekleidung, Treppen, Möbelteile.

Ahorn (AHB)

Berg- oder Weißahorn, Spitzahorn (= Sycamore), Feldahorn oder Maßholder, Maple, Erable, Riegelahorn (= fiddle back). Platane (von *Platanus)* wird auch Sycamore genannt.

Acer campestre = Feldahorn
A. platanoides = Spitzahorn
A. pseudoplatanus = Bergahorn, Sycamore

Familie: *Aceraceae*

Vorkommen: England, West-, Zentral- und Südosteuropa bis Kleinasien. Andere importierte Arten wachsen in Nordamerika.

Baumbeschreibung: Meist recht gerade und zylindrisch ausgeformte Stämme, bis 15 m astfrei bei Durchmessern von 60 bis 100 cm. Als Wuchsanomalien können am Stammfuß und an den Wurzelpartien Maserknollen entstehen, insbesondere beim Feldahorn und bei *A. macrophyllum* aus Nordamerika (Pazifikküste).

Farbe: Der Bergahorn, dessen Splint über den ganzen Querschnitt reicht, ist fast rein weiß, der Spitzahorn etwas gelblich getönt bis schwach grau und der Feldahorn selten weiß, fast immer etwas rötlich getönt. Als Alterserscheinung zeigt Ahorn ein deutliches Vergilben. Splint- und Kernholz unterscheiden sich kaum, jedoch kann bei starken, älteren Bergahornstämmen der Kern von schwarzbraunen Streifen durchzogen sein. Ahornholz ist glänzend.

Makroskopisches Erscheinungsbild und Gesamtstruktur: Die sehr feinen, zerstreuten Poren sind als Porenrillen nur auf sehr sauber gehobelten, ungeschliffenen Flächen noch erkennbar. Die ziemlich breiten und dicht gestellten Holzstrahlen beeinflussen, besonders beim Bergahorn, als rötliche, seidenglänzende Spiegel das Holzbild; beim Riegelahorn erscheinen die Holzstrahlen als Längsbänder. Maserfurniere aus den Knollen können die verschiedensten Zeichnungen haben. Die Jahrringzonen sind durch das als feines Band dunkel erscheinende Spätzholz erkennbar; sie bilden besonders beim Feldahorn eine tangentiale, auffallende Fladerung; beim Bergahorn bewirken feine, dunklere Spätholzbänder eine Streifen- bzw. Fladerbildung. Die Jahrringgrenze ist beim Spitzahorn dunkler als beim Bergahorn und bei alten Bäumen feinwellig. Ahorn ist ein sehr homogenes, häufig grob bis sehr fein geflammtes oder geriegeltes, dichtes Holz.

Eigenschaften: Für Berg-A. $r_{15}=0{,}66$ g/cm^3, Landungsgewicht 820 kg/m^3; für Feld-A. $r_{15}=0{,}74$ g/cm^3, Landungsgewicht 900 kg/m^3; mäßig schwindend; gutes Stehvermögen, mäßig hart, fest, zäh und elastisch. Man unterscheidet in den USA zwischen Soft und Hard Maple.

Bearbeitung und Oberflächenbehandlung:
Hochwertige Furnierqualitäten werden eingemessert, sonst gesägt. Jedoch verlangt schon das Rundholz und danach auch die Schnittware eine besonders sorgfältige Holzpflege. Das Schnittholz ist leicht und sauber zu bearbeiten, besonders auch gut zu drechseln und zu schnitzen.
Die Oberflächenbehandlung ist vielseitig, mit allen üblichen Mitteln sehr gut möglich, besonders auch zu zarten Farbtönen zu beizen und zu färben sowie zur Imitation anderer Hölzer durchzufärben, z B. Ebenholz.

Fehler: Wird leicht von Pilzen befallen; nicht witterungsfest; Verfärbungen; Drehwuchs.

Eignung und Verwendung:
Ahorn-Messerfurniere waren zeitweilig sehr für helle Schlafzimmer- und Wohnzimmermöbel gefragt; dekoratives Ausstattungsholz, besonders begehrt sind Berg- und Spitzahorn. Als Vollholz für Drechselarbeiten, besonders Spitzahorn; Küchengeräte, Tischplatten. Besondere Qualitäten des Bergahorns mit engem und welligem Jahrringverlauf bei geringer Spätholzausbildung als Klangholz im Geigenbau, für Parkett, Schuhleisten; Feldahorn für Axtstiele. Die Vogelaugenmaser (Bird's-eye maple) ist ein Schälfurnier, das bei welligem Faserverlauf mit zahlreichen kleinen Stiftästen durchsetzt ist und vom nordamerikanischen Zuckerahorn (= *A. sacharum*) stammt. Der eschenblättrige Ahorn (= *A. negundo*) kann eine besonders intensive Riegelstruktur zeigen, ist jedoch technologisch weniger gut. Aus den West-USA kommende Maserknollen von *A. macrophyllum* werden zunehmend importiert und durch besonderes Schälen zu Furnieren aufgearbeitet.

Amazakoue (OVE)

Ovengkol, Hyeduanini, Mongoy

Guibourtia ehie

Familie: *Caesalpiniaceae*

Vorkommen: Elfenbeinküste, Ghana, Kamerun, Gabun, Äquatorialguinea.

Baumbeschreibung: Über den Brettwurzelanläufen schlanke, gerade, zylindrische Stämme mit Durchmessern von 50 bis 90 cm.

Farbe: Etwa 8 cm breiter, blaßgelbbräunlicher Splint, der sehr deutlich vom nußbraunen Kernholz abgesetzt ist, das von dunklen, nahezu schwärzlichen Adern durchzogen ist. Leichter, samtartiger Glanz.

Makroskopisches Erscheinungsbild und Gesamtstruktur: Meist einzeln angeordnete, feine bis mittelgroße Gefäße, die weiße Ablagerungen enthalten können und auf dem Längsschnitt feine Porenrillen bilden. Speichergewebe umgeben die Gefäße und bilden in Zuwachszonennähe feine Linien; mittelfeine, mäßig zahlreiche Holzstrahlen. Ein hartes, dichtes, engstreifiges Holz mit ausgesprochenem Nußbaumcharakter, wobei auch geflammte Strukturen vorkommen können.

Eigenschaften: $r_{15}=0{,}82$ g/cm^3, Landungsgewicht um 1050 kg/m^3 bei mittlerem Raumschwindmaß; sehr dauerhaft, hoher

Elastizitätsmodul; dem Mutenye sehr ähnlich, jedoch feinporiger und enger gestreift. Läßt sich ohne Schwierigkeiten gut trocknen und verhält sich formstabil. Ein dem frischen Holz eigener unangenehmer Geruch verschwindet später.

Bearbeitung und Oberflächenbehandlung: Vorwiegend Sägen und Messern, ohne besondere Schwierigkeiten. Gut zu verleimen. Alle Mittel zur Oberflächenbehandlung sind möglich, wenn auch mit Störungen durch teils vorhandene inhibierende Inhaltsstoffe gerechnet werden muß.

Fehler: Das Splintholz wird schnell von Insekten angegriffen. Im Kernholz können kalkige helle Flecken, ähnlich wie beim Afrormosia, vorkommen.

Eignung und Verwendung: Eines der besten Nußaustauschhölzer; kann als Vollholz wie auch als Messerfurnier für den Möbelbau eingesetzt werden; bedingt auch als Bubinga- und Palisanderersatz geeignet. Es empfiehlt sich ferner als Mosaikparkett für die Kunsttischlerei, für Zierverpackungen, Gewehrschäfte, Griffschalen, Musikinstrumente.

Andiroba (ADI)

Crabwood, Krappa, Bastard Mahogany, Cedro macho, Tangare

Carapa guianensis, Aubl. und *A. procera* A. DC.

Familie: *Meliaceae*

Vorkommen: Mittel- und nördliches tropisches Südamerika von Equador über Columbien bis nach Brasilien (Amazonas Hyläa).

Baumbeschreibung: Mittelgroßer Baum, dessen Abmessungen sehr standortabhängig sind; Durchmesser von 50 bis 100 cm, wobei die Amazonas-Herkünfte die schwächsten sind, hingegen in Costa Rica sehr starkes Holz bis 150 cm wächst.

Farbe: Das 2,5 bis 5 cm breite, blaßbraune Splintholz ist nicht sehr scharf vom hellrosa bis tiefrotbraunen Kernholz abgesetzt; das Holz bräunt stark nach, kann etwas mahagoniähnlich aussehen sowie matt glänzen.

Makroskopisches Erscheinungsbild und Gesamtstruktur: Mittel- bis grobporig, engstehende, ziemlich gleichmäßig zerstreute Gefäße, deren geradläufige Porenrillen mit ihrem dunkelbraunen Inhalt auf dem Längsschnitt das Holzbild beeinflussen. Hinzu kommt eine helle und dunkle Wuchszonenfärbung mit unterschiedlichen Gefäßdichten, die in Verbindung mit hellen Speicherzellenbändern eine lebhafte dunkel-helle Fladerung bzw. Farbstreifung bewirkt. Die feinen, orangerot gefärbten Holzstrahlen erscheinen auf dem Radialschnitt als 0,5 bis 1 mm hohe, dunkelbraune, glänzende Spiegel. Ein poriges, oft lebhaft gezeichnetes Holz.

Eigenschaften: $r_{15} = 0{,}66$ g/cm^3, jedoch besteht ein sehr großer herkunftsabhängiger Streubereich von ± 15 Prozent, wobei dunkles Holz immer schwerer ist; Landungsgewicht 950 kg/cm^3 bei mäßigem Raumschwindmaß. Die Festigkeitseigenschaften ähneln sehr dem des amerikanischen Mahagoni *(= Swietenia)* und des afrikanischen Mahagoni (= Khaya), die Werte für die Biege- und Druckfestigkeit liegen jedoch höher. Schwach drehwüchsig, mäßig witterungsfest, mäßig dauerhaft. Die besten Qualitäten sollen von den regelmäßig überschwemmten Amazonas-Wäldern (= Varzeas) stammen, schlechtes Holz kommt von den Sumpfgebieten. Mäßig dauerhaft.

Bearbeitung und Oberflächenbehandlung: Vorzugsweise Sägen und Schälen; für letzteres auf Grund der großen Biegsamkeit besonders geeignet. Keine Schwierigkeiten bei der Bearbeitung, stumpft jedoch etwas die Werkzeuge. Wegen Neigung zum Reißen muß das Holz sehr vorsichtig getrocknet werden. Verleimt sich gut zur Sperrholzfertigung; Holzverbindungen durch Nageln und Schrauben halten gut. Andiroba nimmt Farbe und Polituren gut an.

Fehler: Schneller Wurmbefall im Splintholz durch Lyctus sowie Neigung zu Kernrissen im Rundholz.

Eignung und Verwendung: Als Sperrholz, besonders auch im Austausch mit Okoume, sowie für Biegemöbel; im Innenausbau für Treppen und Parkett.

Aningre blanc (ANI)

Aningueri blanc oder Longhi blanc: zum hellen Typ gehören auch Osan und Grogoli. Die helleren Hölzer stammen vorwiegend von *Aningeria altissima, A. robusta* und *Gambeya albida* sowie *G. gigantea* und weiteren *Gambeya*-Arten (Synonym = *Chrysophyllum*).

Aningueri rouge: *Gambeya africana, G. lacourtina* und *G. subnuda* gehören zur überwiegend rötlichen Gruppe. Unter diesem dunkleren Typ sind auch Mukali und unter Umständen Longhi rouge einzureihen, wenn es auch beim Longhi helle Hölzer geben kann, so daß Überschneidungen nicht auszuschließen sind.

In der Namensbezeichnung besteht viel Verwirrung, weil von der Austauschverwendung her Namen wie Tanganyika Nuß im Gebrauch sind, was aber abzulehnen ist. Die Herkünfte mit verschiedenen gemischten Spezies haben verschiedene lokale Namen bewirkt, wie Abam in Kamerun oder Mbebame in Gabun und N'kali in Cabinda; hier ist auch die Unterscheidung weiß und rot nur als oberflächlich zu betrachten. Das Akatio von *Gambeya* von der Elfenbeinküste nimmt mit Rosa eine farbliche Zwischenstellung ein.

Aningeria sp. pl. und *Gambeya sp. pl.*

Familie: *Sapotaceae*

Vorkommen: Von der Elfenbeinküste über Ghana, Kamerun, Gabun, Kongo, Cabinda, Zaire und Uganda; Hauptlieferanten sind für Aningre Liberia, die Elfenbeinküste und Ghana, für Longhi Gabun, Kongo (Pointe Noire) und Zaire. Bei Akatio handelt es sich um blaß lachsfarbene Gambeya-Arten von der Elfenbeinküste.

Baumbeschreibung: Nach spannrückigen Wurzelanläufen gradschäftige, zylindrische, etwa auf 16 m astfreie, in Durchmessern von 60 bis 130 cm wachsende Stammschäfte. Das Rundholz ist sehr spannungsreich.

Farbe: Splint- und Kernholz blaßgelblich bis weißgrau; im frischen Zustand keine wesentlichen Farbabweichungen, deshalb auch keine Verwendungsbeschränkung, wenn sich auch beim rötlichen Typ eine markantere, mehr blaßrötlich bis braune Kernfärbung absetzt. Die Farbe der Furniere hängt auch sehr vom Dämpfprozeß ab; es kommen rosagraue Nachdunklungen vor.

Makroskopisches Erscheinungsbild und Gesamtstruktur: Mittelgroße bis feine, zerstreute und häufig in längeren radialen Gruppen vorhandene, deutlich erkennbare Gefäße; gerade, schwach erkennbare Porenrillen mit kristallinem Inhalt; feine Holzstrahlen, die das Holzbild nicht beeinflussen. Ziemlich dicht, sehr geradfasrig und neutral strukturiert, dabei kommen streifige und – wenn auch selten – geriegelte Strukturen vor, wobei sich die einzelnen Arten in Färbung und Struktur weitgehend gleichen. Da Zuwachszonen erkennbar sind, ergibt sich auch die Ausbildung von Spätholzstreifen neben der gleichzeitigen Streifenbezeichnung durch Wechseldrehwuchs.

Eigenschaften: $r_{15} = 0{,}60$ g/cm^3, Landungsgewicht 900 kg/m^3 bei mäßigem Schwindmaß. Ein grundsätzlich gradfasriges, hin und wieder auch etwas wellig gewachsenes, birkenähnliches Holz, dessen Festigkeitseigenschaften etwas unter denen der Buche liegen.

Bearbeitung und Oberflächenbehandlung: Vorwiegend Messern und Sägen. Feuchtes Holz ist ohne Schwierigkeiten zu verarbeiten; trockenes Holz vom hellen Typ *Aningeria* stumpft auf Grund seiner Kieseleinlagerungen stark die Werkzeuge. Die Trocknung von starker Schnittware verläuft überwiegend schnell und ohne besondere Verformungen. Alle Holzverbindungen durch Nageln, Schrauben und Leimen halten gut. Alle Oberflächenverfahren und -mittel sind gut anwendbar. Dieses Holz ist mit zunehmender technischer Vervollkommnung färbender Verfahren, sei es durch Bedrucken oder Durchfärben, auch zum Austausch gegen andere Hölzer, besonders Black-Walnut, heranzuziehen.

Fehler: Starke Spannungen und damit verlustreiche Rißbildung; nicht sehr widerstandsfähig gegen Pilzbefall mit Neigung zum Verblauen. Wenig dauerhaft.

Eignung und Verwendung: Als Vollholz vielseitig im Möbelbau, besonders auch gebeizt oder patiniert; als Messerfurnier für Schlafzimmer. Durchgefärbt ist es eines der am besten geeigneten Austauschhölzer für Nußbaum. Stark geriegeltes Holz eignet sich für den Musikinstrumentenbau. Die hohe Kantenfestigkeit empfiehlt es auch als Profilbretter.

Antiaris (AKO)

Ako, Adoum, Bonkonko, Chenchen, Kirundu

Antiaris africana

Familie: *Moraceae*

Vorkommen: West- bis Zentral- und Ostafrika; wichtigste Lieferländer: Elfenbeinküste, Ghana, Kamerun, Zaire.

Baumbeschreibung: Zylindrischer Baum bei Durchmessern von 60 bis 120 cm; auf 20 m astfreie Stammschäfte mit etwas brettwurzelartigem Stammanlauf.

Farbe: Sehr breites Splintholz, jedoch keine ausgeprägte unterschiedliche Splint-/Kernholzzone, sondern eine einheitliche, schmutzigweiße bis blaßgelbe bis gelbbräunliche Farbe; gehobelt goldglänzend. Neigt schnell zu Verfärbungen durch Pilzbefall.

Makroskopisches Erscheinungsbild und Gesamtstruktur: Nicht zahlreiche, grobe Poren, einzeln oder in radialen Gruppen von zwei bis vier angeordnet; grobe bis mittelfeine, sehr gerade Porenrillen mit dunklerem Inhalt; schmalringige Speicherzellen betonen die Poren; Zuwachszonen durch porenärmere Zonen markiert. Die mäßig sichtbaren, dichten Holzstrahlen erscheinen auf dem Radialschnitt als schwach silbern glänzende Flecken bzw. als bis zu 1 mm hohe Spiegel und beeinflussen das Holzbild. Das etwas spröde Holz hat eine mittelfeine, faserige Struktur bei einem einheitlichen Faseraufbau mit häufig ausgeprägtem Wechseldrehwuchs bei entsprechend auffälliger Streifung.

Eigenschaften: $r_{15} = 0{,}50\ g/cm^3$, Landungsgewicht um $780\ kg/m^3$ bei mittlerem Raumschwindmaß; mittlere mechanische Festigkeitseigenschaften. Frisches Holz hat einen unangenehmen Geruch, der bei der Trocknung verfliegt; Sekretgänge haben, vorzugsweise im Splintholz, harzartige Ausscheidungen.

Bearbeitung und Oberflächenbehandlung: Vorwiegend Schälen und Messern mit guten Ergebnissen. Bei geringem Kraftaufwand mit allen Werkzeugen leicht zu bearbeiten. Trocknung verläuft gut und schnell; größere Schnittholzdimensionen haben zunächst begrenzte Verformungen, die sich nach gewisser Nachklimatisierung zum Teil wieder ausgleichen. Nägel und Schrauben halten gut. Alle üblichen Oberflächenbehandlungen sind gut anwendbar.

Fehler: Verblauungsgefahr, Insektenbefall; neigt als Furnier nach zu scharfer technischer Trocknung zum Welligwerden. Nicht dauerhaft.

Eignung und Verwendung: Vorwiegend als Schälfurnier für Sperrholz; streifige Messerfurniere werden zu Mahagoni umgebeizt; als Vollholz begrenzt wie Limba und Koto zu verwenden.

Avodire (AVO)

Engan, Apapaya, Lusamba

Namen wie Afrikanische Zitrone oder Afrikanische Goldbirke sind abzulehnen.

Turraeanthus africana

Familie: *Meliaceae*

Vorkommen: Nennenswert nur horstweise an der Elfenbeinküste und in Ghana, sehr gering auch in Nigeria, Kamerun, Gabun, Zaire.

Baumbeschreibung: Mittelgroße Bäume mit astfreien Schaftlängen von etwa 12 m bei Durchmessern von 60 bis 90 cm; die Stämme sind jedoch wenig zylindrisch ausgeformt und weisen häufig Spannrückigkeit bzw. Hohlkehligkeit auf.

Farbe: Kein besonderer Farbunterschied zwischen dem 5 bis 7 cm breiten Splint und dem Kernholz. Im frischen Zustand blaßgelb, unter Umständen leicht grünlich, später zu Goldgelb oder Hellgoldbraun durch Oxydation nachdunkelnd. Glatte Flächen glänzen schwach.

Makroskopisches Erscheinungsbild und Gesamtstruktur: Zerstreut angeordnete, mittelgroße Poren, die auf dem Längsschnitt deutliche Porenrillen bilden und grünliche bis gelbe Inhaltsstoffe enthalten können; Holzparenchym in der Umgebung der Gefäße, auch können vielfach kaum sichtbare kristalline Kalziumoxalateinlagerungen vorkommen. Die Holzstrahlen sind nur als feine Spiegel sichtbar, Wachstumszonen durch eine unterschiedliche Porendichte angedeutet. Ein wenig gerade gewachsenes Holz, das durch Wechseldrehwuchs und wimmerigen Wuchs eine lebhafte dekorative Zeichnung, z. B. Moiré und geriegelt, aufweisen kann, dabei homogen und in der Oberfläche feinfasrig; wirkt der Birke und dem Ahorn ähnlich und kann sehr dekorative Lichteffekte zeigen.

Eigenschaften: $r_{15} = 0{,}55$ g/cm^3, Landungsgewicht 900 kg/m^3 bei mäßigem Raumschwindmaß; einmal getrocknet, zeigt es im verarbeiteten Zustand ein gutes Stehvermögen. Seine technologischen Eigenschaften ähneln etwas dem Khaya und Sapelli, und die statischen Festigkeitswerte kommen dem Bergahorn nahe, d. h. es ist mäßig elastisch und tragfähig.

Bearbeitung und Oberflächenbehandlung: Vorzugsweise Sägen und Messern, was keine besonderen Schwierigkeiten bereitet, da ziemlich weich sowie leicht spaltbar, hierbei etwas der Erle ähnlich. Läßt sich auch gut schnitzen und drechseln. Die Kammertrocknung muß zunächst sehr milde eingeleitet werden, um Anfangsrisse zu verhindern, sodann ist es jedoch leicht und schnell zu trocknen. Neigt zum Splittern, deshalb sind Nägel und Schrauben vorzubohren; verleimt sich gut.
Nimmt die Oberflächenbehandlung sehr gut an und ist vorzüglich zu polieren.

Fehler: Frisches Holz neigt zu Pilz- und Insektenbefall; wenig witterungsfest.

Eignung und Verwendung: Als dekoratives Deckfurnier, insbesondere für helle Schlaf- und Wohnzimmer sowie für anspruchsvolle Innenausstattungen, wenn es besonders auf Lichteffekte ankommt; als Vollholz für Parkett und Profilbretter sowie für Musikinstrumente, sofern geriegelt. Teils mit Birke und Ahorn austauschbar, teils auch als Limba-Ersatz.

Tafel 1 - Nadelhölzer

Oregon Pine

Kiefer

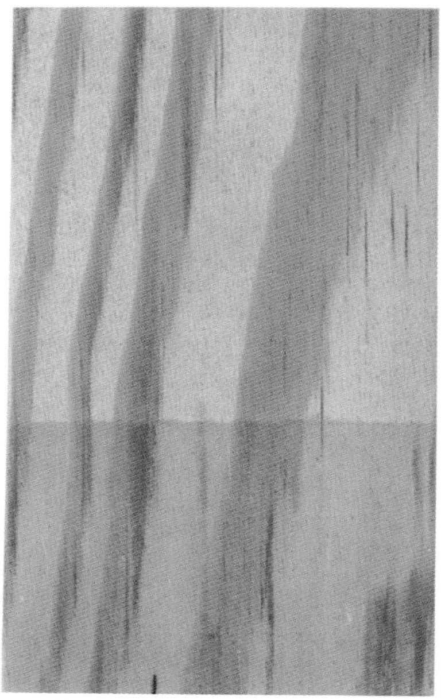

Pitch Pine

Carolina Pine

Tafel 2 – Nadelhölzer

Fichte

Hemlock

Cedar (Red) Western

Redwood

Azobe (AZO)

Bongossi, Ekki, Bonkole

Lophira alata

Familie: *Ochnaceae*

Vorkommen: Vom ganzen küstennahen Westafrika, sodann auch bis nach Zentralafrika (Kongo-Bassin) hineinreichend; besonders häufig in Kamerun. Seine Vorkommen sind bodenbedingt.

Baumbeschreibung: Zylindrische, auf etwa 30 m astfreie Stämme in Durchmessern von 70 bis 150 cm. Leichte Krümmungen und Beulen sind möglich.

Farbe: Das etwa 5 cm breite, blaßgraue Splintholz setzt sich deutlich vom violettbraunen bis schokoladenbraunen Kernholz ab, das an der Oberfläche im Freien schnell vergraut. Zwischen Splint- und eigentlichem Kernholz liegt ein etwa 8 cm breiter äußerer Mantel als Reifholzzone, die heller gefärbt ist als der eigentliche Kern.

Makroskopisches Erscheinungsbild und Gesamtstruktur: Die nicht sehr zahlreichen, groben Poren sind als Porenrillen auf dem Längsschnitt deutlich erkennbar, zumal sie meist einen weißen Inhalt haben. Die schmalen Speicherzellen verlaufen in tangentialen, fein gewellten Bändern, die radial eine netzartige Zeichnung bilden. Zuwachszonen sind wenig erkennbar.

Eigenschaften: $r_{15} = 1{,}05$ g/cm^3, Landungsgewicht 1150 kg/m^3 bei starker Schwindung und einem wenig guten Stehvermögen. Die Freiluft- und künstliche Trocknung, besonders bei starken Abmessungen, ist schwierig. Eines der härtesten Tropenhölzer mit hohen Festigkeits- und Elastizitätseigenschaften sowie hoher Abriebfestigkeit; ziemlich säure- und witterungsfest. Eines der technisch interessantesten harten, jedoch porigen Tropenhölzer.

Bearbeitung und Oberflächenbehandlung: Frisches Holz ist nicht schwierig zu sägen, jedoch bereitet die anschließende Bearbeitung Schwierigkeiten bzw. benötigt einen hohen Kraftaufwand; Werkzeugschneiden stumpfen schnell ab. Schrauben und Nägel sind vorzubohren; auch bei der Verleimung können Schwierigkeiten entstehen.
Seine Verwendung im Außenbau bedingt keine besondere Oberflächenbehandlung.

Fehler: Reißt und splittert leicht. Sichelförmige Innenrisse, Weißlochfäule. Reifholzzone teils weniger dauerhaft.

Eignung und Verwendung: Auf Grund seiner hohen Dauerhaftigkeit vorzugsweise für Schwellen sowie als Auflagengrund für Gastanker. Da sehr kälteresistent im Wasser-, Brücken- und Hafenbau, für Uferbefestigungen, Faschinen, Matten, Schneezäune. Ferner in der Landwirtschaft für Spaltenböden sowie für Industrie- und Schwerlastfußböden, Holzpflaster, chemische Behälter. Ablaufhölzer für Helligen und Straudielen.

Balau, Yellow/Bangkirai (BAU)

Balau-kumus, Balau-simantok, Selangan-batu (Nr. 1 und/oder Nr. 2), Thitya u. w.

Shorea laevis (in Indonesien) und gemäß MGR 84 für Malaysia bis 15 weitere Shorea-Arten, auch vereinzelt noch *Hopea*-Arten (Nordborneo).

Familie: *Dipterocarpaceae,* Gattung *Shorea,* Untergattung *Shorea meijer*

Vorkommen: Südostasien, nordwestlicher Malaiischer Archipel, besonders Borneo/Kalimantan und Celebes/Sulawesi in den sumpfigen Überschwemmungswäldern. Ferner Birma, Thailand, Sri Lanka, Vietnam, Philippinen.

Baumbeschreibung: Höhen bis 40 m mit astfreien Stammschäften von 16 bis über 20 m bei Durchmessern von 60 bis über 100 cm, wobei bis über 4 m Brettwurzelanläufe hinaufreichen können. Ausformung rund und geradschäftig.

Farbe: Splint (3 bis 8 cm breit) hellgrau bis blaßgelblich, Kernholz gelblich bis hellbraun im frischen Zustand, später zu Braun nachdunkelnd.

Makroskopisches Erscheinungsbild und Gesamtstruktur: Bräunliche, unauffällig strukturierte Hölzer mit leicht glänzender und nach der Bearbeitung nur schwach poröser Oberfläche. Speicherzellen nur schwach erkennbar sowie die feinen, zahlreichen Holzstrahlen nur als kleine Spiegel wahrzunehmen. Weiß angefüllte Harzkanäle unregelmäßig angeordnet, auf Längsschnitten teilweise gut erkennbar. Unterschiedlicher Wechseldrehwuchs kommt vor und verursacht Glanzstreifen. Keine Siliziumdioxideinlagerungen.

Eigenschaften: $r_{15} = 0{,}92$ g/cm^3, Landungsgewicht 1200 kg/m^3. Niedrige Schwindung für das hohe Gewicht, trockenes Holz hat noch befriedigendes Stehvermögen mit geringer Neigung zur Rißbildung. Gegenüber Eichenholz bis um 50 Prozent höhere Festigkeit und nur wenig unter Bongossi. Die Werte von *Shorea laevis* (= Bangkirai) können bis zu 10 bis 20 Prozent niedriger liegen. Recht pilz- und insektenfest.

Bearbeitung und Oberflächenbehandlung: Gut zu sägen, fräsen, bohren und stemmen, kein vorzeitiges Stumpfen der Werkzeuge, da keine Kieseleinlagerungen; beim Hobeln bei Wechseldrehwuchs Faserausrisse möglich. Für einwandfreie Passungen und Verleimungen ist eine gute Klimatisierung Voraussetzung. Unbehandeltes Holz wird bei starker Bewitterung graubraun, bleibt jedoch witterungsfest. Oberflächenbehandlung mit Lasuren möglich.

Fehler: Vereinzelt Anhäufungen von feinen Harzkanälen, Verwechslungen bzw. Vermengungen mit Red Balau u. U. auch Giam möglich.

Eignung und Verwendung: Sehr festes und dauerhaftes Konstruktionsholz für die Deckung von Brücken, Rampen, Kaianlagen sowie für Fachwerk. Ferner zu empfehlen für strapazierte Fußböden, für Schwellen, Fässer (trocken) sowie für den Fahrzeug-, Kontainer- und Wasserbau. Da säurefest, auch für chemische Behälter geeignet, jedoch nicht teredofest.

Balsa (BAL)

Bocas de Toro, Corkwood, Bois flot

Ochroma pyramidale (= O. lagopus)

Familie: *Bombacaceae*

Vorkommen: Zentralamerika, Westindische Inseln, Columbien, Ecuador, Peru, Bolivien, Brasilien (innere Amazonas-Region).

Baumbeschreibung: Sehr schnellwüchsige, gerade, zylindrische Stämme in Durchmessern von 60 bis 100 cm, astfreie Schaftlängen um 6 bis 8 m. Bei älteren Bäumen Stammfäule möglich.

Farbe: Kein wesentlicher Unterschied zwischen Kern- und Splintholz. Der breite Splint kann häufig etwas heller sein. Jedoch gibt es herkunftsmäßig Farbunterschiede zwischen weiß, weißgrau bis leicht rötlich oder blaßrötlichbraun.

Makroskopisches Erscheinungsbild und Gesamtstruktur: Die groben, zerstreut angeordneten, wenig zahlreichen Poren zeigen auf dem Längsschnitt meist sehr langgestreckte, deutliche Porenrillen mit braunem Belag. Die breiten Holzstrahlen sind deutlich sichtbar und bilden radial feine, mehrere mm hohe Spiegel. Zuwachszonen fallen nicht auf. Sonst ein sehr gleichmäßig strukturiertes Holz ohne auffallende Merkmale bei loser, schwammiger Struktur, dessen Gewebe fast nur aus Parenchym besteht.

Eigenschaften: r_{15} sehr schwankend zwischen 0,16 bis 0,25 g/cm³, Landungsgewicht 270 bis 340 kg/m³; das Gewicht nimmt vom Stamminnern nach außen zu, weißes Holz ist leichter als rötliches. Gering schwindend mit gutem Stehvermögen; sehr weich, jedoch trotz geringer Rohdichte noch gute Festigkeitseigenschaften; nicht witterungsfest; nicht mehr nagel- und schraubfest. Hohes Isoliervermögen für Schall und Wärme (Wärmeleitfähigkeit 0,040 W/mK).

Bearbeitung und Oberflächenbehandlung: Das Sägen und die anschließende Weiterverarbeitung verlangen eine sehr breite Schränkung bzw. sehr gut geschärfte Werkzeuge. Die Trocknung verläuft schnell und ohne besondere Schwierigkeiten, wenn man sie mit niedrigen Temperaturen vorsichtig steuert.

Fehler: Sehr anfällig für Fäulnis- und Bläuepilze; altes Holz kann bis dreimal schwerer sein.

Eignung und Verwendung: Hauptsächlich für Isolationen (Wärme und Schall) und als Korkersatz, z. B. für Rettungsbojen, sowie im Flugzeugbau, für Prothesen, Schwingungsdämpfungen, Spielzeug, Spezialverpackungen und als Modellbauholz.

Basralocus (AGQ)

Angelique, Angelica do Para, Tapaiuna

Die teils im Handel verwendete Bezeichnung Guayana-Teak ist abzulehnen. Häufig wird noch unterschieden zwischen dem dunkelsten Holz als Angelique rouge, den braungefärbten Qualitäten als Angelique gris sowie Hölzern, deren Splint und Kern farblich nicht sehr scharf abgesetzt sind, als Angelique blanc.

Dicorynia guianensis Syn. *D. paraensis*

Familie: *Caesalpiniaceae*

Vorkommen: Nördliches Südamerika mit den drei Ländern Guayanas, nördliches Brasilien einschließlich Amazonas.

Baumbeschreibung: Nach kurzen Brettwurzelanläufen sind die Stämme gerade und zylindrisch bei astfreien Schäften bis etwa 28 m. Die Durchmesser schwanken erheblich zwischen 70 und 150 cm, im Durchschnitt liegen sie etwa um 80 cm. Am unteren Stammende kommt häufiger Kernhohlfäule vor.

Farbe: Der etwa 3 bis 6 cm breite, hellgraue, später sich hellbraun verfärbende Splint ist deutlich vom rosa bis hellrötlichbraunen Kernholz abgesetzt; dieses kann vereinzelt auch dunklere, rötlichbraune bis violette Farbstreifen aufweisen und dunkelt erheblich nach. Das gehobelte Holz zeigt einen leichten, goldenen Glanz.

Makroskopisches Erscheinungsbild und Gesamtstruktur: Grobe, zerstreute, nicht sehr zahlreiche Poren, die sich auf den Längsflächen als meist gerade gestreckte weite Porenrillen zeigen und häufig mit dunklen oder hellen, von den Speicherzellen herrührenden Inhaltsstoffen angefüllt sind. Sie können das Holzbild wesentlich beeinflussen. Die Speicherzellen verbinden die Poren mit hellen Bändern und bedecken fast die halbe Hirnfläche; sie sind tangential als zackige Fladerung zu erkennen. Die feinen Holzstrahlen sind stockwerkartig angeordnet und auf glatten Faderschnitten als Spiegel noch gut erkennbar. Trotz grober Porung ein glattes Holz.

Eigenschaften: $r_{15} = 0{,}80$ g/cm³, Landungsgewicht 1100 kg/m³ bei einer überdurchschnittlich starken Schwindung und dem entsprechend nicht sehr guten Stehvermögen. Es muß deshalb auch sehr vorsichtig getrocknet werden. Das sehr schwere Holz hat überdurchschnittliche Festigkeitseigenschaften. Besonders hervorzuheben ist die gute Elastizität bei einer relativ niedrigen Spaltfestigkeit. Es ist säurefest.

Bearbeitung und Oberflächenbehandlung: Frisches Holz läßt sich ohne besondere Schwierigkeiten bearbeiten, wobei es vorzugsweise gesägt wird, jedoch ist es nach entsprechender Dämpfung auch messerbar. Trockenes Holz bedarf hartmetallbestückter Werkzeuge, da die feinen Kieseleinlagerungen (= SiO_2) die Schneiden sehr schnell stumpfen. Es läßt sich eine hohe Scharfkantigkeit erzielen. Verbindungen durch Leimen, Nageln und Schrauben halten gut, letztere sind aber vorzubohren.
Die Oberflächenbehandlung kann mit allen üblichen Mitteln im Außen- und Innenbau durchgeführt werden, von porenfüllenden Verfahren sollte aber wegen der Grobporigkeit abgesehen werden. Vergraut unbehandelt im Freien leicht.

Fehler: Kein gutes Stehvermögen, verursacht Korrosionen an Metallen.

Eignung und Verwendung: Vorzugsweise im Außenbau, wo es auf größere Dauerhaftigkeit und Witterungsbeständigkeit ankommt, wie als Wasser-, Hafen- und Brükkenbauholz sowie für Schwellen; heute wird es auch für Verbretterungen, Tore, Fenster und Garagentore verwandt. Im Innenbau empfehlen sich die hellen Sorten für Parkett und Treppen. Das Holz wird auch häufig als vierkantbehauene Stämme und lange, gesägte Balken abgeladen. Nur bedingt teredo- und termitenfest.

Bilinga (BIL)

Badi, Opepe, Kusia, N'Gulu Maza, Bois d'Or

Phantasienamen wie Gelbes Mahagoni sind abzulehnen.

Nauclea diderrichii und *N. gilletii*

Familie: *Rubiaceae*

Vorkommen: Sehr weite Verbreitung von Westafrika bis in den Kongo hinein und nach Uganda überspringend; am häufigsten an der Elfenbeinküste, in Nigeria, Südgabun, Kongo und Angola/Cabinda.

Baumbeschreibung: Starker Baum mit nur geringen Wurzelanläufen bei Durchmessern von 70 bis 150 cm, gerade und zylindrisch ausgeformt, bis auf 23 m astfrei, jedoch häufig drehwüchsig.

Farbe: Das schmale, etwa 5 cm breite, blaßgelbe bis hellgraue Splintholz unterscheidet sich deutlich vom goldgelben Kernholz, das später zu Orangerot bis Goldbraun nachdunkelt und natürlich glänzt.

Makroskopisches Erscheinungsbild und Gesamtstruktur: Die groben, zerstreut angeordneten, wenig zahlreichen, häufig eiförmigen Gefäße bilden breite, gewundene Porenrillen; Zuwachszonen sind durch dunkleres Spätholz deutlich. Festes, mittelgrobes, oft kurzfasriges und sprödes Holz; eine gewisse Widerspänigkeit verleiht ihm einen streifigen Charakter.

Eigenschaften: $r_{15} = 0{,}76$ g/cm^3, Landungsgewicht 1000 kg/m^3 mit mäßigem Schwindmaß. Schweres Holz mit hohen statischen Festigkeitseigenschaften, was in einer günstigen Biegefestigkeit und einem hohen Elastizitäsmodul deutlich wird; die dynamische Festigkeit ist jedoch nur mäßig. Auf Grund besonderer Inhaltsstoffe hohe Pilz-, Insekten- und Witterungsfestigkeit.

Bearbeitung und Oberflächenbehandlung: Vorzugsweise Sägen, gelegentlich auch Einmesserung. Erfordert einen großen Kraftaufwand, wenn es widerspänig ist, stumpft aber die Werkzeuge wenig. Die Trocknung, vorsichtig und langsam bei niedrigen Anfangstemperaturen vorgenommen, verläuft gut. Das Holz ist für Nageln und Schrauben vorzubohren, kann aber gut verleimt werden. Guter Anstrichträger, wenn auch die Inhaltsstoffe Störungen hervorrufen können.

Fehler: Neigt zu Oberflächenrissen; starke Widerspänigkeit, Kurzfaserigkeit.

Eignung und Verwendung: Überall dort, wo es auf gute Festigkeitseigenschaften und hohen Abnutzungswiderstand ankommt, insbesondere für Bodenplanken, Trittbretter im Waggonbau und für Parkett; auf Grund seiner Dauerhaftigkeit auch sehr für alle Wasserbauten geeignet, zumal es als fast teredofest gilt.

Birke (BIR)

Weißbirke, Bouleau, Birch

Betula verrucosa = Sand- oder Hängebirke (Synonym = *B. pendula)*
B. pubescens = Moor- oder Haarbirke

Familie: *Betulaceae*

Vorkommen: Es wachsen etwa 60 Birkenarten in Nordamerika, ganz Europa (ohne Mittelmeerküstengebiete), besonders Nord- und Osteuropa, Asien, nach Süden bis hin zum Himalaja. Hauptlieferant: Finnland.

Baumbeschreibung: Schlanke, ziemlich gerade Ausformung bei Durchmessern von 40 bis 60 cm. Yellow und Paper Birch können bis 100 cm Durchmesser erreichen.

Farbe: Splint- und Kernholz der Gruppen b) und c) zeigen keine Farbunterschiede, sondern es besteht eine sehr ähnliche weiß- bis blaßrötlichgelbe Färbung; gehobelte Flächen glänzen seidig.

Makroskopisches Erscheinungsbild und Gesamtstruktur: Die feinen bis mittelgroßen, zerstreuten Poren sind nur auf sehr glatten Hirnschnittflächen als helle Punkte erkennbar; die Porenrillen sind sehr fein, aber noch erkennbar. Die sehr feinen, zahlreichen Holzstrahlen bilden niedrige und unauffällige Spiegel sowie auf den Hirnflächen kleine, rötliche, tangential gerichtete Markstrahlflecken, die im Tangentialschnitt auffällige Streifen bilden. Zuwachszonen sind durch schmale, dunklere Spätholzlinien schwach abgezeichnet. Der Faserverlauf kann von manchen Wuchsgebieten wellig und unregelmäßig sein, was zu mehr oder weniger ausgeprägten Fladerungen führt (=geflammte Birke). Sehr homogenes, dichtes Holz mit verzögerter Kernholzausbildung.

Eigenschaften: Es gibt drei Gewichtsgruppen:
a) schwerste Gruppe, z. B. Yellow Birch (0,70 g/cm^3 darrtrocken);
b) mäßig schwere, z. B. europäische Sandbirke (0,61 g/cm^3 darrtrocken);
c) mäßig leichte, z. B. USA Paper Birch (0,55 g/cm^3 darrtrocken).
r_{15}=0,65 g/cm^3 mit einem großen Streubereich, Landungsgewicht 850 kg/m^3, mäßig schwindend; mäßig gutes Stehvermögen. Ein hartes, festes, zähes und elastisches Holz, wobei innen nur bei der schweren Gruppe a) eine kernholzähnliche Braunfärbung vorkommt.

Bearbeitung und Oberflächenbehandlung: Gut zu sägen, zu messern und zu schälen. Alle anschließenden Bearbeitungen sind mit den üblichen Maschinen und Handwerkszeugen leicht und sauber auszuführen. Besonders ist das Holz gut zu polieren und zu drechseln. Die Trocknung, besonders in der Kammer, ist nicht ganz einfach, weil eine Neigung zum Werfen und Reißen besteht.
Die Oberflächenbehandlung ist mit allen Mitteln außer mit Polyestern nach sorgfältiger Glättung sehr gut und vielseitig möglich, besonders bieten sich Beizen und Polieren an.

Fehler: Nicht witterungsfest; pilzanfällig; Kernfäule; Krummschäftigkeit, eingewachsene feine Rindenteile (=finn. Braunbirken-Maser) und rötlichbraune »Markflekken« (entstanden durch Insektenstiche in der Kambiumschicht).

Eignung und Verwendung: Als Vollholz neben der Stuhl- und Tischfabrikation besonders dort, wo es auf Zähigkeit und Elastizität ankommt, wie z. B. für Drechslerarbeiten, Parkettböden, Gartenmöbel oder kleine Gegenstände wie Zwirnspulen, Wäscheklammern, Bürstendeckel, Bierfaßspunde. Wegen seiner Dauerhaftigkeit unter Wasser auch für Wasserbauten. Als Schälfunier vorzugsweise für Sperrholz oder als Messer- und exzentrisches Schälfurnier für Möbelfronten, besonders für Schlafzimmermöbel, sowie für dekorative Innenausstattungen mit Lichteffekten. Besonders begehrt sind aus Finnland schlichte bis geflammte Ware oder Sonderqualitäten wie Eisbirke oder nordische Maserschälfuniere, deren Zeichnung klimatisch bedingte Wuchsfehler mit einem wirren Faserverlauf bzw. sehr viele Faserabweichungen sind. Birke eignet sich auch zur Mahagoni- und Nußbaumimitation. Die leichteren blaßgelb bis rötlichen amerikanischen Birken (= *B. alleghaniensis* = Yellow Birch) und die blaßrötliche Sweet Birch (= *B. lenta)* empfehlen sich bedingt als Kirschersatz.

Birnbaum (BB)

Poirier, Pear

Pyrus communis

Familie: *Rosaceae*

Vorkommen: Im wärmeren Mittel- und Südeuropa bis nach Vorderasien hineinreichend sowie von Westasien bis Sibirien.

Baumbeschreibung: Kleine, schwachdimensionierte Bäume in Durchmessern von 30 bis 50 cm, bis auf etwa 4 bis 6 m astfrei, wobei die Wildformen bevorzugt werden.

Farbe: Ein Reifholzbaum, der selten eine Kernbildung aufweist, deshalb kein Farbunterschied zwischen Splint- und Kernholz, sondern eine einheitliche blaßgraue bis rötlichbraune Färbung, die bei älteren Stämmen oft in ein intensives Rot übergeht. Letzteres kann stark bräunlich nachdunkeln, jedoch ist der Farbton sehr vom Wuchsstandort abhängig; so ist z. B. Schweizer Birnbaum häufig dunkler.

Makroskopisches Erscheinungsbild und Gesamtstruktur: Sehr feine, zerstreute, zahlreiche Poren, die frei kaum erkennbar sind. Die Jahrringe sind meist etwas undeutlich und nur durch dunklere Spätholzzonen sichtbar. Tangential gelegentlich feine Fladerung, radial feine Spiegel von den zahlreichen Holzstrahlen; öfter Strich- und kleinflächige Markflecken. Ein gleichmäßig strukturiertes, feines, dichtes, häufig geflammtes Holz (= Wimmerwuchs).

Eigenschaften: $r_{15} = 0{,}72$ g/cm^3, Landungsgewicht 1000 kg/m^3, mäßig schwindend. Ein hartes, festes Holz, dessen technologische Eigenschaften in Abhängigkeit vom Wuchsstandort erheblich schwanken können. Oft ziemlich spröde und dadurch leicht springend.

Bearbeitung und Oberflächenbehandlung: Vorwiegend Messern und Sägen. Vor der Einmesserung muß das Rundholz gedämpft werden, um ein Egalisieren und Vertiefen der hellrötlichen Farbe zu erreichen. Mit allen Werkzeugen sauber und gut zu bearbeiten. Das Holz muß sehr langsam und vorsichtig getrocknet werden. Die Oberflächenbehandlung ist mit allen üblichen Mitteln gut.

Fehler: Kernfäule. Neigt zum Werfen.

Eignung und Verwendung: Für anspruchsvolle Möbelfurniere und Innenausstattung; geflammte Furniere sind besonders begehrt. Als Vollholz für Musikinstrumente, Druckstöcke, Werkzeuge, z. B. Hobel, für Zeichengeräte sowie, schwarz gefärbt, zur Ebenholzimitation. Verwechslungen mit Apfel-, Weißdorn- und Vogelbeerenholz können vorkommen.

Boire (BOR)

Mambode, Bodo, Bobode

Detarium senegalense
(D. macrocarpum = Amouk oder Enouk)

Familie: *Caesalpiniaceae*

Vorkommen: Westafrika, beginnend in Senegal am Rande der Feuchtsavanne, besonders von Bissau und der Elfenbeinküste, vereinzelt stehend; soll auch in Nord-Zaire vorkommen.
Amouk an der Feuchtwaldgrenze in Kamerun und Gabun. In den trockenen Randgebieten (= Savannen) stockt vereinzelt noch eine kleinere, dritte Art *(D. microcarpum).*

Baumbeschreibung: Ein etwas unruhig und knorrig gewachsener, mittelgroßer, 20 bis 30 m hoher Baum. Die häufig nicht sehr zylindrisch und regelmäßig geformten Exportblöcke von der Elfenbeinküste haben Durchmesser von 70 bis 140 cm. Pyramidenwuchs durch Astgabelung kommt vor.

Farbe: Häufig breiter und harzreicher, weißlichrosagefärbter Splint. Die Kernholzfärbung schwankt zwischen Schokoladenbraun bis hellkupferfarben mit einem leicht violetten, dem Palisander ähnlichen Schimmer. Durch häufig dunkle Aderung farbstreifig. Glatte Flächen leicht glänzend.

Makroskopisches Erscheinungsbild und Gesamtstruktur: Mittelgrobe Gefäße mit dunklen Inhaltsstoffen, kleine Holzstrahlen. Vertikale Harzkanäle mit Ausscheidungen sowie kristalline Einlagerungen. Ein dichtes, jedoch mittelgrobes, häufig interessant aderig gefärbtes Holz, was auch hin und wieder als Pyramide anfällt.

Eigenschaften: $r_{15} = 0{,}65$ g/cm^3, Landungsgewicht um 950 kg/m^3. Raumschwindmaß 13,5 Prozent bei mittlerem Stehvermögen. Harzig, besonders im Splintholzbereich, was sich besonders deutlich am Geruch bemerkbar macht. Ein mittelgrobes, dichtes, harziges Holz mit guten Festigkeitseigenschaften: Biegefestigkeit 75 bis 80 N/mm^2, Druckfestigkeit 40 bis 45 N/mm^2 (lufttrocken).

Bearbeitung und Oberflächenbehandlung: Außer dem Harzgehalt im Splint ergeben sich keine Schwierigkeiten in der maschinellen Bearbeitung. Die Trocknung erfolgt schnell bei nur geringer Neigung zur Rißbildung; verhält sich formstabil. Nach gründlicher Dämpfung vorzugsweise Einmesserung für großflächige Möbelfronten. Läßt sich gut scharfkantig sägen und hobeln mit sehr glatten Oberflächen, weshalb es sich für Parkett empfiehlt. Guter Anstrichträger; zu empfehlen sind transparente Lacke bzw. eine seidenmatte Oberflächenbehandlung.

Fehler: Harzgehalt kann die Werkzeugschneiden verschmieren; im Splint kann Lyctusbefall vorkommen.

Eignung und Verwendung: Vornehmlich als sichtbares, dekoratives Furnier im Möbelbau, im Innenausbau, für Paneele sowie für Tischplatten und Kleinmöbel. Als Vollholz für Möbelfüße, Stollen, Leisten, Profilbretter. Ferner für Treppen, Parkett und als Palisanderaustausch.

Bosse (BOS)

Bosse clair, Cedar Mahogany, Scented Guarea (White) - Bosasa, Lisasa

Eine reine Zedern-Bezeichnung sollte unterbleiben.

Guarea cedrata und *G. laurentii*

Es gibt noch eine dritte Art: *G. thompsonii* als Bosse foncé, Black Guarea oder Diambi, welche häufig vermengt mitverladen wird.

Familie: *Meliaceae*

Vorkommen: Westafrika, Oberguinea-Küste bis nach Kamerun und Gabun, teils auch in das Kongo-Becken (Mayombe, Baskongo, Forestier Central, Eduard- und Kiwu-See)

hineinreichend und nach Unganda übergreifend.

Baumbeschreibung: Die mittelgroßen Bäume haben Durchmesser zwischen 70 und 120 cm bei astfreien Schaftlängen bis über 20 m. Die Wurzelanläufe sind nur bei älteren Stämmen etwas stärker ausgeprägt.

Farbe: Die mittelbreite, hellblaßgelblichgefärbte Splintholzzone setzt sich im frischen Holz nicht immer sehr scharf vom Kernholz ab, das zunächst hellrosabraun aussieht, aber mit zunehmender Austrocknung nachdunkelt und einen schwachseidigen Glanz annimmt. *G. thompsonii* ist mehr braunorangefarben.

Makroskopisches Erscheinungsbild und Gesamtstruktur: Die zahlreichen, gleichmäßig zerstreuten, mittelgroben, schwach sichtbaren Poren zeichnen sich als feine, auf Grund rotbrauner Kernstoffeinlagerungen dunkler gefärbte Porenrillen auf dem Längsschnitt ab, so daß in Faserrichtung verlaufende »Flecke« in 1 bis 3 mm Breite sowie über 1 cm Länge entstehen. Die Speicherzellen heben sich durch eine hellere Färbung vom dunkleren Untergrund ab und können mit ihrem welligen Verlauf eine unregelmäßige Fladerung bewirken. Die schwachen Holzstrahlen sind nur auf den Radialflächen als niedrige Spiegel erkennbar. Wechseldrehwuchs mit Glanzstreifen kommt nur selten vor. Das Holz erinnert strukturell etwas an das südamerikanische Cedro (= *Cedrela)* und weist auch einen sehr zedernartigen Geruch auf. *G. laurentii* und *G. thompsonii* sind meist heller gefärbt und porenärmer.

Eigenschaften: $r_{15} = 0{,}62$ g/cm^3, Landungsgewicht 950 kg/m^3 bei mäßigem Raumschwindmaß. Das Holz gilt sowohl als witterungs- als auch ziemlich pilz- und insektenfest; es ist mäßig schwer, jedoch dicht gewachsen und hat besonders gute dynamische Festigkeitseigenschaften bei einem gleichzeitig hohen Elastizitätsmodul. Es ist technologisch etwas dem Khaya Mahagoni ähnlich, zumal es auch botanisch zur selben Mahagoni-Familie gehört. Harzaustritt ist möglich.

Bearbeitung und Oberflächenbehandlung: Grundsätzliche Schwierigkeiten in der Bearbeitung (Sägen, Schälen und Messern) bestehen nicht. Gedämpftes Bosse ist besonders gut zu biegen, im Freien trocknet es gut, in der Kammer ist Vorsicht geboten, besonders wegen des Harzaustritts. Alle Holzverbindungen halten gut, wenn auch beim Nageln mit Spaltmöglichkeiten zu rechnen ist; deshalb vorbohren.
Die Oberflächenbehandlung ist etwas eingeschränkt, weil Anstrichschäden durch inhibierende Inhaltsstoffe entstehen können.

Fehler: Wolliger Kern; inhibierende Inhaltsstoffe sowie kleine Fleckenbildung.

Eignung und Verwendung: Als Vollholz und Schälfurnier gegen Khaya und Okoume für die Sperrholzfertigung auszutauschen; als streifiges Messerfunier ist es wie alle Mahagoni-Sorten einzusetzen. Als Vollholz gut austauschbar mit Sipo für den Fensterbau. Im übrigen ein gut geeignetes Biegeholz im Möbelbau und wegen seiner Stoßfestigkeit besonders für Schiffsmöbel geeignet.

Bruyere (BRU)

Baumheide, Brezo, Scopa, Eriche

Erica arborea L.

Familie: *Ericaceae*

Vorkommen: Mediterranes Südeuropa (von der iberischen Halbinsel über Südfrankreich sowie Dalmatien und dann im Osten bis zum Westkaukasus), Korsika und kanarische Inseln, Nordafrika, äthiopisches Hochland und Ostafrika. Die Baumheide ist typisch für die Pflanzengesellschaft der Macchie.

Baumbeschreibung: Ein Strauch oder kleiner Baum mit sehr unterschiedlichen Höhen in den verschiedenen Vorkommensregionen, wie z. B. auf den Kanaren u. U. bis 20 m hoch, in Spanien bis zu 15 m, hingegen in Südfrankreich nur 3 bis 4 m. Bildet stattliche Maserknollen über den Wurzeln mit nutzbaren Durchmessern von 20 bis 30 cm, welche an der Oberfläche eine Unmenge schlafender Augen zeigen.

Farbe: Auf den Knollen zeigt sich ein heller Splint und ein farblich stark wechselndes Kernholz (=von Weißlichgelb über Rötlichbraun bis u. U. Graubraun). Nach dem Kochen sind die Knollen oder Pfeifenrohlinge im aufgeschnittenen Zustand hell- bis dunkelbraun mit einem etwas kreidigen ziegelroten Unterton.

Makroskopisches Erscheinungsbild und Gesamtstruktur: Ein dichtes, klein- und zerstreutporiges Holz. Das Grundgewebe der Knolle zeigt einen völlig wirren Aufbau, wobei die Größe der Elemente sehr viel stärker als im Stammholz variieren kann. Es sind breite, heterogene Holzstrahlen vorhanden; die geringen Speicherzellen sind in welligen, unterbrochenen Bändern angeordnet. Die wenigen Gefäße liegen vorwiegend einzeln.

Eigenschaften: $r_{15} = 0{,}63$ bis 0,78 oder 0,90 g/cm^3, schwankt sehr, Landungsgewicht 900 bis 1000 kg/m^3. Sehr unterschiedliche Maserungen mit gefälligem Aussehen. Der wirre Faseraufbau erhöht die Spaltfestigkeit und verhindert, daß die Pfeifen unter Hitzeeinwirkung platzen. Er bewirkt außerdem, daß der Tabaksaft nur wenig in das Holz eindringt. Für die hohe Brennfestigkeit und die geschmackliche Verbesserung beim Gebrauch (=Imbonimento) gibt es bis heute keine ausreichende Erklärung. Die besten Knollen sollen von sauren Böden sowie von möglichst alten Pflanzen mit weit vorgeschrittener Verkernung stammen. Die Knolle selbst hat große Ausschlagkraft; dennoch erschöpfen sich die Vorräte.

Bearbeitung und Oberflächenbehandlung: Die frisch ausgegrabenen Knollen sind feucht zu halten und möglichst schnell in Kupferkesseln etwa 12 Stunden zu kochen. Dies fördert die einheitliche Färbung und einen Spannungsausgleich. Anschließend werden die Pfeifenrohlinge herausgesägt; nach einer begrenzten Freilufttrocknung gelangen sie in Säcken zum Export.
In der Oberflächenbehandlung soll das Erkennen der hübschen Maserung erhalten bleiben.

Fehler: Erhebliche Farbschwankungen.

Eignung und Verwendung: Vorwiegend zur Herstellung von Tabakspfeifen. Die Verwendung für Intarsien und für kleine Holzschnitzereien bzw. Drechslerarbeiten nimmt immer mehr ab. Die oberirdischen kleinen Stämmchen werden, besonders in Dalmatien, wegen ihrer hohen Dauerhaftigkeit für Rebstöcke und in neuerer Zeit in der Xylographie für Holzschnittplatten verwendet.

Bubinga (BUB)

Kevazingo, Owenga, Waka, Ebana

Bezeichnungen wie Afrikanisches Rosenholz sind irreführend und sollten nicht verwendet werden.

Guibourtia tessmannii und *G. demeusii*

Familie: *Caesalpiniaceae*

Vorkommen: Vorzugsweise Kamerun und Südgabun sowie Kongo, Zentralafrikanische Republik, Zaire; Hauptlieferanten: Kamerun und Gabun für *G. demeussi* (= Ebana).

Baumbeschreibung: Ein sehr stark dimensionierter Baum bei Durchmessern von 80 bis 160 cm, auf etwa 30 m astfrei.

Farbe: Der unterschiedlich breite Splint in weißlichgrauer Färbung setzt sich deutlich vom rosarot- bis braunrotgefärbten Kernholz ab, das nachdunkelt und dann mehr in einen violettroten Ton übergeht. Eine vorhandene dunkelrötliche Farbaderung kann später verschwinden. Das Holz ist glänzend.

Makroskopisches Erscheinungsbild und Gesamtstruktur: Ein feines Wachstumszonenband ist erkennbar. Die mittelgroßen bis groben, zerstreuten, nicht sehr zahlreichen Poren mit teilweise dunklem Inhalt erscheinen auf dem Längsschnitt dunkel und sind auf dem Hirnschnitt durch augenförmige Speicherzellenfelder gekennzeichnet. Die feinen Holzstrahlen beeinflussen das Holzbild nicht, obgleich sie auf dem Radialschnitt hellere Spiegel bilden können. Harzablagerungen sind, abhängig vom Standort, verschieden reichlich vorhanden. Drehwuchs mit entsprechenden Glanzstreifen oder tangential gewelltem Faserverlauf kommt vor.

Eigenschaften: $r_{15} = 0{,}92$ g/cm^3, Landungsgewicht 1050 kg/m^3 bei mäßig gutem Stehvermögen. Ein sehr hartes, festes und elastisches Holz, das sehr dekorative Furnierbilder, sei es als Streifen, sei es als Blume, zeigen kann. Verglichen mit dem Gewicht ist es dennoch sehr biegsam und gegen Stoß und Schlag widerstandsfähig, ferner von hoher Dauerhaftigkeit und fast termitenfest, weshalb es in Afrika für Schwellen verwandt wird.

Bearbeitung und Oberflächenbehandlung: Vorwiegend Messern und Sägen, wobei das Holz trotz seiner Härte keine grundsätzlichen Schwierigkeiten bereitet, sofern es für die Furniererzeugung eine sehr gründliche, lange Dämpfung erhält. Trocknet langsam; wegen des hohen Gerbstoffinhalts kann es sich dabei verfärben. Bei nicht zu wildem Faserverlauf verzieht es sich selten, darf aber nicht zu trocken gelagert werden, weil sonst Querrisse entstehen können. Das Holz ist rauh, deshalb sollen die Rohmesserfurniere wegen des notwendigen anschließenden Schleifens $^7/_{10}$ mm Stärke nicht unterschreiten. Es läßt sich gut verleimen, nageln und schrauben, jedoch ist Vorbohren nötig.
Bubinga erlaubt alle Methoden der Oberflächenbehandlung. Es ist vorzüglich zu lakkieren und nimmt Polituren gut an, trotz der schwach inhibierenden Inhaltsstoffe.

Fehler: Unruhiger Faserverlauf sowie im Furnier bei zu hoher Austrocknung wellig werdend mit der Neigung zu Querrissen. Harzgallen können vorkommen.

Eignung und Verwendung: Ein hochwertiges Furnierholz mit interessanter Strukturbildung, z. B. Blume, das auch als Palisander-Ersatz eingesetzt werden kann. Besonders begehrt für wertvolle Schlafzimmer und dekorative Innenausstattungen; als Vollholz im Möbelbau sowie für Drechslerarbeiten und Parkettfriesen. Wegen seiner Laugenresistenz für Bürsten und Messergriffe sehr geeignet. In den USA für Polizeistöcke.

Buche (BU)

Rotbuche, Beech, Hêtre

Fagus sylvatica

Familie: *Fagaceae*

Vorkommen: Hauptverbreitungsgebiet ist Europa von 40° bis 60° nördlicher Breite und südöstliche Randgebiete.

Baumbeschreibung: Stämme bis 15 m astfrei mit Durchmessern bis über 100 cm.

Farbe: Kernholz und Splint nicht deutlich unterschieden, weißlichgrau mit blaßgelblicher bis rötlicher Tönung; durch Dämpfung kann der rote Farbton intensiviert werden. Bei fakultativer Verkernung innen rotbraun.

Makroskopisches Erscheinungsbild und Gesamtstruktur: Jahrringe deutlich, mehr oder weniger wellig verlaufend. Feine Gefäße im Frühholz zerstreut, ohne Hilfsmittel nicht sichtbar; dunkleres, schmales Spätholz mit wenigen, sehr feinen Poren, die eine Fladerung bewirken; die Porenrillen sind nicht sichtbar. Holzstrahlen unregelmäßig verteilt, breit bis sehr breit, dazwischen liegen viele feine, kaum sichtbare. Sie zeichnen sich tangential als dunkle, rötlichbraune Spindeln ab und bilden radial mattglänzende, mehrere mm hohe Spiegel.

Eigenschaften: $r_{15} = 0{,}66$ g/cm^3, Landungsgewicht 850 kg/m^3, stark schwindend; mäßig gutes Stehvermögen, überdurchschnittliche Festigkeit. Buchenholz ist sehr zäh, wenig elastisch und sehr tragfähig. Gedämpft ist es, noch warm, leicht zu biegen (=Thonet-Verfahren).

Bearbeitung und Oberflächenbehandlung: Vorwiegend Sägen und Schälen, gelegentlich auch Messern. Leicht und sauber zu bearbeiten. Der Furniererzeugung soll eine entsprechende Dämpfung vorausgehen, um sowohl eine Egalisierung und Intensivierung der rötlichen Farbe zu erreichen als auch das Stehvermögen günstig zu beeinflussen. Das Schnittholz muß sehr gepflegt werden, und die Trocknung ist vorsichtig vorzunehmen, da das Holz an den Enden und an den Oberflächen zum Reißen neigt. Die Oberflächenbehandlung ist mit allen Mitteln gut durchzuführen; besonders geeignet zum Beizen und gut zu polieren.

Fehler: In feuchtem Zustand wenig witterungsfest; pilz- und insektenanfällig. Die Rotkernausbildung ist sowohl eine Alters- als auch Oxydationserscheinung.

Eignung und Verwendung: Als Furnier vielseitig einsetzbar sowohl als Schälfurnier zur Sperrholzerzeugung (Formsperrholz), insbesondere für technisches, verdichtetes Sperrholz (Preßholz), teils mit Kunststoffen verbunden, wie auch als Messerfurnier z. B. für Türen; gut geeignet zum Bedrukken. Im Vollholzsektor in der Sitzmöbelerzeugung (=Thonet-Biegemöbel), für Parkett, im Fahrzeugbau, für getränkte Schwellen sowie als Gebrauchsholz, z. B. für Werkzeugteile und Spielzeug.

Buchsbaum (BUC)

Buxholz, Kaukasische Palme, Abassiabuchs, Iranbuchs

Buxus sempervirens

Familie: *Buxaceae*

Vorkommen: In den südeuropäischen Mittelmeerländern von Spanien bis nach Kleinasien und an der kaukasischen Schwarzmeerküste (= Hafen Abassia) sowie in Nordafrika; Hauptlieferant: Türkei; beste Qualität: Kaukasus.

Baumbeschreibung: Sehr langsam wachsender strauchähnlicher, häufig unrunder Baum mit sehr schwachen Abmessungen bei Durchmessern um 20 bis 30 cm und mehr, Längen von 3 bis 6 m. Der Baum wächst kultiviert sowie verwildert.

Farbe: Je nach Standort schwankt das Kernholz von hellgelblichgrün bis hellblaßbräunlich und ist öfter von schwachen dunklen Streifen durchzogen; es dunkelt nur gering nach. Das sehr schmale Splintholz ist nur im feuchten Holz deutlich. Von Frankreich bis Italien kommen mehr weißliche Buchshölzer mit grünen Streifen vor, die jedoch weniger begehrt sind.

Makroskopisches Erscheinungsbild und Gesamtstruktur: Die Zuwachszonen können sich durch schwach rötliches Spätholz abzeichnen. Sehr feiner, gleichmäßiger anatomischer Aufbau, so daß anatomische Merkmale frei nicht deutlich zu erkennen sind, was auch für die zerstreuten Poren gilt. Etwas schwachwelliger Faserverlauf, der zu geflammten oder moirierten Holzbildern führen kann.

Eigenschaften: $r_{15} = 0{,}93$ g/cm^3, Landungsgewicht 1200 kg/m^3, stark schwindend; hart, fest, wenig spaltbar, sehr elastisch, besonders glatte Oberflächen. Nicht witterungsfest.

Bearbeitung und Oberflächenbehandlung: Nicht ganz einfach zu bearbeiten, jedoch gut zu drechseln und zu schnitzen. Trocknet sehr langsam, und die Trocknung muß vorsichtig gesteuert werden, da sonst feine Haarrisse entstehen.
Die Oberflächenbehandlung ist vielseitig möglich, und das Holz ist gut zu polieren.

Fehler: Verfärbt leicht; trockenes Rundholz reißt leicht.

Eignung und Verwendung: Für technische und wissenschaftliche Geräte, Druckstöcke, Drechslerarbeiten, Spulen, Musikinstrumente (Blas-, Streich-, Zupfinstrumente), feine Meßstäbe, Schublehren; Maserholz für Pfeifenköpfe; Furniere auch zu Intarsien. Echter Buchsbaum ist sehr knapp und teuer, deshalb wird er heute häufig ausgetauscht mit ähnlichen überseeischen Buchshölzern und mit dem südafrikanischen Cape, Knysna- oder Kamassi-Box (= *Gonioma kamassi*) sowie Baitoa (= *Phyllostylon brasiliense*), die zwar botanisch zu anderen Arten gehören.

Cedar (Red) **Eastern** (BVI)

Virginia Pencil Cedar, Red Juniper, Savin, Virginischer Wachholder

Juniperus virginiana L. und *J. siliciola* (Smal) Bailey, (Kanada kennt noch *J.* v. var. *crebra* Fern. & Griscom)

Familie: *Cupressaceae*

Vorkommen: Dieser Wacholderbaum wächst im östlichen Teil von Nordamerika, in Kanada zwischen den Seen, besonders am Ontario See, sodann entlang des St. Lawrence Stromes. In den USA reichen seine Wuchsgebiete von Maine bis Georgia, und die Westgrenze ist etwa eine Linie von Nord Dakota bis Ost-Texas. Die besten Vorkommen sollen in Tennessee stocken (Berglagen). (Eine sehr ähnliche Art = *Juniperus procera* = »Tead oder African pencil Cedar« wächst in Ost-Afrika).

Baumbeschreibung: Die Bäume können sehr alt (400 Jahre) werden und haben vom Standort abhängig sehr unterschiedliche Abmessungen. Die Baumhöhen liegen im Durchschnitt bei 12 bis 15 m, können aber u. U. auch vereinzelt 30 m erreichen. Die durchschnittlichen Durchmesser betragen 30 bis 50 cm, u. U. aber auch schon mal 100 cm. Die Nutzholzschäfte zeigen eine starke Abholzigkeit, können aber fallweise bis 12 m astfrei sein. Alte Bäume können Stammwurzelanläufe aufweisen.

Farbe: Der schmale Splint (2 bis 3 cm) ist cremigweiß, das Kernholz frisch zunächst hellviolett, später, mit Austrocknung, dunkelt es zu Rotbraun nach, wobei es von helleren Farbstreifen durchzogen sein kann.

Makroskopisches Erscheinungsbild und Gesamtstruktur: Zuwachszonen sind auf dem Hirnschnitt durch sehr schmale, jedoch etwas dunklere Spätholzzonen abgegrenzt. Harzkanäle fehlen. Das Holz hat eine sehr feine, gleichmäßige Textur und ist geradfaserig. Ein homogenes Nadelholz mit einem auffälligen aromatischen Harzgeruch, wenn auch mit etwas grobwelligen Jahrringen. Holzstrahlen frei nicht erkennbar.

Eigenschaften: $r_{15} = 0{,}53$ g/cm^3, Landungsgewicht im Durchschnitt um 710 kg/m^3. Gering schwindend, sehr gutes Stehvermögen, wenn einmal getrocknet (Raumschwindmaß = 9,5 Prozent). Die Festigkeitswerte liegen etwas unter denen unseres Wachholders von *J. communis.* Trotz fehlender Harzgänge können feine Harzausscheidungen vorkommen. Sehr dauerhaft; gilt als mottensicher. Frisch gefälltes oder geschnittenes Holz bedeckt sich an den Hirn- oder Längsflächen mit einem weißen kristallinen Anflug von Zedernkampfer (Stilbene).

Bearbeitung und Oberflächenbehandlung: Das recht leichte bis mäßig schwere und weiche Holz läßt sich vorzüglich sägen und spalten. Es trocknet schnell, jedoch können bei Stücken, die unregelmäßig gewachsen sind, Rißbildungen vorkommen; es ist dann auch schlecht zu hobeln. Wegen einer Neigung zum Splittern sollte für Nageln und Schrauben vorgebohrt werden. Alle üblichen Oberflächenmittel sind gut aufzubringen; das Holz läßt sich auch gut polieren.

Fehler: Der Baum ist sehr durch wirtswechselnde Rostpilze gefährdet. Die natürliche Farbe kann bei intensiver Belichtung verblassen. Die Zuwachszonen können in Abhängigkeit vom Standort in der Breite sehr schwanken. Im Stamminnern gibt es häufiger kleine Astknoten. Auch kommen »birds eyes« vor, das sind kleine schwarze Flecken, die vom Kern nach außen verlaufen. Wegen fortschreitender Erschöpfung der Vorräte verschlechtern sich ständig Abmessungen und Qualitäten, weshalb man zunehmend dazu übergeht, auch die »African Pencil Cedar« zu verwenden.

Eignung und Verwendung: Das Kernholz mit seiner vorzüglichen Schneidefähigkeit hat sich als eines der für die Bleistiftfertigung geeignetsten Hölzer erwiesen, wozu es in bleistiftlangen Slats auch nach Deutschland exportiert wird. Es werden auch kleinere Balken bebeilt oder gesägt. Seine weiteren Verwendungsmöglichkeiten sind vielseitig wie z. B. für die Böttcherei, im Bootsbau, für Kleinmöbel und Truhen (mottensicher), für Drechslerarbeiten, Zigarrenkisten, Hohlmaßgeräte und sogar vereinzelt für Furniere z. B. für Intarsia. Seine Knappheit bewirkt jedoch eine Konzentration auf die Bleistiftfertigung. Aus den Holzabfällen gewinnt man für die Mikroskopie das Immersionsöl. Aus den Zweigen wird für die Parfümindustrie das »Cedar leaf Oil« gewonnen, die Wacholderbeeren dienen für die Gin- und Geneverherstellung.

Cedar (Red) **Western** (RCW)

Pacific Red Cedar

Thuja plicata

Familie: *Cupressaceae*

Echte Zedernhölzer sind nur die Cedrus-Arten.

Vorkommen: Westküste Nordamerikas (Britisch Kolumbien, Washington, Oregon).

Baumbeschreibung: Ein gradschäftiger, leicht abholziger und am Stammende gekehlter Baum mit Durchmessern von 0,5 bis über 2 m und astfreien Stammschäften von 25 m.

Farbe: Das 2 bis 5 cm breite Splintholz ist weiß, teils mit graubraunen Streifen durchzogen. Das Kernholz zeigt im trockenen Zustand eine gelblichbraune bis dunkelrotbraune, oft im selben Stamm stark wechselnde Farbe. Dem Licht ausgesetzt, erfolgt eine leichte Bräunung. Gehobelt mattglänzend.

Makroskopisches Erscheinungsbild und Gesamtstruktur: Poren sind nicht vorhanden. Die Holzstrahlen sind sehr fein, unregelmäßig angeordnet und nur auf radialen Spaltflächen als kleine, unter 1 mm breite Spiegel zu erkennen. Sie weisen gummiartige Einlagerungen auf. Das stark abgesetzte, dunkle Spätholz läßt Zuwachszonen klar erkennen. Durch den Wechsel von dunklem Spätholz und hellerem Frühholz entstehen auf Tangentialflächen markante Fladern und auf den Spiegelschnitten eine der Jahrringbreite entsprechende Streifung oder Linierung. Vereinzelt vorkommender, stark welliger Verlauf der Jahrringe (Haselwuchs) mit sodann entsprechend unruhigem Fladerbild. Harzkanäle fehlen. Ein feines, farblich variierendes, von den Jahrringen strukturell bestimmtes Nadelholz.

Eigenschaften: $r_{15} = 0,44$ g/cm^3, Landungsgewicht 550 kg/m^3, mäßig bis stark schwindend; gutes Stehvermögen sowie dem leichten Gewicht entsprechende Festigkeitseigenschaften. Hervorzuheben ist die gute Wärmeisolation. Witterungs-, pilz- und insektenfest. Obgleich harzfrei, haben frische Anschnitte einen angenehmen bis scharfen zedernartigen Geruch.

Bearbeitung und Oberflächenbehandlung: Vorzugsweise Sägen. Läßt sich bei normaler Jahrringbreite mit allen Werkzeugen leicht bearbeiten. Grobjähriges Holz neigt zum Wolligwerden und zum Ausreißen. Leime, Nägel und Schrauben halten gut. Bei Berührung mit Eisenmetallen und Alkalien entstehen Verfärbungen. Die künstliche Trocknung bis etwa 3 cm Stärke verläuft meist ohne Schwierigkeiten, jedoch sollte eine zweimonatige Freilufttrocknung vorangehen.
Für die Außenverwendung haben sich pigmentierte Imprägnierlasuren am besten bewährt. Für die Innenverwendung sind farblose Imprägnierlasuren neben Mattierungen, Klar- und Farbwachsen zu bevorzugen. Unbehandeltes, bewittertes Holz verfärbt sich grau.

Fehler: Abholzigkeit, Farbfehler, Kernfäule.

Eignung und Verwendung: Überall dort, wo es als Flächenbildner keinen oder nur geringen mechanischen Beanspruchungen ausgesetzt ist. Im Außenbau für Wand- und Garagentorverkleidungen, Dachunterschläge, Windfedern, Dachabhängungen, Fensterläden usw. Im Innenausbau für Wand- und Deckenverkleidungen. Es erfolgt ein regelmäßiger Schnittholzimport aus Nordamerika.

Cedro (CED)

Cedrela, Cedar, Cedre rouge oder je nach Herkunft Tabasco-, Honduras-, Mexiko-, Amazonas-Zeder, Zigarrenkisten-Zeder

Es ist ein zedernähnlich duftendes Laubholz, jedoch keine echte Nadelholzzeder.

Cedrela odorata, C. angustifolia, C. fissils

Familie: *Meliaceae*

Vorkommen: In allen Ländern des tropischen Mittel- und Südamerika außer in Chile; besonders in Mexiko, Honduras, Guatemala sowie Nord- und Mittelbrasilien (Amazonas-Gebiet), Bolivien, Peru, Paraguay.

Baumbeschreibung: Mittelgroßer, schlanker, überwiegend zylindrischer und gerader Baum mit Durchmessern von 70 bis 120 cm, auf 18 bis 20 m astfrei.

Farbe: Der schmale (3 bis 5 cm), hellgraue Splint ist deutlich vom gelblichrotbraunen Kernholz zu unterscheiden und dunkelt nach, wobei ein violetter Schimmer vorhanden sein kann. Langsam gewachsenes Holz aus den höheren Lagen sowie weiter vom Süden ist häufig schwerer und dunkler. Matt glänzend.

Makroskopisches Erscheinungsbild und Gesamtstruktur: Die überwiegend groben, zahlreichen, zerstreut angeordneten Poren sind im Frühholz größer und häufiger als im Spätholz, so daß sich eine halbringporige Struktur andeutet; sie wird noch verstärkt durch bandartige Speicherzellen, die die Poren umgeben und die Zuwachszonen begrenzen. Die deutlichen Porenrillen zeigen dunkle, körnige Kernstoffeinlagerungen, die das Holzbild sehr beeinflussen. Vereinzelt kommt Wechseldrehwuchs vor, desgleichen Fladerstruktur. Ein grobporiges, jedoch strukturell einheitliches, überwiegend gradfaseriges Holz. Inhibierende Inhaltsstoffe verursachen unter anderem Harzflecken.

Eigenschaften: $r_{15} = 0,52$ g/cm^3,Landungsgewicht 800 kg/m^3, jedoch ist der Gewichtsstreubereich, abhängig vom Wuchsgebiet, sehr groß. Gering schwindend, gut stehend. *C. odorata* mäßig fest (Biegefestigkeit 70 N/mm^2, Druckfestigkeit 37 N/mm^2); andere Arten liegen etwa um 20 Prozent höher. Witterungsfest und widerstandsfähig gegen Pilz- und Insektenbefall. Teils mit Mahagoni-Charakter.

Bearbeitung und Oberflächenbehandlung: Vorzugsweise Sägen und Schälen, wobei keine grundsätzlichen Schwierigkeiten für alle Hand- und Maschinenwerkzeuge bestehen, mit Ausnahme der möglichen Harzverschmutzungen. Das Holz trocknet leicht und schnell ohne besondere Neigung zum Verziehen oder zur Rißbildung. Die hellen, mäßig leichten Hölzer ähneln in ihrer Festigkeit der Kiefer und Fichte, die dunklen und damit schweren dem Khaya oder dem amerikanischen Mahagoni; sie sind somit auch in der Bearbeitung vergleichbar.
Bei der Oberflächenbehandlung sind porenfüllende Grundiermittel einzusetzen; um die mahagoniähnliche Naturfarbe zu erhalten, empfehlen sich transparente oder klare Überzugsmittel. Die flächigen, harzartigen Ausscheidungen können Anstrichschäden verursachen; Harzflecken sind mit Äthanol abwaschbar.

Fehler: Querbrüche, harzartige Ausscheidungen, die häufig bei der Trocknung entstehen.

Eignung und Verwendung: Als Vollholz vielseitig einsetzbar im Sportbootsbau und wegen seiner Insektenwiderstandsfähigkeit für Kleider- und Wäscheschränke. Sofern es sich um härtere Herkünfte handelt, in jüngster Zeit zunehmend, für Fensterkanteln, Profilbretter, Leisten, Bekleidungen, Rahmen. Als Schälfurnier für Sperrholz, Zigarrenkisten und Zigarrenhülsen, für die allerdings harzfreies Holz benötigt wird.

Cerejeira (CER)

Amburana, Cumaru de Cheiro, Imburana, Isphingo, Soryoko

Amburana cearensis A.C.Sm. und *A. acreana* A.C.Sm.

Familie: *Fabaceae*

Vorkommen: Südliches Amazonas in Brasilien sowie Peru, Bolivien.

Baumbeschreibung: Mittelgroße Bäume, wobei *A. acreana* häufig größere Abmessungen aufweisen kann. Überwiegend gut geformte, recht zylindrische Stämme mit astfreien Nutzholzschäften bis über 12 m sowie Durchmessern von 60 bis über 100 cm.

Farbe: Der etwa 3 bis 6 cm breite, fast weiße Splint setzt sich recht deutlich vom blaßgelblichen bis hellbraunen Kernholz ab. Letzteres kann standortabhängig dunkleres Spätholz aufweisen, was dann eine leichte Farbstreifung verursacht. Glanzstreifen durch Wechseldrehwuchs kommen vor.

Makroskopisches Erscheinungsbild und Gesamtstruktur: Die nicht zahlreichen, überwiegend fast groben Poren sind zerstreut angeordnet und in allen Schnittrichtungen gut sichtbar. Die feinen Holzstrahlen beeinflussen das Holzbild nicht. Auf dem Querschnitt umgeben Speicherzellen die Poren augenförmig und betonen auf Längsschnitten die Porenrillen durch helle Ränder. Das meist hellfarbige, porige Holz kann etwas dem Eichenholz und Framire ähneln.

Eigenschaften: $r_{15} = 0{,}60$ g/cm^3, Landungsgewicht 900 kg/m^3 bei einer mäßigen Schwindung: von frisch bis lufttrocken tang. = 4,5 Prozent, radial = 2,4 Prozent. Gutes Stehvermögen sowie mittlere Festigkeitseigenschaften, welche jedoch erheblich schwanken können. Trocknet langsam mit wenig Fehlern. Mittlere Pilzfestigkeit, schneller Wurmbefall möglich. Eisenmetalle bewirken auf feuchtem Holz graue Verfärbungen.

Bearbeitung und Oberflächenbehandlung: Leicht zu sägen, gut zu schälen und zu messern nach entsprechender Dämpfung. Gute Werkzeugstandzeiten. Holzverbindungen durch Nageln, Schrauben und Leimen halten gut. Da inhaltsstoffreich, vor dem Aufbringen von Oberflächenmitteln isolierend grundieren. Für den Außenbau sind Lasuren zu empfehlen.

Fehler: Exzentrischer Kern mit der Folge von Reaktionsholzausbildung sowie graubraune Flecken oder Aderung, wollige Streifen.

Eignung und Verwendung: Rahmenbau, Innenausbau, Profile, Treppen. Als Sichtfurnier für Möbelfronten, Vertäfelungen und Paneele sowie geschält für Furnierplatten. Bedingt zum Austausch gegen Eiche und Framire geeignet.

Cocobolo (COC)

Granadillo, Nambar, Palisandre-Cocobolo

Dalbergia retusa und evtl. vier weitere Arten

Familie: *Fabaceae*

Vorkommen: Mittelamerika auf der Pazifikseite von Südmexiko bis Nordkolumbien.

Baumbeschreibung: Kleiner Baum, Durchmesser bis zu 50 cm bei astfreien, unregelmäßig geformten Stammschäften bis zu 3 m. Gängige Exportlängen um 100 cm.

Farbe: Der wertlose, vom Kern deutlich abgesetzte, unterschiedlich breite Splint (bei jungen Bäumen 10 cm, bei alten 2 cm) ist blaßweiß. Das Kernholz ist in seiner Färbung sehr unterschiedlich von Gelb bis Dunkelorange bis Rot, stark nachdunkelnd zu Rot bis Rotbraun. Es ist unabhängig von den Zuwachszonen violett bis schwarz gestreift sowie wachsig glänzend. Die zur Palisandergruppe gehörende Art erinnert auch in ihrem Aussehen an dieses Holz.

Makroskopisches Erscheinungsbild und Gesamtstruktur: Zuwachszonen und Gefäße sind mit dem bloßen Auge erkennbar. Die groben, wenig zahlreichen Poren sind zerstreut angeordnet; die Porenrillen fallen durch dunkle, glänzende Einlagerungen auf und verlaufen leicht gewunden. Speicherzellen sind in zahlreichen feinen und engen Bändchen nur auf dem Hirnschnitt deutlich. Das feine Holz hat einen leicht welligen bis wechseldrehwüchsigen Faserverlauf und ist wachsartig glänzend. Seine feinen Holzstrahlen sind stockwerkartig angeordnet.

Eigenschaften: $r_{15} = 1{,}00$ g/cm^3, Landungsgewicht 1200 kg/m^3, stark schwindend; sehr hart und fest mit hohen Festigkeitswerten. Ein hoher Ölgehalt verleiht ihm eine gute, natürliche Dauerhaftigkeit; pilz- und insektenfest.

Bearbeitung und Oberflächenbehandlung: Vorzugsweise Sägen, gelegentlich Messern. Es läßt sich trotz seiner Härte nicht zu schwierig bearbeiten. Beim Sägen müssen optimale Schnittgeschwindigkeiten berücksichtigt werden, jedoch ist es gut zu drechseln und zu fräsen. Der Holzstaub kann Dermatitis hervorrufen.
Es ist schwierig zu trocknen, weil es zum Reißen und Werfen neigt; vor allem muß es langsam getrocknet werden. Trockenes Holz nimmt nur sehr schwer Feuchtigkeit auf. Die Verleimung ist erschwert.
Die Oberflächenbehandlung ist mit herkömmlichen Mitteln allgemein gut, jedoch ist bei Kunstharzlacken Vorsicht geboten. Wegen der wachsigen Oberflächen läßt man das Holz häufig unbehandelt.

Fehler: Äste, Knoten, Faulherz und Drehwuchs; Farbfehler. Alkohollösliche und ölige Inhaltsstoffe (u. a. Chinone) und Farbstoffe können unangenehm in Erscheinung treten, z. B. durch Ausbluten, und verursachen Dermatiden sowie Allergien und Ekzeme.

Eignung und Verwendung: Musikinstrumente (=Xylophon, mechanischer Teil von Streichinstrumenten), Drechslerarbeiten sowie für Griffe, Knöpfe, Spazierstöcke; ferner für Bürstenrücken und Täfelungen.

Tafel 3 - Nadelhölzer

Radiata Pine

Parana Pine

Tafel 3 - Laubhölzer

Limba (hell)

Ramin

Tafel 4 - Laubhölzer

Ahorn (geriegelt)

Koto

Avodire

Abachi

Als Furnier für Einlegearbeiten. Aus medizinischen Gründen in Deutschland nicht mehr für Blasinstrumentenmundstücke verwandt.

Coigue (COI)

Feuerlandkirsche, Coihue, Chilean Beech

Nothofagus dombeyi

Familie: *Fagaceae*

Vorkommen: In der südlichen Hälfte von Chile zwischen 35° und 39° südlicher Breite.

Baumbeschreibung: Große, jedoch teils schon überalterte Bäume mit Durchmessern von 70 bis 100 cm, u. U. bis über 150 cm; über 20 m astfreie Stammschäfte.

Farbe: Das hellgräuliche, u. U. recht breit ausgebildete Splintholz ist nur schwach vom hellrotbraunen bis rosabraunen Kernholz abgesetzt, das mit zunehmender Austrocknung nachrötet. Harzflecke kommen vor.

Makroskopisches Erscheinungsbild und Gesamtstruktrur: Die mittelgroben Poren sind unregelmäßig verteilt; in Zuwachszonennähe sind sie zahlreicher. Die Porenrillen auf dem Längsschnitt sind sehr fein; Zuwachszonen und Porenrillen im Frühholz führen zu einer ansprechenden Fladerung. Die feinen Holzstrahlen beeinflussen das Holzbild nicht. Das äußere Erscheinungsbild ähnelt hellem Kirschholz und der Buche. Ein fein texturiertes, dichtes Holz, gelegentlich drehwüchsig.

Eigenschaften: $r_{15} = 0{,}65$ g/cm^3, Landungsgewicht 950 kg/m^3, mäßig bis stark schwindend; gute Festigkeitseigenschaften, die der Buche ähnlich sind.

Bearbeitung und Oberflächenbehandlung: Vorzugsweise Messern, gelegentlich Sägen. Alle Bearbeitungsvorgänge verlaufen zufriedenstellend bei gut geschärften Werkzeugen, die mäßig gestumpft werden. Das Holz ist gut zu hobeln und sauber zu profilieren. Die Trocknung verläuft nicht immer gut, außerdem langsam, bei mäßiger Neigung zum Verdrehen, Reißen und Werfen. Alle Holzverbindungen halten gut. Korrosionsverfärbungen sind wegen des möglichen hohen Gerbstoffgehalts schnell möglich, was bei den Trocknergittern berücksichtigt werden muß. Alle Oberflächenbehandlungen sind gut anwendbar.

Fehler: Nicht sehr witterungsfest; Markflekken; teils unrund und altersbedingter Faulkern.

Eignung und Verwendung: Als Furnier zum Austausch für Kirschbaum, besonders in der Schlafzimmerfertigung; als Vollholz bisher in der Bundesrepublik weniger gefragt als Rauli (= *N. procera*) und jüngst Lenga (= *N. pumlio*). Geeignet für Parkett.

Courbaril/Jatoba (CUB)

Algarobo, Guapinol, Jutahy, Locust

Hymenaea courbaril, H. palustris, H. intermedia, H. oblongifolia, H. parvifolia

Familie: *Caesalpiniaceae*

Vorkommen: Zentralamerika von Mexiko bis Panama sowie auf den karibischen und Antillen-Inseln. In Südamerika von der Nordküste nach Süden über den Äquator bis nach Bolivien und Paraguay mit Schwerpunkt in den drei Guayana-Ländern sowie nördlich des Amazonas. Im Amazonas-Becken (= terra firme) überwiegen *H. intermedia, H. oblongifolia* und *H. parvifolia,* hingegen mehr nördlich, besonders in den Guayanas, *H. courbaril.*

Baumbeschreibung: Die Baumhöhen schwanken in Abhängigkeit vom Standort zwischen 30 und 40 m und die Durchmesser zwischen 50 und 70 oder 90, u. U. bis

150 cm. Teils hohe Brettwurzelanläufe und astfreie Stammlängen zwischen 15 und 25 m. Die Rinde ist bei *H. courbaril* glatt hellbraun und enthält Harz, hingegen ist die Rinde bei den anderen Arten dicker und rötlich gefärbt.

Farbe: Der bei *H. courbaril* 6 bis 12 cm breite Splint ist bei den anderen Arten nur etwa 3 bis 6 cm breit, hebt sich aber bei allen Spezies durch eine hellere Weiß- bis Graufärbung deutlich vom Kernholz ab. Dieses kann farblich sehr variieren von hell lachsfarben bis gelblichbraun, was später zu orangebraun bis kupferfarben nachdunkelt, wobei das Holz noch von etwa 1 cm breiten dunkelbraunen, unregelmäßig verlaufenden Farbstreifen durchzogen sein kann, was dann etwas an Teakholz erinnert. Sonst besteht eine sehr grobe Ähnlichkeit zu gewissen Irokohölzern, manchmal auch zu Kevazingo. Das Holz kann leuchtend wirken, wenn es frisch ist.

Makroskopisches Erscheinungsbild und Gesamtstruktur: Es ist ein leicht poriges sowie farblich unterschiedlich rötlichbraunes Holz, dessen Porenrillen auf dem Längsschnitt feine dunkle Einlagerungen haben. Die feinen Holzstrahlen sind frei nicht erkennbar. Die nicht zahlreichen mittelgroben bis groben Poren sind zerstreut angeordnet. Die Speicherzellen beleben das Holzbild, indem sie als durchgehende hellere Linien die Zuwachszonen auf dem Querschnitt begrenzen und dadurch auf den tangentialen Flächen deutliche, feine Fladern bilden. Auch ihre ring- bis augenförmige Porenumgebung markiert sich als heller Saum auf dem Längsschnitt (ähnlich wie bei Doussie). Es ist ein schlichtes Holz ohne deutliche Glanzstreifen durch Wechseldrehwuchs mit einem weitgehend geraden Faserverlauf bzw. nur geringen Abweichungen als leichte Windungen.

Eigenschaften: $r_{15} = 0{,}95$ g/cm^3, Landungsgewicht = 1100 kg/m^3 für *H. courbaril,* die Werte für die anderen Arten liegen in der Regel etwas niedriger. Die Festigkeitswerte liegen erheblich höher als für Iroko und übertreffen auch die von Afzelia/Doussie, sie sind weitgehend mit Hickory vergleichbar. Das Stehvermögen ist recht gut, in Abhängigkeit vom Faserverlauf schwindet das Holz nur gering bis mäßig: tangential = 7,1 Prozent und radial = 3,8 Prozent.
Die Pilz- und Insektenfestigkeit sind gut, d. h. das Holz ist dauerhaft. Das trockene Holz ist geruchlos; in Verbindung mit Feuchtigkeit verfärbt sich das Kernholz bei Berührung mit Eisenmetallen fast schwarz.

Bearbeitung und Oberflächenbehandlung: Erfordert beim Bohren, Sägen, Hobeln und Fräsen einen erhöhten Kraftaufwand, ohne das Werkzeug außergewöhnlich zu beanspruchen, jedoch empfehlen sich Hartmetallauflagen zur Verbesserung der Standzeiten. Für Nägel und Schrauben ist vorzubohren. Es sind saubere Kanten zu erzielen. Die natürliche und technische Trocknung erfolgt im Verhältnis zur hohen Dichte verhältnismäßig schnell und ohne besondere Neigung zum Reißen, Verdrehen und Werfen. Die üblichen Oberflächenmittel sind gut aufzubringen; glänzende oder halbmatte Präparate geben ein schönes, dekoratives Aussehen. Für Außenverwendungen empfehlen sich Lasuren.

Fehler: Erhebliche Farbschwankungen sowie Unterschiedlichkeit in der Ausbildung der Speicherzellenfelder sind möglich. Schlecht zu imprägnieren.

Eignung und Verwendung: Wegen seiner sehr guten technischen Eigenschaften und häufig gefälligen Aussehens vielseitig einsetzbar. Im Vollholzbereich für stärker beanspruchte Konstruktionen, einschließlich Treppen, Rahmen und Fußböden. Ferner für Profile, Gestelle für Sitzmöbel, Werkzeugteile und Drechslerarbeiten. Fallweise auch als Messerfurnier, sowohl für Außen- wie Innenflächen.

Dibetou (DIB)

Bibolo, Nigerian Walnut, Embero, Lifaki

Der Name Afrikanisch Nußbaum entspricht nicht der botanischen Zuordnungsvoraussetzung zur Gattung *Juglans,* wird aber häufig verwendet.

Lovoa klaineana

Familie: *Meliaceae*

Vorkommen: Liberia, Elfenbeinküste, Ghana, Nigeria, Kamerun, Gabun, Kongo, Angola, Zaire. Es gibt auch eine ähnliche Spezies in Ostafrika. Wichtigste Exportländer: Liberia, Elfenbeinküste, Kamerun, Kongo.

Baumbeschreibung: Ein großer, starker Baum, jedoch mit Brettwurzelanläufen und am unteren Stammende teilweiser Hohlkehligkeit. Der Stamm ist auf 25 m astfrei mit Durchmessern von 70 bis 150 cm.

Farbe: Graugelber, etwa 5 bis 8 cm breiter Splint, blaßwalnußbraunes Kernholz, vielfach mit einem rötlichen, goldbraunen, mahagoniähnlichen Schimmer. Das Holz kann erheblich nachdunkeln und weist mittelbreite, sehr gerade Glanzstreifen auf.

Makroskopisches Erscheinungsbild und Gesamtstruktur: Mittelgrobe, zerstreut angeordnete Poren, deren Porenrillen durch dunkle Einlagerungen stark markiert sind. 1 mm breite, jedoch nicht regelmäßig vorkommende harzglänzende, tangential verlaufende Bänder aus traumatischen Harzkanälen, die rötliche, konzentrische Ringe bilden können. Die sehr feinen Holzstrahlen verleihen dem Holz, besonders auf dem Radialschnitt, ein glänzendes Aussehen und sind als niedrige Spiegel erkennbar. Wechseldrehwuchs kommt häufiger vor.

Eigenschaften: $r_{15} = 0{,}55$ g/cm^3, Landungsgewicht 760 kg/m^3 bei einer mäßigen Schwindung. Seine technologischen Eigenschaften sind weitgehend dem afrikanischen Khaya gleichzusetzen, wobei es eine große Biegefestigkeit, aber nur geringe dynamische Festigkeitseigenschaften hat. Dibetou ist nicht sehr witterungsfest und kann im Splint schnell vom Wurm befallen werden.

Bearbeitung und Oberflächenbehandlung: Vorzugsweise Sägen und Messern. Gut spaltbar. Läßt sich leicht bearbeiten, starker Wechseldrehwuchs kann jedoch zum Ausreißen der Faser führen; die Bearbeitungseigenschaften schwanken etwas in Abhängigkeit der Herkünfte sowie der Häufigkeit der harzigen Einlagerungen; die Sägetechnik sollte sich etwas danach richten. Die Kammertrocknung kann mäßig schnell und milde vorgenommen werden; alle Holzverbindungen halten gut. Die Oberfläche ist mit Schleifpapier und Ziehklinge gut zu glätten, das Holz erhält dann ein glänzendes Aussehen.
Alle üblichen Oberflächenbehandlungen sind möglich, jedoch können inhibierende Inhaltsstoffe sich störend bemerkbar machen. Wenn Porenfüller verwendet werden, läßt sich das Holz trotzdem gut lackieren.

Fehler: Das Splintholz wird leicht von Insekten befallen, und das Holz vergraut leicht; die gummiharzähnlichen Ablagerungen beeinträchtigen den Wert als Deckfurnier. Auch bewirkt das Holz wegen seiner Gerbstoffeinlagerungen Korrosionen.

Eignung und Verwendung: Gute, stark dimensionierte Qualitäten ergeben, im Quartier aufgearbeitet, streifige Messerfurniere. Sie werden häufig als Nußersatz verwandt. Ein Ausstattungsholz, wo es auf besondere Lichteffekte ankommt. Als Vollholz bevorzugt bei Polster- und Sitzmöbeln für antike Modelle, auch als Türfriesenholz.

Ebenholz (EBE = für schwarze Hölzer) (EBM)

Ebène, Ebony, Ebano und in Herkunftskombination: z. B. Nigerian E., Gabun E. usw.

a) Schwarze Ebenhölzer

Afrika:	*Diospyros abyssinica*	= Msambu
	*D. crassiflora (*Synonym = *D. evila), piscatoria* und *endo* u. w.	= African Ebony oder nach Herkunftsland, z. B. Kamerun
	D. mespiliformis	= Nigerian Ebony (= King's-, Black- und Queen's Ebony)
	D. perrierii u. w.	= Madagaskar Ebony (= Minterrana und Tamatave)
	D. sanzaminika	= Kusiberi
	D. tesselaria	= Mauritius Ebony
Asien:	*D. insularis*	= Papua Ebenholz
	D. melanoxylon	= ostindisches Ebenholz
	D. mun (= D. vera)	= hinterindisches Ebenholz
	D. mollis	= Makleua oder Thailand Ebony
	D. pendula	= Borneo Ebony
	D. quaesita	= Coromandel Ebenholz (Indonesien)

b) Bunte, farbstreifige Ebenhölzer

Asien:	*D. celebica* und *rumphii*	= Makassar Ebenholz
	D. discolor	= Kamagong
	D. ebenum	= Ceylon Ebenholz
	D. marmorata	= Andamanen Ebenholz und Marblewood
	D. pilosanthera	= Bolong eta

Familie: *Ebenaceae*

Die nachstehenden Ausführungen beziehen sich nur auf die dunkelfarbigen Arten. Es gibt etwa 120 *Diospyros*-Arten, zu denen z. B. auch das helle amerikanische Persimmon (= *D. virginiana)* gehört.

Vorkommen: In den Tropen West-, Ost- und Äquatorialafrikas, auf Madagaskar, Sansibar, Mauritius und Sri Lanka sowie in Südostasien von Indien bis zur Insulinde; wichtigste Lieferanten: Nigeria, Kamerun, Gabun, Madagaskar, Thailand, Philippinen, Sri Lanka, Indien, Indonesien.

Baumbeschreibung: Sehr schlanker, mittelgroßer, wenig zylindrischer Baum in Durchmessern von 25 bis 50 cm, sehr selten 60 cm erreichend; die Abmessungen der astfreien Stammschäfte sind maximal 10 m, können jedoch sehr schwanken. Zum Export werden die oft spannrückigen und kernhohlfaulen Stämme splintfrei beschlagen und nicht als Rundholz, sondern – besonders von Nigeria, Kamerun und Gabun – als mit der Axt geschlagene Kernscheite (=billets) verladen, 90 cm aufwärts lang, 12 cm aufwärts stark. Makassar erreicht stärkere Durchmesser und wird als Rundholz exportiert.

Farbe: Das in der Breite sehr schwankende gelblichweiße oder blaßrötliche Splintholz kann über die Hälfte des Durchmessers betragen; es ist sehr deutlich vom dunklen, braun- bis tiefschwarzgefärbten Kernholz abgesetzt. Die Kernholzfarbe ist jedoch der entscheidende Wertschlüssel für die einzelnen Herkünfte; man unterscheidet braunes, schwarzes sowie dunkel-gestreiftes (= King's Ebony) Ebenholz. Gut geglättet u. U. fast metallischer Glanz. Das Kernholz ist auch nicht immer durchgehend dunkelgefärbt, sondern es kommen hellere Teile vor, was besonders eine Eigenart des Mauritius Ebony sein kann und auf noch nicht verkernte Zonen zurückzuführen ist (s. Tabelle auf nächster Seite).

Makroskopisches Erscheinungsbild und Gesamtstruktur: Meist einheitliche, merkmallose Flächen, weil die feinen bis mittelgroßen, paarweise oder in radialen Gruppen angeordneten Gefäße frei nicht sichtbar sind. Auf dem Längsschnitt sind sie häufig als feine, glänzende Porenrillen mit schwarzglitzernden Einlagerungen in einer matten Grundmasse gerade noch erkennbar. Speichergewebe ist vorhanden und durchzieht als sehr schmale, je nach Spezies verschieden lange Bänder in porenbreiten Abständen das Holzbild. Die feinen, sehr zahlreichen Holzstrahlen sind nur im Splint erkennbar. Ein sehr homogenes, feines, dicht strukturiertes Holz mit häufig recht unregelmäßigem Faserverlauf.

Eigenschaften: $r_{15} = 1{,}05$ g/cm^3, Landungsgewicht 1400 kg/m^3; Madagaskar Ebenholz ist etwas leichter; starkes Raumschwindmaß. Die hohe Härte hat auch entsprechend hohe Festigkeitswerte zur Folge, jedoch ist das Holz sehr spröde; witterungs- und termitenfest, farbbeständig.

Bearbeitung und Oberflächenbehandlung: Vornehmlich Sägen, gelegentlich, besonders Makassar, nach längerem Kochprozeß Messern. Die hohe Härte und Festigkeit verlangen sowohl einen hohen Kraftaufwand als auch besonders scharfe Werkzeuge, d. h. entsprechende Hartmetallbestückung. Das Holz neigt durch seinen unregelmäßigen Faserverlauf zum Ausreißen und Splittern. Trotz dieser Schwierigkeiten, die bei afrikanischen Herkünften geringer sind, läßt sich mit geeigneten Werkzeugen eine gute Oberfläche erzeugen bzw. sind auch Drechslerei- und Schnitzarbeiten möglich. Nägel und Schrauben lassen sich schwer anbringen und müssen vorgebohrt werden. Die Trocknung des Holzes verlangt große Sorgfalt und ist langsam durchzuführen, weil eine erhebliche Rißgefahr besteht. Die Oberflächenbehandlung ist mit den meisten Mitteln, besonders mit Polituren, gut durchführbar. Die inhibierenden Inhaltsstoffe können bei Polyesterlacken stören, deshalb vorherige Behandlung mit Spiritus und anschließende Grundierung.

Fehler: Sehr unregelmäßiger Faserverlauf, nur das Kernholz nutzholztauglich, deshalb u. U. nur 10 bis 20 Prozent brauchbarer Nutzholzanteil. Schleifstaub verursacht Niesreiz.

Eignung und Verwendung: Makassar ist eines der wertvollsten Edelfurnierhölzer für Möbel. Als Vollholz vielseitig verwendbar für wertvolle Drechslerarbeiten, in der Kunsttischlerei, für Musikinstrumente (Griffbretter, Wirbel, Flöten oder Klaviertasten) oder vielerlei Gebrauchsgegenstände gewerblicher Art wie Bürsten- und Messergriffe, mathematische Instrumente, Schachfiguren, Gehstöcke, Knöpfe.

Herkunft/Handelsname:	Grundfarbe:	Abweichungen:
African Ebony	Schwarzbraun bis Schwarz	grauschwarze Flecken oder schmale Streifen
Nigerian Ebony (= Black Ebony)	Schwarzbraun	
Nigerian Ebony (= King's Ebony)	Braunschwarz	dunkelrot-braun gestreift
Nigerian Ebony (= Queen's Ebony)	Schwarz	gelblich-blaßorange unregelmäßig gestreift
Madagaskar Ebony (= Minterrana)	Tiefschwarz	
Madagaskar Ebène (= Tamatave)	Schwarz	gelegentlich hellbraun gestreift
Sansibar und Mauritius Ebony	Blauschwarz	weiß gefleckt
Andamanen Marblewood (= Makassar Ebony)	Braunschwarz	unterschiedlich lebhaft marmoriert, rötlich- oder graubraune Streifen
Ceylon Ebony	Schwarz	unregelmäßig braun gestreift

Eibe

If, Tasso, Yew

Taxus baccata

Familie: *Taxaceae*

Vorkommen: Europa, außer Nordosteuropa, Kleinasien bis zum Kaukasus, Nordafrika, Indien (Himalaja). In Asien (Japan) und in Nordamerika wachsen andere Arten.

Baumbeschreibung: Sehr langsam wachsende Bäume mit Durchmessern von 40 bis äußerst selten 80 cm, astfreie Stammschäfte bis zu 6 m Länge.

Farbe: Das sehr schmale, gelbliche Splintholz ist scharf vom im frischen Zustand lebhaft roten Kernholz abgesetzt; es nimmt später eine rotbraune oder orangebraune Farbe an, oft mit einem violetten Schimmer; häufig dunkel variierend. Wenig glänzend.

Makroskopisches Erscheinungsbild und Gesamtstruktur: Die Jahrringgrenzen sind deutlich erkennbar. Der Übergang vom Frühholz zum Spätholz innerhalb der Jahrringe ist allmählich, und es hat einen auffallend engen, meist welligen Jahrringverlauf mit schmalem, dunklem Spätholz. Die zahlreichen, sehr feinen Holzstrahlen sind unregelmäßig angeordnet; Harzkanäle fehlen; markante Fladerung bzw. enge Streifung. Ein feinjähriges, homogenes, sehr dekoratives Holz.

Eigenschaften: $r_{15} = 0{,}65$ g/cm^3, Landungsgewicht 1160 kg/m^3, gering schwindend; gutes Stehvermögen, ziemlich hart sowie sehr fest, zäh und elastisch; Eibe ist witterungsfest und fault nicht. Es gibt auch Maserstämme, besonders aus Kleinasien.

Bearbeitung und Oberflächenbehandlung: Vorwiegend Sägen, gelegentlich Messern. Trocknet gut und schnell. Der Holzstaub verursacht Schleimhautreizungen sowie Kopfschmerzen. Das Holz läßt sich spiegelglatt bearbeiten und ausgezeichnet schwarz beizen (= deutsches Ebenholz) und polieren; die Oberfläche kann mit allen üblichen Mitteln behandelt werden.

Fehler: Abholzigkeit, Krümmungen, Spannrückigkeit.

Eignung und Verwendung: Drechslerei und Kunstschnitzerei, Bildhauerei; in geringem Umfang auch als Furnierausstattungsholz mit braunen Flammasern für repräsentative Arbeiten und Möbel; Knollenmaser sind hierfür besonders gefragt. Spezialholz für Meßwerkzeuge, Instrumentenbau, Weberschiffchen, Faßhähne.

Eiche (EIW) (EIR) (EIJ) (EI)

Oak, Chêne

Europa: (EI)

Quercus petraea = Trauben- oder Wintereiche

Q. robur = Stiel- oder Sommereiche

Nordamerika: (EIW und EIR)

Quercus alba L. = Amerikanische Weißeiche

Q macrocarpa = Bureiche

Q. mühlenbergii = Chinkapineiche

Q. rubra = Amerikanische Roteiche

Asien (Persien und Japan): (EIJ)

Quercus castaneifolia = Persische Eiche

Q. mongolica var. grosseserrata (= *Q. crispula)* = Japanische Eiche oder Mongori

Q. serrata = Konara

Es gibt über 200 verschiedene Eichenarten auf der ganzen Erde, jedoch nur wenige sind hochwertige, helle Furnierhölzer; die Herkunftsbezeichnungen stellen bestimmte Wuchseigenschaften dar, wie z. B. Feinjährigkeit oder einheitliche Färbung, und bedeuten damit also auch eine bestimmte Qualität.

Familie: *Fagaceae*

Vorkommen: In allen Erdteilen der nördlichen Halbkugel, insbesondere in Europa, wo die Stieleichen überwiegen, im übrigen bis zum Kaukasus und nach Persien reichend, in Nordamerika (Mitte und Westen der USA) sowie in Asien (besonders in Japan).
In Deutschland im Hochspessart, in der Pfalz und in der Göhrde, wobei hochwertige Qualitäten dort vorwiegend Traubeneichen sind.

Baumbeschreibung: Bei günstigen Wuchsbedingungen 12 bis 15 m astfreie Stammschäfte mit Durchmessern von 40 bis über 100 cm. Es wachsen auch Maserknollen.

Farbe: Die deutschen Eichen haben einen etwa 2,5 bis 5 cm breiten, gelblichweißen Splint, der sich deutlich vom graugelben Kernholz absetzt. Je nach Herkunft und Art dunkelt das Kernholz später zu einer hellbraunen bis dunkelbraunen Farbe nach. Frisches Schnittholz kann häufig einen leicht rötlichen Schimmer haben. Die Amerikanische Roteiche hat stets einen blaßrötlichen Farbanflug. Die hellgelbe, gleichmäßige Färbung ist neben der Jahrringbreite das entscheidende Qualitätsmerkmal.

Makroskopisches Erscheinungsbild und Gesamtstruktur: Die Gefäße sind im Frühholz grob und ringförmig angeordnet, im Spätholz klein und in radialen Gruppen, als einzelne kaum erkennbar. Die Porenrillen sind deutlich und bestimmen tangential die Fladerung. Die auffallend breiten Holzstrahlen sind radial als mehr oder minder große deutliche Spiegel zu erkennen, tangential als dunklere Striche. Der Übergang vom Früh- zum Spätholz ist bei der Stieleiche weit weniger schroff als bei der Traubeneiche. Im Frühholz hat die Stieleiche meist eine mehrreihige Porenanordnung, die Traubeneiche nur ein bis zwei Porenreihen. Diese hat auch kleinere und rundere Poren. Die Holzstrahlen sind bei der Stieleiche glänzender als bei den matteren Spiegeln der Traubeneiche.

Eigenschaften: $r_{15} = 0{,}68$ g/cm^3, Landungsgewicht um 1000 kg/m^3; abhängig von Standort und Wuchsbedingungen muß mit erheblichen Gewichtsschwankungen gerechnet werden (Amerikanische Weißeichen sind meist etwas schwerer). Mäßig schwindend. Die Breite der Jahrringe bzw. das Verhältnis des Früh- zum Spätholzanteil bestimmt entscheidend das Gewicht und damit auch Eigenschaften und Eignung:
breite Jahrringe über 3 mm, d. h. mehr Spätholz, bedeuten grobes und hartes Holz;
schmale Jahrringe von 1 bis 2 mm ergeben mildes, zartes Holz;
Jahrringbreiten von 2 bis 3 mm ergeben eine halbmilde und mittelharte Ware.
Je breiter der Splint, um so härter ist in der Regel das Holz. Auch Graufärbung bedeutet, daß es sich um hartes Holz handelt. In der Regel ist das Holz der Traubeneiche etwas schwerer. Eichenholz hat in frischem und feuchtem Zustand einen intensiven säuerlichen Geruch (Gerbsäure). Eisenmetalle verursachen bei Feuchtigkeitseinwirkung dunkle Verfärbungen. Das Kernholz ist witterungsbeständig und sehr dauerhaft.

Bearbeitung und Oberflächenbehandlung: Messern und Sägen, wobei die Fällzeit sich qualitativ stark auswirken kann. Die Bearbeitung des Eichenholzes verlangt große Sorgfalt (zum Einmessern etwa 8 Stunden dämpfen) sowie sorgfältig geschärfte Werkzeuge. Grundsätzlich ist Eichenholz gut zu bearbeiten. Der Einschnitt auf einem Horizontalgatter ist zu bevorzugen. Es ist sehr langsam und kontinuierlich in der Kammer zu trocknen; einmal getrocknet, hat es ein gutes Stehvermögen. Die Freilufttrocknung ist besonders auch für Furniere die beste Form; sie dauert für Schnittholz mehrere Jahre. Die Stapelung ist besonders sorgfältig mit Fichten-Stapellatten durchzuführen.
Die Oberflächenbehandlung bereitet keine grundsätzlichen Schwierigkeiten. Bei dek-

kenden Anstrichen soll vorher angeschliffen werden. Doppelbeizen, Räuchern und Kalken wird für Eichen gern empfohlen.

Fehler: Wasserreiser (Klebäste) und Röschen, starke Krümmungen, Drehwuchs, Kern-, Mark- oder Strahlenrisse, Farbfehler (Lohflecken = Wasserstreifen, Korrosionsflecken, Vergrauung), Mondringe, Krebs sowie sehr breite Holzstrahlen (= Spiegel). Amerikanische Weißeichen können dunkle Verfärbungen aufweisen (minerals).

Eignung und Verwendung: Aus Eichenfurnierholz werden hochwertige Furniere eingemessert: bei milden Qualitäten bis 1,8 mm Dicke, bei hartem Holz 1,8, 2,5 und 2,7 mm. Radial ergibt Spiegeleiche, und Quartier läßt breite Holzstrahlen als glänzende Querbänder erscheinen. Der rustikale Möbelstil verlangt keine milde, sondern mehr mitteljährige Ware. Eichenvollholz wird je nach Qualität verschieden und vielseitig eingesetzt; die schweren und grobjährigen Sortimente für stark beanspruchte Konstruktionen im Innen- und Außenbau (auch Fenster), Brücken- und Wasserbau, Boots- und Waggonbau sowie für Parkett, Bier- und Weinfässer. Ein besonderes Sortiment stellt die Mooreiche dar. Hierbei handelt es sich um viele 1000 Jahre unter der Erde bzw. unter Wasser luftdicht abgeschlossene Stämme, die sich durch die chemische Gerbstoffreaktion braun bis blauschwarz verfärbt haben.

Ekaba (TET)

Hoh, Tet, Sikon

Tetraberlinia tubmanniana

Familie: *Ceasalpiniaceae*

Vorkommen: Küstennaher, immergrüner Feuchtwald Liberias mit besonderer Konzentration in Südostliberia im Krahn-, Bassa- und Sapo National Forest sowie in den angrenzenden Wäldern bei einem bisher ermittelten Nutzholzvorrat von etwa 7,4 Mio m^3. Häufig mit *Diedelotia* vergesellschaftet.

Baumbeschreibung: Große, zylindrische, schlanke Bäume mit bis über 20 m langen, astfreien Nutzholzschäften bei Durchmessern von 60 bis 70 bis 90 cm.

Farbe: Blaßgrauer bis rötlicher bis zu 5 cm breiter Splint. Kernholz rötlich bis hellrotbraun. Gelegentlich vorkommende traumatische Harzkanäle mit punktartigen harzigen Ausscheidungen, welche Verfärbungen verursachen können.

Makroskopisches Erscheinungsbild und Gesamtstruktur: Mittelgrobe bis grobe, nicht sehr zahlreiche Gefäße, welche auf den Längsflächen sich als deutliche Porenrillen abheben. Einige sind mit rotbraunen Inhaltsstoffen angefüllt. Zuwachszonen sind durch dunkles Spätholz erkennbar, sie können auf den Längsflächen eine feine Streifer- oder Fladerzeichnung verursachen.

Eigenschaften: $r_{15} = 0{,}61$ bis $0{,}68$ g/cm^3, Landungsgewicht um 750 bis 800 kg/m^3, mittleres Raumschwindmaß = 13,5 Prozent, gutes Stehvermögen. Freiluft- und Kammertrocknung verlaufen normal und, wenn kein Drehwuchs vorliegt, ohne besondere Verformung. Das Schälfurnier ähnelt grob etwas dem Okoume und Kondroti, sofern keine Harzausschwitzungen vorkommen. Die Festigkeitswerte sind normal im Verhältnis zum Gewicht. Ungeschütztes Holz ist nicht witterungsfest. Beim Rundholz können schnell Pilz- und Wurmbefall eintreten.

Bearbeitung und Oberflächenbehandlung: Dieses homogene, feintexturierte, zähe Holz mit guten mechanischen Eigenschaften ist nach entsprechender Dämpfung gut zu schälen und bereitet für kein Werkzeug Schwierigkeiten, wenn auch gewisse Harzausscheidungen die Messerschneiden stumpfen.

Alle Oberflächenmittel können angewandt werden, es empfehlen sich aber ein vorheriges Entharzen und die Verwendung von Porenfüllern.

Fehler: Wechseldrehwuchs. Rundholz wird im Vorkommensland schnell von Insekten im Splint befallen.

Eignung und Verwendung: Vornehmlich als Schälfurnier für die Plattenerzeugung, teilweise zum Austausch für Okoume. Wegen seiner Abriebfestigkeit auch für Fußböden und Treppen zu empfehlen. Das Ekaba von *T. bifoliata* ist etwas schwerer und weniger begehrt.

Erle (ER)

Common Alder, Aune Commun

Alnus glutinosa (=Schwarzerle oder Klebrige Erle oder Roterle)

A. incana (=Weißerle oder Nordische Erle oder Grauerle)

A. rubra (=Amerikanische Roterle oder Red Alder)

A. viridis (=Grünerle)

Familie: *Betulaceae*

Vorkommen: Europa, hauptsächlich Skandinavien und osteuropäische Randgebiete. Roterle im Nordwesten der USA und in Kanada.

Baumbeschreibung: Schlanke, meist große Bäume in Durchmessern von 30 bis 80 cm, bis auf etwa 12 m astfreie Schaftlängen.

Farbe: Ein Splintholzbaum, d.h. Kern und Splint ohne Unterschied, einheitlich blaßrötlichgelb bis orangefarben, besonders die saftfrischen Hirnflächen sind nach dem Fällen durch Luftzutritt auffällig orangerot. Mit zunehmender Austrocknung bräunlich nachdunkelnd. Schwach mattglänzend. Die Weißerle ist etwas heller.

Makroskopisches Erscheinungsbild und Gesamtstruktur: Die sehr feinen, zerstreut angeordneten Gefäße sind auch auf dem Längsschnitt als Porenrillen kaum sichtbar, die Oberfläche zeigt sich feinporig. Jahrringgrenzen durch höhere Faserdichte und dichteres, porenärmeres Spätholz schwach erkenntlich. Die sehr feinen, dichtstehenden Holzstrahlen können sich radial als »falsche Holzstrahlen« bündeln, indem sie als unregelmäßige Spiegel auftreten. Häufiger sind dunkelbraune große oder kleine Markflecken vorhanden. Feinporiges, gradfasriges Holz. Weißerle ist noch etwas feiner als Schwarzerle.

Eigenschaften: Schwarzerle $r_{15} = 0{,}55$ g/cm^3, Landungsgewicht 800 kg/m^3; ein weiches, jedoch festes, mäßig schwindendes Holz mit gutem Stehvermögen. Weißerle ist etwas weniger fest als Schwarzerle, wenig elastisch und tragfähig, aber leicht zu biegen. Nicht witterungsfest, jedoch unter Wasser sehr dauerhaft. Hoher Gerbstoffgehalt.

Bearbeitung und Oberflächenbehandlung: Vornehmlich Sägen, gelgentlich auch Schälen. Dieses zähe Holz läßt sich gut und sauber zu glatten Oberflächen bearbeiten sowie besonders gut drechseln und schnitzen. Freiluft- und Kammertrocknung verlaufen schnell ohne besondere Verformungen.
Bei der Oberflächenbehandlung ist der Einsatz aller üblichen Mittel möglich; besonders ist das Holz gut zu beizen und zu polieren.

Fehler: Krümmungen, spannrückig, fakultativer dunkler Kern; trockenes Holz ist sehr wurmgefährdet (besonders Anobien).

Eignung und Verwendung: Keine wesentlichen Verwendungsunterschiede zwischen Schwarzerle und Weißerle, aber Schwarzerlenholz wird wegen seiner qualitativen Überlegenheit mehr geschätzt. Als Vollholz zu Imitationszwecken für Edelhölzer im Möbel- und Stuhlbau, für Musikinstrumente, für Bilderleisten, Bleistifte, Holzschuhe, Schnitzereiarbeiten und als Modellholz. Als Schälfurnier für Sperrholz und für Zigarrenkisten; früher sehr geschätzt für Nähmaschinentische, Platzpatronenverschlüsse und Räucherspäne. Jüngst findet die Amerikanische Roterle (= *A. rubra)* als Kirschaustausch mehr Verwendung.

Esche (ES) (ESA) (ESJ)

Common Ash, Frêne Commun, White Ash, Frêne d'Amerique, Amerikanische Weißesche

Fraxinus excelsior (europäische und asiatische Herkünfte)

F. americana (US-Herkünfte)

F. ornus (Blumenesche, vorzugsweise aus Ungarn)

Es gibt noch eine Reihe weiterer Arten und Herkünfte, besonders aus Asien und Nordamerika.

Familie: *Oleaceae*

Vorkommen: Für die gemeine Esche Europa, Vorderasien bis Kaschmir reichend, für die Weißesche Nordamerika (Mitte und Osten). Eschenmaser in Frankreich.

Baumbeschreibung: Mittelgroße, gerade, weitgehend zylindrisch gewachsene Bäume, auf etwa 15 m astfreie Schäfte, Durchmesser 50 bis 80 cm. Gelegentlich Maserstämme.

Farbe: Bei europäischen und asiatischen Herkünften sind das frische Splint- und Kernholz zunächst sehr ähnlich von weißrötlicher bis blaßgrauer Färbung, die auch häufig mehr zu gelblichweißgrau übergehen kann. Der Splint ist sehr breit und bei zunehmender Austrocknung meist heller weißlich. Die Kernholzfarbe kann jedoch erhebliche Abweichungen im Sinne einer späteren hellbraunen Färbung aufweisen, besonders bei der sogenannten Olivesche mit einem bräunlich bis olivbraun gestreiften, aber wolkigen Farbton. Hingegen ist das amerikanische Weißeschenholz einheitlich hellfarbiger. Gehobelte Flächen mattglänzend.

Makroskopisches Erscheinungsbild und Gesamtstruktur: Grob- und ringporiges Holz, stark ausgeprägte Jahrringe, weil im Spätholz die Gefäße sehr klein werden. Durch die deutlichen Porenrillen der Frühholzzone entstehen auf den Längsschnitten markante Streiferzeichnungen oder Fladerung. Die Spätholzporen sind unregelmäßig von Speicherzellen umgeben, die an der Jahrringgrenze bandartig ausgezogen sind. Es können auch von der Fladerung unabhängig unregelmäßige, verschieden braungetönte, streifige, fleckige, wolkige, marmorierte Holzbilder entstehen. Eine besondere, aber seltenere Wuchseigenschaft ist eine deutliche Riegelung, die durch welligen Faserverlauf entsteht.

Eigenschaften: $r_{15} = 0{,}69$ g/cm^3, Landungsgewicht über 1000 kg/m^3, starke, vom Wuchsstandort abhängige Gewichtsschwankungen. Hartes, festes, zähes Holz, schwindet mäßig, gutes Stehvermögen. Hohe Elastizität und hervorragende dynamische Festigkeitseigenschaften erlauben seine Einordnung gleich nach dem Hickory. Kein Unterschied der mechanischen Eigenschaften zwischen braunkernigem und kernfreiem Material. Wenig witterungsfest, eigenartiger, aromatischer, süßlicher Geruch.

Bearbeitung und Oberflächenbehandlung: Vornehmlich Sägen, farblich und dekorativ besonders gezeichnete Stücke werden gemessert. Die Verarbeitung ist mit allen üblichen Maschinen- und Handwerkzeugen bedingt gut durchführbar. Herkunftsunterschiede von leichtem bis sehr grobem und schweren Holz machen sich entsprechend bemerkbar. Leichtes Holz neigt beim Hobeln zum Ausreißen. Die Kammertrocknung verläuft gut, jedoch langsam und ohne besonderes Verformen und Verziehen. Die Oberflächenbehandlung bereitet mit den meisten Mitteln keine Schwierigkeiten; Esche ist jedoch schlecht zu beizen.

Fehler: Große Schwankungen in Gewicht und Farbe. Bei Amerikanischen Weißeschen sogenannter »Glaswurm« im Innern, welcher jedoch kein Insektenschaden ist, sondern die Folge einer Strangulierung des Kambiums durch Schlingpflanzen. Die Farbe neigt zum Vergilben.

Eignung und Verwendung: Als Vollholz für hochwertige Ansprüche, wo es besonders auf dynamische Festigkeit und Elastizität ankommt, wie z. B. für Sportgeräte, Stiele u. ä. Als Furnier, sofern milde und farbrein mit engen Jahrringen, für dekorative Verwendungen sehr begehrt im Innenausbau und für Möbel; die braunkernige »Olivesche« besonders für Küchenmöbel. Die Amerikanische Weißesche findet zunehmend Verwendung in der Schlafzimmerfertigung. Auch Maserfurniere und Pyramiden werden erzeugt.

Faro (DAN)

Daniellia, Lonlaviol, Ogea

Daniellia klainei, D. oblonga, D. ogea, D. oliveri, D. thurifera

Familie: *Caesalpiniaceae*

Vorkommen: Oberguinea-Küste Afrikas (Liberia, Elfenbeinküste, Ghana, Nigeria, Kamerun) sowie Gabun, Kongo und Zaire. *D. thurifera* ist besonders an der Elfenbeinküste, *D. ogea* besonders in Südnigeria, *D. klainei* besonders in Gabun und dem Kongo anzutreffen.

Baumbeschreibung: Im tropischen Feuchtwald stockend, erreicht der Baum von *D. ogea* über 30 m Höhe bei Durchmessern von 70 cm, meist aber um 90 cm bis 150 cm. Andere Arten in den guinesischen Savannenwäldern sind zum Teil schwächer. Typisch sind bei einigen Arten, z. B. *D. thurifera* von der Elfenbeinküste, gerade, besonders zylindrische Wuchsformen, während andere Herkünfte etwas unregelmäßiger gewachsen sind.

Farbe: Der sehr breite (8 bis 15 cm) hellgraue bis blaßweiße Splint ist häufig durch Pilzbefall verfärbt. Die Farbe des Kernholzes kann je nach Herkunft bzw. Standort und Artenzuordnung unterschiedlich ausfallen; dabei gilt, daß eine dunklere Färbung schwereres Holz bedeutet. Auch sind Splint und Kern nicht immer farblich scharf abgegrenzt. Die Grundfärbung des Kernholzes ist blaßgelblichbraun bis hellrosa, vereinzelt von dunkleren braunen schmalen Streifen unregelmäßig durchzogen. Das trockene Holz hat einen matten Glanz.

Makroskopisches Erscheinungsbild und Gesamtstruktur: Auf dem Hirnschnitt sind Zuwachszonen durch helle Speicherzellenbänder erkennbar. Das Holz hat wenige mittelgrobe bis grobe, zerstreut angeordnete Poren. Auffallend und typisch ist die 2 bis 3 mm hohe stockwerkartige Anordnung der meist spindelförmigen Holzstrahlen. Harzkanäle kommen in Faserrichtung zerstreut zwischen den Poren vor und scheiden im Splint Kopalharz aus, besonders bei *D. oliveri* und *D. thurifera*. Bei Wechseldrehwuchs Glanzstreifenausbildung.

Eigenschaften: r_{15} = je nach Art 0,48 g/cm^3 (= *D. ogea*), 0,53 g/cm^3 (= *D. thurifera*) und 0,60 g/cm^3 (= *D. oliveri*), Landungsgewicht über 800 bis 900 kg/m^3, ein noch mittleres Stehvermögen bei einem zum Gewicht verhältnismäßig hohen Raumschwindmaß von 13 Prozent. Ein mäßig leichtes, poriges, meist helles bis wechselnd bräunlich gefärbtes, elastisches, jedoch nicht sehr festes Holz. Druckfestigkeit: 35 N/mm^2, Biegefestigkeit: 64 N/mm^2 (= Mittelwerte mehrerer botanischer Arten), unter Umständen bis 90 N/mm^2.

Bearbeitung und Oberflächenbehandlung: Allgemein mit allen Werkzeugen mit wenig Kraftaufwand gut zu bearbeitendes Holz. Es empfehlen sich dünne Sägeblätter mit kleinen Schnittwinkeln. Wegen der klebrigen Späne ist eine gute Spanabsaugung wichtig. Der Harzgehalt erfordert ausreichendes Dämpfen; danach gut zu schälen und zu messern. Die technische Trocknung ist vorsichtig zu steuern, um einen Zellkollaps zu vermeiden. Wechseldrehwuchs kann Verformungen und Welligwerden verursachen. Alle Holzverbindungen halten gut. Die Oberflächenbehandlung setzt Porenfüllung voraus. Gut zu lackieren.

Fehler: Unterschiedlich starker Harzgehalt und teilweise vom Standort abhängiger unregelmäßiger Faserverlauf. Gefährdet durch Pilz- und Insektenbefall.

Eignung und Verwendung: Das bisher preisgünstig zu beziehende Holz ist geeignet für die Schälfurniererzeugung, für die Herstellung von Sperrholz, besonders für beschichtete Schalungsplatten; als Vollholz im Innenausbau, für Futter und Bekleidung, Blindholz für einfache Möbel sowie für Verpackung.

Fichte (FI)

Rotfichte, Spruce, Epicéa

Die in Deutschland häufige Bezeichnung Rottanne sollte eigentlich für *Picea* nicht verwendet werden.

Picea abies

Familie: *Pinaceae*

Vorkommen: Mittel-, Südost-, Nord- und Nordosteuropa. Andere Fichtenarten wachsen in Nordamerika, z. B. Sitka (= *P. sitchensis),* in Rußland (Sibirien = *P. obovata)* sowie in China und Japan.

Baumbeschreibung: Es gibt viele Untervarietäten mit entsprechend abweichenden Formen. Im Bestandesschluß schlank, vollholzig, im Freistand abholzig und sehr ästig. Durchmesser 40 bis 120 (200) cm, astfreie Stammschäfte bis 20 m.

Farbe: Gleichmäßig weiß, gelblichweiß bis rötlichweiß, ohne Kernfärbung (Reifholzbaum). Spätholz rötlichgelb. Frühholz fast immer weiß. Auffallende Alterstönung – gelblichbraun bis hellbraun. Gehobelte Flächen schwach seidigglänzend. Fichtenholz ist etwas weniger blaßrötlich als Tannenholz.

Makroskopisches Erscheinungsbild und Gesamtstruktur: Jahrringe je nach Wachstumsgebiet eng bis sehr breit. Jahrringgrenzen deutlich, Übergang Frühholz-Spätholz innerhalb des Jahrrings überwiegend allmählich. Auf dem Längsschnitt markante Fladerung bzw. Streifung. Harzgallen kommen vor. Da die Äste meistens nach unten gerichtet sind, ergeben sich im Schnittholz ovale Querschnitte, was neben den nur bei der Fichte vorhandenen Harzkanälen ein Unterscheidungshilfsmittel gegenüber den runden, härteren und dunkleren Tannenästen ist. Drehwuchs sowie Haselwuchs (längsradial gewellt) kommen vor.

Eigenschaften: $r_{15} = 0{,}47\ g/cm^3$, jedoch stark schwankend, Landungsgewicht im Durchschnitt 800 kg/m^3, mäßig schwindend. Die Festigkeitseigenschaften sind je nach Wuchsgebiet unterschiedlich, allgemein sehr gut. Im frischen Zustand harzig. Ziemlich widerstandsfähig gegen Säuren und Alkalien. Mäßig witterungsfest; pilz- und insektengefährdet.

Bearbeitung und Oberflächenbehandlung: Vorwiegend Sägen, gelegentlich Schälen. Sehr gut zu bearbeiten. Gut zu trocknen, gutes Stehvermögen. Leicht zu nageln, zu schrauben und zu spalten.
Jegliche Oberflächenbehandlung ist möglich, lediglich Polieren ist etwas schwierig. Gut zu beizen.

Fehler: Krümmungen, Unrundungen, Kernverlagerungen, Harzgallen, Rotfäule, Ringschäle, Querrisse.

Eignung und Verwendung: Als Vollholz das am meisten verbrauchte Nadelholz in der Bundesrepublik, weil vielseitig einsetzbar im industriellen Sektor, für Hoch- und Tiefbau, als Schreiner- und Ausstattungsholz, für Masten und als Grubenholz, für Tischlerplatten als Mittellagen sowie auch als Schälfurnier. Ferner für die Zellstoff- und Papierfabrikation und für Holzwolle. Hochwertige im Gebirge gewachsene, engringige Qualitäten als Klangholz. Großer, regelmäßiger Schnittholzimport aus Skandinavien und Osteuropa. Es werden auch nordamerikanische Fichten *(Spruce),* wie z. B. jüngst aus Kanada White S. *(P. glauca),* importiert.

Framire (FRA)

Black Afara, Emeri, Idigbo

Terminalia ivorensis

Familie: *Combretaceae*

Vorkommen: Westafrika von Liberia bis Kamerun.

Baumbeschreibung: Mittelgroße, zylindrische Bäume, die nur am unteren Teil etwas hohlkehlig sind, Durchmesser 60 bis 100 cm, etwa auf 25 m astfrei.

Farbe: Der etwa vier cm breite Splint unterscheidet sich kaum vom gelbgrünen Kernholz, das bei Licht zu Blaßgelb bis Hellbraun nachdunkelt und einen leichten Glanz zeigt.

Makroskopisches Erscheinungsbild und Gesamtstruktur: Die groben, ovalen, zerstreuten Poren sind häufig einzeln angeordnet und bilden auf dem Längsschnitt deutliche, häufig gewundene Porenrillen, die das Holzbild wesentlich beeinflussen. Dies wird auch von den Holzstrahlen geprägt, die auf radialen Flächen als niedrige Spiegel erkennbar sind. Zuwachszonen zeichnen sich durch porenärmeres, dichteres und helleres Spätholz ab, was im Längsschnitt zur Fladerung führt. Der Wechseldrehwuchs ist meist nur schwach ausgebildet. Ein gleichmäßiges, hellfarbiges, poriges und dem Limba sowie der Eiche ähnliches Holz.

Eigenschaften: $r_{15} = 0{,}56$ g/cm^3, Landungsgewicht 780 kg/m^3, schwindet mäßig. Im Verhältnis zu seinem Gewicht weist Framire eine gute limbaähnliche Biege- und Druckfestigkeit mit Ausnahme der Elastizität auf und ist leicht spaltbar. Im Innern häufig etwas weicher. Nasses Holz färbt gelb und korrodiert Eisenmetalle.

Bearbeitung und Oberflächenbehandlung: Vorzugsweise Sägen und Schälen, Einmesserungen werden nur selten vorgenommen. Die Bearbeitung ist sauber und werkzeugschonend durchzuführen, alle Holzverbindungen halten gut. Die Trocknung erfolgt schnell und mit nur geringer Neigung zur Rißbildung; das Holz verhält sich dann formstabil.
Guter Anstrichträger, kann mit allen üblichen Mitteln behandelt werden, transparente Lacke sind besonders zu empfehlen.

Fehler: Punktäste, dunkle gummiharzartige Adern, innere Kernhohlfäule bei alten Bäumen. Wurmbefall bis in das Innere.

Eignung und Verwendung: Vornehmlich als Vollholz, ähnlich wie Eiche, auch für Fenster, sonst im Innenausbau, besonders für Treppen, Rahmen, Konstruktionen, Leisten, Parkett sowie auch für Möbelteile; teils als Limba-Ersatz besonders im Fertighausbau einsetzbar. Als Schälfurnier für Sperrholz und Türblätter, als Messerfurnier zum Eichenaustausch.

Fromager (CEI)

Fuma, Ceiba, Kapok (Kapokier), Silk cotton tree, Baumwollbaum sowie in Südamerika Pochote.

Es gibt einige ähnliche *Bombax*- und *Rhodognaphalon*-Arten, die auch zu Namensverwechslungen und Vermengungen führen, s. Kondroti. Das wenig schwerere Kapokier stammt von *Bombax buonopozense.*

Ceiba pentandra

Familie: *Bombacaceae*

Vorkommen: Ein Tropenkosmopolit im gesamten tropischen Afrika, in Mittel- und Südamerika sowie in Südostasien. Wichtigste Export- und Lieferländer sind zur Zeit: Elfenbeinküste, Ghana und Kamerun.

Baumbeschreibung: Sehr große Licht- und Pionierholzart in Durchmessern von 70 bis 150 cm, unter Umständen bis über 200 cm, mit hoch hinaufreichenden Brettwurzeln. Die astfreien, sehr zylindrischen Nutzholzschäfte können bis 20 m lang sein.

Farbe: Splint- und Kernholz sind kaum voneinander zu unterscheiden. Es ist gelblichweiß bis blaßgraubraun gefärbt und kann hierbei einen leichten rosa bis bräunlichen Schimmer haben. Dunkelt gelegentlich etwas nach; mittelamerikanische Herkünfte sind mehr braunrötlich, Kapokier ist mehr gelblich.

Makroskopisches Erscheinungsbild und Gesamtstruktur: Die nicht zahlreichen, groben und zerstreut angeordneten Gefäße sind in den Zuwachszonengrenzen von unterschiedlicher Häufigkeit, d. h. durch die größeren und zahlreichen Frühholzporen sind die Grenzen durch teils leichte Ringporigkeit wahrnehmbar. Die groben Porenrillen verlaufen in verschiedener Richtung und sind stark gewunden. Die Holzstrahlen zeigen sich als deutliche bräunliche Spiegel bzw. zwei mm hohe Striche. Schlichtes, weiches, jedoch gleichmäßig gewachsenes Holz mit teils breiten Wechseldrehwuchszonen.

Eigenschaften: $r_{15} = 0{,}30$ g/cm^3, Landungsgewicht 850 kg/m^3, mit erheblichen Schwankungen, denn Fromager ist sehr hygroskopisch, deshalb ist der Feuchtigkeitsgehalt des Frischholzes besonders hoch. Mäßig schwindend, in den Festigkeitseigenschaften noch unter denen der Pappel, jedoch für sein Gewicht hat das Holz noch eine verhältnismäßig gute Druckfestigkeit. Recht biegsam, jedoch wenig elastisch. Nicht witterungsfest; pilz- und insektenanfällig. Frisch, unangenehm riechend.

Bearbeitung und Oberflächenbehandlung: Vorwiegend Schälen, gelegentlich auch Sägen. Benötigt nur einen geringen Kraftaufwand, jedoch sind saubere, glatte Flächen und Kanten schwierig zu erzielen; besonders gut geschärfte Werkzeuge werden benötigt. Bricht beim Hobeln leicht mit kürzeren Spänen aus. Nägel und Schrauben halten schlecht, auch ist das Holz nur mit einigen Sorten gut zu leimen. Die Trocknung verläuft schnell; einmal getrocknet, hat es ein gutes Stehvermögen.
Die rauhen Oberflächen sind schlecht mit farblosen Lacken zu behandeln, das Holz ist jedoch gut zu beizen.

Fehler: Verfärbungen, Insektenbefall (= Lyctus), Fäulnis, wollige Oberflächen.

Eignung und Verwendung: Als Schäl- und Absperrfurnier bzw. für Mittellagen, als Vollholz im Modellbau, für Isolierungen, leichte Verpackungsgefäße und Holzsandalen. Als Sondernutzung liefert dieser Baum die Kapokfaser von seinen Früchten, die vielseitig verwendbar ist als Polstermaterial, besonders auch für Schwimmwesten.

Greenheart (GRE)

Bebeere, Demarara, Sipiroe

Ocotea rodiaei

Familie: *Lauraceare*

Vorkommen: Nördliches Südamerika mit Schwerpunkt Britisch Guayana.

Baumbeschreibung: Mittelgroße, schlanke, zylindrische Bäume in Durchmessern von

70 bis 100 cm; 15 bis 25 m astfreie Stammschäfte.

Farbe: Das grüngelbe, meist nur 2,5 bis 5 cm breite Splintholz geht ohne scharfe Abgrenzung in das zunächst gelbe bis olivbraune, später dunkelbraune Kernholz über. Dies nimmt häufig einen graugrünlichen Schimmer an und ist von unregelmäßigen, dunklen Streifen durchzogen. Mit erheblichen Farbschwankungen muß gerechnet werden. Verschiedene Handelssortimente werden danach eingeteilt, wie z. B. Black, Brown, Yellow Greenheart; damit sind auch etwas unterschiedliche Eigenschaften verbunden.

Makroskopisches Erscheinungsbild und Gesamtstruktur: Die Zuwachszonen sind undeutlich. Die mittelgroßen, ovalen, einzeln verstreuten und nur gelegentlich in radialen Paaren angelegten Gefäße sind auf dem Hirnschnitt durch weiße bis hellgelbe Punkte bzw. als Porenrillen mit einem hellgelben Inhalt erkennbar. Speicherzellen umgeben die Poren schmal ringförmig, wodurch die Porenränder betont werden. Die sehr feinen Holzstrahlen sind nur als Spiegel frei erkennbar. Dichtes Holz mit mittelfeiner Struktur, meist gradfaserigem Aufbau sowie SiO_2-Partikeleinlagerungen.

Eigenschaften: $r_{15} = 1{,}03$ g/cm^3, Landungsgewicht 1300 kg/m^3, dem Gewicht angepaßtes, noch mäßiges Raumschwindmaß. Sehr hartes, festes, zähes und elastisches Holz, dessen Werte für den Elastizitätsmodul = 24 500 N/mm^2 zu den höchsten von allen Holzarten zählen. Sehr dauerhaft, auch gegen Teredo im Wasser mit einem bestimmten Salzgehalt und gegen Termiten widerstandsfähig.

Bearbeitung und Oberflächenbehandlung: Das Holz wird gelegentlich noch mit der Axt beschlagen, sonst gesägt; hierfür wie für die anschließende Bearbeitung müssen hartmetallbestückte Werkzeuge und stellitisierte Sägen benutzt werden. Wegen zu großer Rißgefahr für künstliche Trocknung wenig geeignet; die natürliche Trocknung verläuft sehr langsam. Nagelverbindungen halten schlecht, und es läßt sich schwer schrauben; auch eine zufriedenstellende Verleimung ist kaum möglich. Die Oberfläche läßt sich sehr gut polieren.

Fehler: Reißt leicht. Der Holzstaub reizt die Schleimhäute.

Eignung und Verwendung: Auf Grund seiner hohen Widerstandsfähigkeit gegen Pilze, Insekten und Feuer ist es für viele Spezialverwendungen, die starken Beanspruchungen ausgesetzt sind, wie im Brücken-, Hafen-, Wasserbau sehr geeignet, ferner für Textilmaschinen, Lagerschalen und für Sonderverwendungen, die eine hohe Biegsamkeit fordern, wie z. B. Spazierstöcke, Angelruten usw. Das Holz wird meist in sehr gut dimensionierten Kanthölzern (300 x 450 mm oder 600 mm, 15 m lang) geliefert.

Grenadille (GRA)

African Blackwood, Pau preto, Palisandre de Senegal sowie Ebène Moçambique oder E. mit anderen Herkunftsgebieten.

Dalbergia melanoxylon

Familie: *Fabaceae*

Vorkommen: Vorzugsweise im subtropischen Ostafrika, besonders in den Trockenwäldern von Mosambik und Zimbabwe sowie vereinzelt in West- und Zentralafrika, vor allem in Senegal und Togo.

Baumbeschreibung: Kleiner Baum, oft nur strauchartig wachsend, 4 bis 7,5 m, höchstens 10 m Höhe und mittlere Stammdurchmesser von 25 bis 40 cm, wobei nur etwa 2 bis 5 m Länge nutzholztauglich sind, d. h. die Exportblöcke sind nur 1 bis 1,5 m lang.

Farbe: Das schmale, bräunlichweiße bis gelbe Splintholz ist deutlich vom braunen über dunkelpurpur bis schwarzviolett gefärbten Kernholz zu unterscheiden, das hell-dunkel gezont oder gleichfarbig sein kann; glänzend.

Makroskopisches Erscheinungsbild und Gesamtstruktur: Die einzelnen oder in kleinen Gruppen zerstreut angeordneten, mittelgroben Poren erscheinen auf dem Hirnschnitt auf Grund von Kerneinlagerungen als dunkle Pünktchen, so daß die Flächen fast porenlos wirken. Auf dem Längsschnitt sind die dunklen Porenrillen mit einem glänzenden Gefäßinhalt gerade noch erkennbar. Die stockwerkartig angeordneten, frei jedoch nicht erkennbaren Holzstrahlen zeigen sich im Tangentialschnitt als feine, gewellte Linien. Zuwachszonen sind durch Gefäß- und Speichergewebsanhäufungen deutlich. Fein strukturiert, gehobelt auffallend hornig.

Eigenschaften: $r_{15} = 1{,}20$ g/cm^3, Landungsgewicht 1400 kg/m^3, d. h. es zählt zu den schwersten Hölzern und schwindet trotzdem nur gering. Die Festigkeitswerte liegen sehr hoch, verbunden mit guten elastischen Eigenschaften. Sehr witterungsfest. Frisches Holz duftet rosenähnlich.

Bearbeitung und Oberflächenbehandlung: Vorzugsweise Sägen, gelegentlich auch Messern als Ebenholz- und Palisander-Ersatz. Für die Bearbeitung sind hartmetallbestückte Werkzeuge und großer Kraftaufwand erforderlich. Die Trocknung erfolgt sehr langsam, es bleibt jedoch dann sehr formstabil, weil getrocknetes Holz kaum noch Wasser aufnimmt.
Die glatten Oberflächen lassen sich gut mit allen Mitteln behandeln.

Fehler: Schwer zu bearbeiten. Der recht unregelmäßige Wuchs beeinflußt die Ausnutzung nachteilig. Innen viele Wuchsfehler.

Eignung und Verwendung: Ein Spezialholz, das man ähnlich wie Ebenholz einsetzen kann, jedoch wird es diesem wegen seines Ölgehalts und seiner Witterungsfestigkeit häufig vorgezogen. Entsprechend wird es viel in der Drechslerei für kunstgewerbliche Gegenstände sowie für Holzblasinstrumente (Rohrblatt- und Blockflöten), Messergriffe und Teile für technische und wissenschaftliche Geräte verwendet.

Hemlock (HEL)

Western Hemlock, Pacific Coast Hemlock, West Coast Hemlock, Schierlingstanne

Der Name Alaska Pine und Tanne ist botanisch falsch.

Tsuga heterophylla (im Osten Nordamerikas wächst *T. canadensis,* die keine exportwirtschaftliche Bedeutung hat).

Gelegentlich werden Vermengungen mit Tannenhölzern (= *Abies*-Arten) vorgenommen, deren Eigenschaften ähnlich sind. Dieses Sortiment nennt man Hembal oder Hem-Fir.

Familie: *Pinaceae*

Vorkommen: Nordamerikanische Westküste von Alaska über Kanada (Brit. Kolumbien) bis in die Staaten Washington und Oregon der USA.

Baumbeschreibung: Rund, gerade, jedoch ziemlich abholzig, alte Bäume teils kernhohlfaul. Durchmesser 70 bis 150 cm, auf etwa 18 m astfreie Schäfte.

Farbe: Das nur etwa zwei cm breite, gelblichgraue Splintholz unterscheidet sich nicht scharf vom nur etwas dunkleren Kernholz, das im Licht sehr schnell zu Gelblichbraun umfärbt und hellgraubraune Farbstreifen aufweisen kann; matt glänzend.

Makroskopisches Erscheinungsbild und Gesamtstruktur: Poren nicht vorhanden. Jahreszuwachszonen durch schmale, braune Spätholzzonen deutlich erkennbar. Sie ergeben auf dem Längsschnitt je nach Schnittrichtung braune Fladern oder Farbstreifen. Gleichmäßig gewachsenes, feinjähriges, geradefaseriges Nadelholz.

Tafel 5 - Laubhölzer

Okoume

Kondroti

Rotbuche

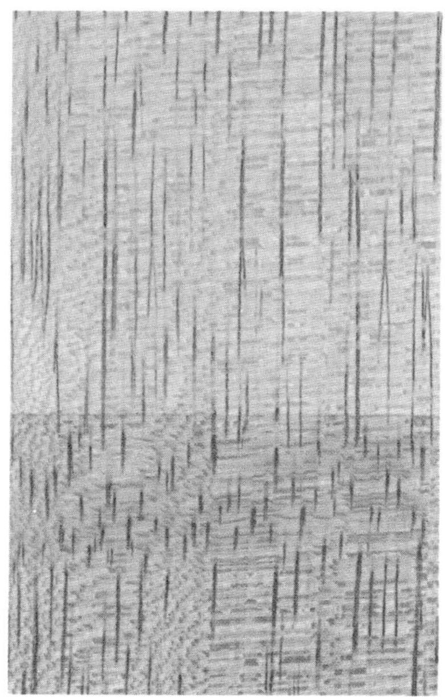

Ilomba

Tafel 6 – Laubhölzer

Sipo

Meranti (Dark Red)

Cedro

Niangon

Eigenschaften: $r_{15} = 0{,}51$ g/cm³, gedarrtes Schnittholz 0,47 g/cm³, frisches Schnittholz 650 kg/m³, mäßig schwindend mit gutem Stehvermögen, harzfrei. Weiches Holz mit mäßigen Festigkeitseigenschaften, wird mit zunehmender Austrocknung etwas spröde. Frisches Holz hat einen säuerlichen Geruch, der bei der Trocknung verschwindet. Wenig witterungsfest. Verursacht Korrosionsflecken.

Bearbeitung und Oberflächenbehandlung: Vornehmlich Sägen, als Schnittholz leicht zu bearbeiten, nach dem Hobeln glatte Oberflächen. Gut zu verleimen, ohne besondere Schwierigkeiten zu trocknen. Da bei guten Dimensionen sehr astfrei, besonders geeignet zur Erzeugung von Balken, Bohlen, Profilbrettern und Fenstern.
Die Oberflächenbehandlung für Innenverwendungen kann mit allen üblichen Mitteln, vor allem mit transparenten oder farblosen Imprägnierlasuren und Lacken erfolgen, vorausgesetzt, daß die Holzfeuchtigkeit nicht über 12 Prozent liegt.

Fehler: In Faserrichtung vereinzelte braune Rindeneinschlüsse. Nicht witterungsfest, Blauverfärbungen mit Metallen.

Eignung und Verwendung: Vorzugsweise im Innenausbau für Decken und Wandverkleidungen sowie für alle Ausbauten, z. B. Innentüren und Einbaumöbel. Gutes Blind- und Rahmenholz. Wegen seiner Ast- und Harzfreiheit besonders geeignet für Sauna-Innenausstattungen. Wird ständig aus den USA und Kanada als Schnittholz importiert.

Hickory (HIC)

Pecanier, Pecanerium, Nogal

In den USA unterscheidet man:

a) True Hickories, wozu auch Shagbark (= *C. ovata*), Big-Shellbark Hickory (= *C. laciniosa*), das wertvolle weiße Hickory oder Mockernut oder Spottnuß (= *C. alba* = *C. tomentosa*) und Pignut (= *C. glabra*) neben weiteren gehören.
b) Pecan Hickories, mit Pecan (*C. illinoensis*), Bitternut (= *C. cordiformis* und *amara*) und Water Pecan (= *C. aquatica*); außerdem Schweinshickory (= *C. porcina*) und Nutmeg Hickory (= *C. myristicaeformis*).

Carya sp.pl.

Familie: *Juglandaceae*

Vorkommen: Hickory-Nußbäume wachsen mit etwa 20 Arten im Süden und Osten der USA, Hauptverbreitung in Missouri und Arkansas sowie im Süden bis Texas und Florida. Ferner in Südostkanada (Sankt-Lorenz-Strom), mit einer Art in den Hochländern von Mexiko und mit zwei weiteren Arten in Ostasien.

Baumbeschreibung: Mittelgroßer Laubbaum, dem europäischen Walnußbaum ähnlich, mit geraden, zylindrischen Schäften bei Durchmessern von etwa 50 bis äußerst 90 cm, auf 10 bis 12 m Länge praktisch astfrei.

Farbe: Sehr breite Splintholzzone mit bis zu 50 Jahrringen, die sich durch eine weißliche, eschenähnliche Färbung deutlich vom altersbedingten rotbräunlichen Kernholz abhebt.

Makroskopisches Erscheinungsbild und Gesamtstruktur: Hickoryholz ist ringporig. Die am äußeren Rande der Jahrringe zerstreut angeordneten, verthyllten Gefäße stellen sich für das freie Auge als helle Pünktchen dar, hingegen sind die mäßig groben Frühholzporen durch hellere Speichergewebebinden gekennzeichnet und ringförmig angeordnet. Die eigentliche Spätholzzone verläuft häufig wellenförmig. Auf dem Längsschnitt recht gerade, gleichmäßig verlaufende, deutliche Porenrillen. Die einzelnen Hickory-Arten sind nur schwer zu unterscheiden, jedoch ist das Holz aus den nördlichen Wuchsgebieten fester und damit wertvoller als das aus den südlichen Staaten.

Eigenschaften: r_{15} = 0,82 g/cm³, sehr schwankend, Landungsgewicht 1000 kg/m³, mäßig bis stark schwindend. Sehr hartes, zähes Holz mit hohem Elastizitätsmodul = 14 800 N/mm² und überdurchschnittlicher Biegefestigkeit = 135 N/mm². Eschenähnlich, jedoch in der dynamischen Festigkeit noch überlegen. Jahrringbreiten von 1,5 mm und mehr (weniger als 16 Jahrringe per 1" = 2,54 cm) sollen die beste Festigkeit haben.

Bearbeitung und Oberflächenbehandlung: Praktisch ausschließlich Sägen. Die Verwendung erfolgt überall, wo es auf hohe Festigkeitswerte ankommt. Diese sind aber nur im Splintholz vorhanden, d. h. hierfür wird ungern Hickorykernholz verwendet. Es ist für alle Werkzeuge ohne Schwierigkeiten gut zu bearbeiten, jedoch muß seine starke Schwindung bzw. Neigung zum Reißen und Werfen berücksichtigt werden. Deshalb ist die Trocknung sehr kontinuierlich und vorsichtig zu steuern, zumal es hierbei auch zum Fleckigwerden neigt. Sehr gut zu biegen, schwer zu verleimen. Die Oberflächenbehandlung bereitet keine Schwierigkeiten. Die Pecan Hickories sind weicher und haben mehr figuriertes Holz, das man für Möbel und Fußböden bevorzugt. Hingegen haben in der Regel die True Hickories bessere Festigkeitseigenschaften. Die Arten aus dem Süden haben den angenehmsten Duft für Räucherzwecke.

Fehler: Nicht immer wird der gewünschte Splintholzanteil mit 50 Prozent des Durchmessers erreicht; das Holz neigt häufig standortabhängig zu übermäßiger Knotenbildung sowie »Vogellöchern« und Fäule. Es wird schnell von Insekten befallen.

Eignung und Verwendung: Als Vollholz für hohe dynamische Festigkeitsansprüche im Maschinenbau, für Sportgeräte, für Werkzeug- und Gerätestiele, wofür in erster Linie sogenanntes weißes Hickory von *C. alba, C. tomentosa* und *C. myristicaeformis* in Frage kommt.

Ilomba (ILO)

Lomba, Lolako, Akomu, Bokondu, Otie

Pycnanthus angolensis

Familie: *Myristicaceae*

Vorkommen: Gesamte westafrikanische Küste bis nach Zentralafrika und Angola (Cabinda) hinreichend. Vorzugsweise an der Elfenbeinküste und in Kamerun.

Baumbeschreibung: Mittelgroße, schlanke Bäume in Durchmessern von 60 bis 90 cm, Schaftlänge auf etwa 18 m praktisch astfrei.

Farbe: Der etwa 10 cm breite Splint ist vom Kern beim frischen Holz kaum zu unterscheiden, da er eine durchgehende, hellrosa Färbung hat, die später etwas zu blaßviolettbräunlich ausbleichen kann. Matt glänzend.

Makroskopisches Erscheinungsbild und Gesamtstruktur: Zahlreiche, mittelgroße, gleichmäßig zerstreut angeordnete Poren, die auf dem Längsschnitt sehr gerade Porenrillen mit einem dunklen Inhalt bilden. Die Holzstrahlen zeigen sich als 1 mm hohe Strichelung oder als dichte Spiegel. Auffälliger, sehr regelmäßiger und gerader Faserverlauf. Sehr gleichmäßig strukturiertes, schlichtes Holz.

Eigenschaften: r_{15} = 0,52 g/cm³, Landungsgewicht 740 kg/m³, mäßig schwindend. Die Druckfestigkeit beträgt 38 N/mm², die Biegefestigkeit 71 N/mm², damit dem Okoume etwas überlegen. Wenig witterungsfest.

Bearbeitung und Oberflächenbehandlung: Vorwiegend Schälen und Sägen. Beim Einschnitt ist ein breiter Schrank zweckmäßig. Frisches Holz neigt beim Sägen etwas zum faserigen Ausreißen an den Kanten. Abgetrocknet ergeben sich beim Hobeln jedoch glatte Flächen. Alle Holzverbindungen halten gut, doch treten bei Verwendung von alkalischen Leimen braunrötliche Verfärbungen auf. Frisches Holz kann auch ungedämpft geschält werden. Das Holz trocknet

leicht und schnell, aber man sollte extreme Temperaturen vermeiden, da sonst verstärkte Reißgefahr besteht.
Guter Anstrichträger, bei dem für Verwendungen im Innenbereich alle Oberflächenmittel gut angewandt werden können.

Fehler: Pilz- und insektenanfällig, neigt als Rundholz bei plötzlicher Austrocknung oder bei starkem Frost zu starken Längsrissen.

Eignung und Verwendung: Als Schälfurnier für Sperrholz; als Vollholz für Leisten. Neben diesen Hauptverwendungen kann es auch vielseitig überall dort eingesetzt werden, wo Okoume- und Abachi-Absperrfurniere verarbeitet werden. Verwechslungen mit Ekoune = *Coelocaryon preussii* sind in Gabun möglich.

Iroko (IRO)

Kambala, Mvule, Odum

Chlorophora excelsa und *C. regia*

Familie: *Moraceae*

Vorkommen: In allen Waldländern West- und Zentralafrikas sowie auch überspringend in Ostafrika.

Baumbeschreibung: Sehr großer Baum mit Durchmessern bis 200 cm; auf 30 m astfreie Stammschäfte.

Farbe: Splintholz 6 bis 10 cm breit, gelblichgrau, deutlich vom grüngelben bis hellolivbraunen Kernholz abgesetzt. Das Kernholz dunkelt, direktem Lichteinfluß ausgesetzt, erheblich nach und nimmt dann in der Regel einen schokoladenbraunen Farbton an. Abhängig von der Herkunft kann die Farbe sehr schwanken, auch kann das innere Kernholz im Sinne eines dunkleren Farbtons zweifarbig sein. Die gehobelten Flächen haben einen matten Glanz. Männliche Bäume haben einen schmalen Splint und sind dunkler im Kern.

Makroskopisches Erscheinungsbild und Gesamtstruktur: Die zerstreuten, groben Poren sind von hellfarbigen Speicherzellfeldern augenförmig umgeben; diese verbinden auch die Gefäße, wodurch ein deutliches Fladerbild hervorgerufen wird. Auf dem Längsschnitt zeigen sich die etwas gewundenen Porenrillen deutlich; sie haben häufig gelbe bis graue Einlagerungen. Die Zuwachszonen sind je nach Herkunft mehr oder weniger deutlich zu erkennen. Holzstrahlen beeinflussen das Holzbild nicht wesentlich; sie bilden glänzende Spiegel. Wechseldrehwuchs kommt teilweise vor und verursacht dann einen Glanzstreifen. Festes Holz mit grobporiger Textur.

Eigenschaften: $r_{15} = 0{,}68$ g/cm^3, Landungsgewicht 1000 kg/m^3, mäßig schwindend; etwas spröde, überdurchschnittlich gute Festigkeitseigenschaften mit Ausnahme der Zugfestigkeit bei einer Druckfestigkeit von 56 N/mm^2 und einer Bigefestigkeit von 110 N/mm^2. Sehr dauerhaft und auch pilz- sowie insektenfest. Feuchtes Holz in Verbindung mit Metallen verursacht Korrosionen.

Bearbeitung und Oberflächenbehandlung: Vornehmlich Sägen, vereinzelt auch Messern. Durch die Inhaltsstoffe werden die Werkzeuge überdurchschnittlich schnell abgestumpft, weshalb sich hartmetallbestückte Werkzeuge empfehlen. Im übrigen läßt sich das Holz gut und scharfkantig bearbeiten. Kammertrocknung einfach, jedoch langsam, anschließend gutes Stehvermögen.
In der Oberflächenbehandlung ist eine gute Trocknung besonders wichtig, weil sonst manche Lacke nicht gut haften. Die Klarlackierung sollte als dreifacher Anstrich auf einem DD-Lackgrund erfolgen oder als vierfacher Anstrich mit einem Epoxid-Alkydharzkombinationslack. Das Haftvermögen wird verstärkt, wenn die mit hellen Inhaltsstoffen angefüllten Poren vorher ausgebürstet werden. Für stärker bewitterte Außenflächen können auch Lasuranstri-

che in dreifacher Beschichtung verwendet werden.

Fehler: Im Farbton häufig nicht einheitlich. Gelegentlich härtere, gesteinsähnliche, schwefelgelbe Einschlüsse in Spalten und Nestern. Andersfarbige Stapellatten können Verfärbungen verusachen.

Eignung und Verwendung: Ein vielseitig im Außenbau einsetzbares, dauerhaftes Vollholz für Fenster, Tore, Türen, Verbretterungen sowie für den chemischen Behälterbau und für Faßdauben. Im Innenbau besonders geeignet für Parkett sowie als Konstruktionsholz, wenn es auf große Längen ankommt wie z. B. für Kirchenbänke. Im übrigen überall dort, wo ein festes, hartes Holz verlangt wird, wie z. B. für Containerböden, Labortische sowie im Bootsbau. Das Rundholz wird heute kaum noch splintfrei beschlagen importiert.

Jarrah (JAR)

Yarrah, Australian Mahogany, Bastard Mahogany, Yarrow Tree

Die Bezeichnung Australische Roteiche ist abzulehnen.

Eucalyptus marginata

Familie: *Myrtaceae*
Das Karri von *E. diversicolor* ist sehr ähnlich.

Vorkommen: Südwestaustralien, mit Karri und weiteren Eukalypten vergesellschaftet wachsend.

Baumbeschreibung: Sehr schlanke, gradschäftige, hohe Bäume, deren zylindrische Stammschäfte Durchmesser bis über 1,5 m erreichen sowie Längen von über 25 m.

Farbe: Kernholz hellrosa bis rötlichbraun, deutlich vom schmalen, hellen Splintholz abgehoben. Ausgetrocknet kann es durch Nachdunklung eine dunkelrote, mahagoniähnliche Färbung annehmen.

Makroskopisches Erscheinungsbild und Gesamtstruktur: Die ovalen, mittelgroben bis groben, zerstreut angeordneten Gefäße erscheinen auf dem Längsschnitt als feine Porenrillen mit teils dunklen, teils hellen Einlagerungen. Die für alle Eukalyptushölzer typische, mehr oder weniger ausgeprägte fischgrätenmusterähnliche Anordnung der Gefäße auf dem Hirnschnitt ist auch bei Jarrah zu erkennen. Zuwachszonen, die auch eine Fladerung bewirken, sind mit unterschiedlicher Deutlichkeit vorhanden. Die Textur ist gleichmäßig, ziemlich grob, gradfaserig, oft aber auch widerspänig. Das Holz zeigt häufig von einem Pilz verursachte, kurze, dunkelbraune Markierungen, die auf dem Querschnitt zerstreut auftreten und auf dem Längsschnitt schmale oder breite dekorative Flecken bilden. In den Speicherzellen kristalline Ablagerungen. In Unterscheidung zum Karri hinterlassen Jarrahspäne beim Verbrennen schwarze, Karri- weiße Asche.

Eigenschaften: $r_{15} = 0{,}83$ g/cm^3, Landungsgewicht 1100 kg/m^3. Sehr schweres, hartes Holz, dessen Elastizitätsmodul und Biegefestigkeit nur etwas unter denen des Karri liegen. Die üblichen Festigkeitswerte liegen etwa 15 Prozent über denen der Eiche. Schwindet und reißt stark, ist widerstandsfähig gegen Termiten und Teredo.

Bearbeitung und Oberflächenbehandlung: Einschnitt und Oberflächenbearbeitung des Holzes sind nicht einfach und bedürfen guter Werkzeuge mit einem erheblichen Kraftaufwand. Bei einem entsprechend verminderten Winkel (15°) gut zu hobeln. Nageln ist schwierig und verlangt ein Vorbohren. Schrauben und Leime halten gut. Der künstlichen Trocknung soll eine Freilufttrocknung vorgeschaltet werden. Bei Stärken über 50 mm entstehen keine Schwierigkeiten, bei schwächeren Abmessungen muß mit Werfen gerechnet werden. Die Oberflächen lassen sich gut lackieren.

Fehler: Gummigänge und Gummitaschen, die in extremen Fällen Ringschäle verursachen können.

Eignung und Verwendung: In Deutschland vorzugsweise für Spurlatten im Bergbau, als Vollholz im Schiffs- und Fahrzeugbau sowie für Parkett und sonstige Fußböden; ferner für Schwellen und Wasserbauten. Der Handel bevorzugt das dunkelfarbige, schwerere, gegenüber dem leichteren, hellfarbigen Sortiment. Die Exporteure liefern u. a. Kanthölzer in besonders großen Abmessungen, z. B. 350 x 350 mm, über 10 m lang, welche dann hier nachgearbeitet werden.

Jelutong (JEL)

Jelutong-bukit für *D. costulata* und J.-paya f. *D. lowii* sowie ferner u. a. noch Pantoeng, Letoeng, Melabuwai

Dyera costulata Hook f. und *D. lowii* Hook f.

Familie: *Apocynaceae*

Vorkommen: *D. costulata* vornehmlich in Malaysia und dort bevorzugt auf hügeligen Lagen; hingegen *D. lowii* mehr in niederen, feuchten Lagen, besonders in Indonesien (= Sumatra, Kalimantan).

Baumbeschreibung: Sehr große, schnellwüchsige Bäume mit Höhen bis 60 m bei Durchmessern von 65 bis 100, u. U. bis 150 und 200 cm. In der Jugend häufig krumm, später jedoch säulenförmig fortentwickelt.

Farbe: Frisches Splint- und Kernholz unifarben, d. h. einheitlich mit einer gelblichweißen Färbung, erst bei Licht kann das Kernholz etwas in der Farbtiefe nachdunkeln. Um die Harzgallen bilden sich schwärzliche Ränder.

Makroskopisches Erscheinungsbild und Gesamtstruktur: Die mittelgroßen Poren, vorwiegend in radialen Gruppen zu zweit oder dritt zerstreut angeordnet, sind auf dem Querschnitt frei zu erkennen. Das Speichergewebe ist in feiner Bänderung nur vereinzelt unter der Lupe, die feinen Holzstrahlen sind frei nur als Spiegel sichtbar. Zusammen mit dem Speichergewebe verursachen sie häufig eine feine Netzzeichnung. Auffällig sind die von 13 bis zu 35 mm hohen Latexkanäle, welche in Gruppen den ganzen Stamm in einem Abstand von 50 bis 100 cm durchziehen. Insgesamt ein helles, weiches, gradfaseriges, ziemlich feines und gleichmäßig texturiertes Holz, das jedoch kurzbrüchig ist.

Eigenschaften: $r_{15} = 0{,}46$ g/cm^3, Landungsgewicht von frischem Rundholz = 700 kg/m^3; sehr gering schwindend bei überdurchschnittlich gutem Stehvermögen: tangentiales Schwindmaß = 2,0 bis 3,0 Prozent, radial = 0,8 bis 1,3 Prozent (bis lufttrocken). Mittlere Festigkeitswerte mit 27 N/mm^2 für die Druckfestigkeit, 50 für die Biegefestigkeit und 8100 für das Elastizitätsmodul. Das Holz hat eine schlechte natürliche Dauerhaftigkeit, verblaut schnell und ist weder pilz- noch insektenfest, aber säurefest.

Bearbeitung und Oberflächenbehandlung: Jelutongholz ist mit allen Werkzeugen gut zu bearbeiten, wenn auch der Harzgehalt durch die Gallen stört bzw. die Werkzeugschneiden verschmiert. Der Sägeeinschnitt verläuft problemlos, wenn man eine weite Schränkung vornimmt. Die Standzeiten sind mittelmäßig. Alle Holzverbindungen durch Schrauben, Nägel und Leime halten gut. Die Trocknung verläuft schnell, weshalb man sie steuern bzw. überwachen soll, damit keine Verschalungen entstehen. Alle üblichen Oberflächenmittel wie Farben, Beizen und Firnis werden gut angenommen. Zum Schälen und Messern wegen der Latexkanäle nicht geeignet, denn die im Durchschnitt bis 15 mm hohen Harzgallen verhindern saubere sichtbare Oberflächen.

Fehler: Latex-Harzkanäle; schnelle Verblauung möglich.

Eignung und Verwendung: Ein Holz, das möglichst nicht sichtbar und, wenn ja, nur in kleinen Dimensionen, d. h. ohne die störenden Latexkanäle, einzusetzen ist, wie z. B. für Mittelagen, als Blindholz bzw. Absperrfurnier, für die Verpackungskistenherstellung. Es eignet sich jedoch auch für die Sperrholz- und Bleistiftfabrikation sowie für Separatorenblättchen. Das Harz wird für Kaugummi und für medizinische Zwecke gewonnen bzw. verwendet.

Kapur (KPR)

Keladan, Petanang

Dryobalanops aromatica, D. lanceolata, D. oblongifolia, D. sp.pl.

Familie: *Dipterocarpaceae*

Die teilweise auch für diese Holzart verwandten Namensbezeichnung Borneo Kampferholz und Camphorwood sind falsch und abzulehnen.

Vorkommen: Südostasien: Indonesien (Kalimantan und Sumatra), Malaysia.

Baumbeschreibung: Ein gerader und sehr zylindrisch gewachsener, bis über 50 m hoher Baum. Die astfreien, jedoch etwas abholzigen Nutzholzschaftlängen können entsprechend bis zu 30 m reichen bei durchschnittlichen Durchmessern von 70 bis 100 cm, im Ausnahmefall sogar bis 200 cm. Am Stammfuß können sich erhebliche Brettwurzelanläufe auswirken.

Farbe: Rötlichgrauer bis hellbrauner, je nach Alter 3 bis 6 cm breiter Splint. Das rötlichbraune Kernholz ist deutlich abgesetzt, bei starker Belichtung bräunt es unter Verlust der Rotfärbung nach.

Makroskopisches Erscheinungsbild und Gesamtstruktur: Die Zuwachszonen sind undeutlich. Der Faserverlauf meist auffallend und gerade und nur selten wellig. Die zahlreichen, überwiegend groben Poren beeinflussen durch ihre Vielfalt, Größe und Gradläufigkeit das Holzbild. Die mittelfeinen Holzstrahlen sind stockwerkartig angeordnet. Die vertikalen Harzkanäle in hellen, tangentialen Reihen sind frei nicht erkennbar. SiO_2- und Oxalateinlagerungen kommen vor. Ein deutlich poriges, einheitlich gefärbtes Holz, welches dem Keruing ähnlich ist.

Eigenschaften: $r_{15} = 0,77$ g/cm^3, Landungsgewicht um 1050 kg/m^3 bei einem großen Streubereich der einzelnen Herkünfte, also ein mäßig schweres und mäßig hartes Holz, dessen Festigkeitseigenschaften höher als bei Dark Red Meranti liegen: Druckfestigkeit 60 N/mm^2, Biegefestigkeit 114 N/mm^2. Stark schwindend mit bis zu 16 Prozent des Volumens, trotzdem reißt es nicht stark und verwirft auch nicht so sehr wie z. B. Pitch Pine. Seine Dauerhaftigkeit ist mittelmäßig.

Bearbeitung und Oberflächenbehandlung: Beim Einschnitt, der keine grundsätzlichen Schwierigkeiten bereitet, empfehlen sich wegen der SiO_2-Einlagerungen stellitisierte Sägen und für das Hobeln Hartmetallbestückung. Vor dem Schälen und Messern ist das Rundholz gründlich zu dämpfen. Mit einem Verharzen der Werkzeuge muß teilweise gerechnet werden. Für Nageln und Schrauben ist vorzubohren; Leime halten gut, wobei sich Harnstoffleime empfehlen. Die technische Trocknung ist sorgfältig vorzunehmen, der Trocknungsprozeß dauert wegen der hohen Dichte lange. Harzaustritte sind dabei möglich. Die Oberflächenbehandlung ist mit allen Mitteln und Methoden gut durchzuführen, jedoch empfehlen sich filmbildende Mittel dafür. Harzaustritte sind mit Lösungsmittel vorher zu entfernen.

Fehler: Vereinzelte Kurzbrüchigkeit im innersten Kernbereich (= brittle heart), die bis zur Kernhohlfäule übergehen kann. Berührung mit Eisenmetallen ergibt Reaktionsverfärbungen. Teils sehr feiner Wurmbefall.

Eignung und Verwendung: Ein festes Holz, das sich für schwere Konstruktionen sowie für Rampen, Schwellen, schwere Transportbehälter, Waggonböden u. ä. empfiehlt. Als Schälfurnier für technisches Industriesperrholz.

Keruing (YAN)

Kanyin, Kuin, Minyak keruing, Vellayini, Apitong, Yang

Dipterocarpus sp.pl. Etwa 30 *Dipterocarpus*-Arten von Malaysia und Indonesien werden unter diesem Namen zusammengefaßt, besonders sind es in Malaysia: *D. baudii, D. cornutus, D. costulatus, D. kerrii, D. verrucosus;* in Indonesien: *D. cornutus, D. gracilis.*

Familie: *Dipterocarpaceae*

Vorkommen: In den gemischten *Dipterocarpus*-Wäldern Südostasiens, vorzugsweise von Malaysia, Sarawak, Sabah, Indonesien (= Keruing). In Burma (= Eng = *D. tuberculatus*), in Thailand (= Yang), in Indien (= Gurjun) und auf den Philippinen (= Apitong = *D. grandiflorus*) wachsen die gleichen oder sehr ähnliche Taxa, z. B. in Burma und Thailand u. a. *D. turbinatus* und *D. alatus* = Yang Typ, welche jedoch schwerer sind.

Baumbeschreibung: Große zylindrische Bäume mit astfreien Stammschäften von etwa 30 m bei Durchmessern von 60 bis 120 cm, selten bis 180 cm.

Farbe: Auf Grund verschiedener Spezieszusammenstellung in einem Sortiment sehr variierend. Das scharf abgesetzte, hellere Splintholz ist frisch außen hellgelblichbraun, innen graubraun oder graurot und etwa 5 bis 7,5 cm breit. Das Kernholz ist allgemein blaß- bis rotbraun, kann aber auch über Tiefblaßrot oder Purpurrot trocken zu Rotbraun übergehen. Einige schwere Arten sind dunkler, mehr purpurfarben. Manche der dunkelbraunen Hölzer sind auf den Längsflächen übersät mit ölig-harzigen roten Punkten und Strichen, was ihnen ein auffallend gesprenkeltes Aussehen verleiht. Unter Lichteinwirkung dunkelt das Holz nach und hat einen sehr unterschiedlichen Glanz.

Makroskopisches Erscheinungsbild und Gesamtstruktur: Die wenigen, meist groben Gefäße sind oft ausgesprochen oval und gleichmäßig verteilt. Auf dem Längsschnitt treten sie als deutliche Porenrillen mit hellem Inhalt hervor. Vertikale Harzkanäle sind durch hellere Speicherzellenfelder leicht markiert. Zuwachszonen nicht erkennbar. Rotbraune Holzstrahlenspiegel bis 3 mm hoch. Der verschieden dunkelgefärbte Harzgehalt ist ein typisches Kennzeichen für verschiedene Arten.

Eigenschaften: $r_{15} = 0{,}75$ g/cm^3, Landungsgewicht von 950 bis 1100 kg/m^3 reichend bei großem Streubereich, starkes Schwindmaß. Sehr festes, jedoch grobes und teilweise sehr harziges Holz. Dieses strömt im frischen Zustand einen intensiven Balsamgeruch aus. Härte sowie Biege- (= 120 N/mm^2) und Druckfestigkeit (= 65 N/mm^2) liegen unter Teak. Hervorzuheben ist die überdurchschnittliche, dynamische Festigkeit. Sehr dauerhaft.

Bearbeitung und Oberflächenbehandlung: Wird vorzugsweise gesägt; leichtere, wenig harzreiche Arten eignen sich teils auch zum Schälen. Trotz seiner Silikateinlagerungen, die die Werkzeuge abstumpfen, ist der Bearbeitungsvorgang noch zufriedenstellend durchzuführen. Allerdings ist der Gebrauch hartmetallbestückter Sägen anzuraten; auch kann vorkommender Wechseldrehwuchs die Verarbeitung erschweren, und wegen der groben Struktur muß das Holz gut geschliffen werden. Vor dem Schälen ist es gründlich zu dämpfen. Nägel und Schrauben halten gut, jedoch ist es unterschiedlich gut zu verleimen. Die Trocknung verläuft sehr langsam und ist schwierig

wegen Neigung zum Werfen, Splittern und Reißen.
Die Oberflächenbehandlung verlangt zum Polieren eine Porenfüllung. Vorsicht beim Auftragen von Lack und Farbe, da die Harzausscheidungen stören. Läßt sich gut beizen.

Fehler: Drehwuchs, Frischholzinsektenbefall, teils sehr harzig, was bei richtiger Sperrholzverleimung integriert werden kann, sozusagen als Mitkleber.

Eignung und Verwendung: Als Schälfurnier für Industriesperrholz; als Vollholz sehr vielseitig einsetzbar für Konstruktionen mit stärkerer Beanspruchung; zu empfehlen für sehr intensiv genutzte Fußböden, z. B. für Schulen, Theater und für Treppen. Seinen Hauptverwendungszweck in der Bundesrepublik hat es, nach den Malayan Grading Rules sortiert, als Waggonbohlen für die Deutsche Bundesbahn, im Fahrzeugbau sowie für Schwellen.

Khaya (MAA)

Acajou, Khaya- oder Afrikanisches Mahagoni, Lagos Mahogany

Khaya ivorensis (= rotes Khaya, Grand Bassam, N'Gollon, Undianunu, Zamanguila)

K. anthotheca (= weißes Khaya, Acajou blanc wegen der helleren Rinde sowie Krala, N'Dola, smooth barked Mahogany)

Familie: *Meliaceae*

Zwischen beiden Arten wird in den lokalen Bezeichnungen nicht immer sauber unterschieden; weitere Arten sind: das schwerere und dunklere *K. grandifoliola* = Benin Mahogany sowie *K. senegalensis* = Bissilon und *K. nyasica* von Ostafrika.

Vorkommen: Beide gemeinsam an der gesamten Oberguineaküste von Liberia über die Elfenbeinküste, Ghana, Kamerun bis Gabun; *K. anthotheca* allein im Kongo, in Cabinda, der Zentralafrikanischen Republik, Zaire, Unganda. In Zaire werden jüngst bedeutende Vorkommen einer härteren Art, die sehr *K. grandifoliola* ähnelt, eingeschlagen.

Baumbeschreibung: Beide Arten sind sehr ähnlich, wenn auch *K. ivorensis* größere Abmessungen erreicht und meist besser ausgeformt ist. Durchmesser 60 bis über 160 cm, astfreie Schäfte bis über 20 m. Die großen Bäume sind meist gerade und ziemlich zylindrisch gewachsen, zeigen jedoch am Stammende hoch hinaufreichende Brettwurzelanläufe. *K. ivorensis* zeigt eine rötliche, schuppige Rinde, hingegen *K. anthotheca* mehr eine glatte, hellere, dem Tiama ähnliche.

Farbe: Das 3 bis 6 cm breite, helle, graurosa Splintholz ist deutlich vom im frischen Zustand hellroten Kernholz bei *K. ivorensis* zu unterscheiden, das später zu einem glänzenden Rotbraun nachdunkelt; *K. anthotheca* zeigt ein mehr helles Lachsrot und dunkelt nicht so intensiv nach.

Makroskopisches Erscheinungsbild und Gesamtstruktur: Die zahlreichen, grobporigen Gefäße sind meist einzeln verstreut oder in Zweiergruppen und erscheinen auf dem Längsschnitt als dunkle Porenrillen, die häufig mit schwärzlichen oder rötlichen Inhaltsstoffen angefüllt sind. Die dichten Holzstrahlen verursachen eine auffällige Spiegelbildung. Die Zuwachszonen sind nur leicht durch eine porenärmere Zone angedeutet, was ein deutliches Unterscheidungsmerkmal ist gegenüber echtem Swietenia Mahagoni mit der gelborangefarbenen Zuwachszonenausbildung. Überwiegend ist das Holz grobporig und gradfasrig, jedoch kommt auch Wechseldrehwuchs mit Glanzstreifenbildung oder anderen Faserabweichungen mit interessanten Bildern wie Drapé, Moiré oder Pommelé vor.

Eigenschaften: $r_{15} = 0{,}51$ g/cm^3, Landungsgewicht 730 kg/m^3 für *K. ivorensis, K. antho-*

theca ist um etwa 8 bis 10 Prozent schwerer und damit fester. Andere Khaya-Arten sind noch schwerer. Die Festigkeitseigenschaften sind im Verhältnis zum Gewicht als überdurchschnittlich gut zu bezeichnen; das Holz ist vor allem sehr elastisch sowie schlag- und stoßfest. Im Vergleich zum Swietenia-Mahagoni ist die Holzstruktur etwas gröber. Geringes Raumschwindmaß und gutes Stehvermögen. Das Kernholz ist recht pilz- und insektenfest, wird hingegen sehr schnell von der Schiffsbohrmuschel (= Teredo) befallen.

Bearbeitung und Oberflächenbehandlung: Sowohl Schälen als auch Messern und Sägen. Alle Bearbeitungsvorgänge verlaufen leicht, ohne besondere Schwierigkeiten; es lassen sich glatte, kantenfeste Flächen herstellen, sofern keine zu großen Faserabweichungen mit Widerspänigkeit vorliegen. Letzteres stört erheblich beim Hobeln. Sowohl die Freiluft- als auch die Kammertrocknung verlaufen leicht und schnell trotz langsamer Wasseraufnahme.
Die Oberflächenbehandlung ist mit allen üblichen Mitteln für den Ausbau gut möglich, wenn auch mit ölhaltigen Imprägnierungen und Grundierungen weniger gute Erfahrungen gemacht wurden; alle Außenverwendungen sollten Lasuren erhalten.

Fehler: Wolliger Kern (= Kurzbrüchigkeit) sowie Frischholz-Insektenbefall im Splintholz, dunkle Gummiadern.

Eignung und Verwendung: Vielseitig einsetzbares Edelholz, das als Mahagonifurnier im Möbelbau wie in der Innenausstattung – besonders bei hohen Ansprüchen, wie z. B. auf Luxusschiffen – sehr begehrt ist; als Vollholz in der Kunsttischlerei für Innenausstattungen; im Außenbau für Fenster; im Bootsbau und für wertvolle Verpackungsgefäße. Besonders begehrt sind für Möbel Mahagoni-Pyramiden mit dekorativer Zeichnung. Als Spezialsperrholz z. B. im Schiffsbau sowie für Sportboote.

Kiefer (KI)

Gemeine Kiefer, Weißkiefer, Föhre, Forche, Pin Commun, Pine, Redwood, Pino

Pinus sylvestris

Familie: *Pinaceae*

Vorkommen: Mit 94 Spezies eines der am weitesten verbreiteten Nadelhölzer in den Ebenen und Gebirgstälern der nördlichen Halbkugel, mit wenigen Arten auch im tropischen Bereich. Die europäische Kiefer wächst in ganz Europa, besonders in Nord- und Nordosteuropa bis nach Sibirien.

Baumbeschreibung: Wuchsformen und damit Qualitäten schwanken sehr abhängig vom Wuchsstandort, was in der Unterscheidung zum Ausdruck kommt:
Nordische Kiefer, Polnische K., Riga-K., Bamberger K., Norddeutsche Tiefland-K.
Die geraden, vollholzig im Bestandesschluß gewachsenen Bäume schwanken in ihren Durchmessern von 40 bis etwa 100 cm bei praktisch astfreien Stammlängen bis 20 m. Auf bestimmten Standorten kommt Drehwuchs vor.

Farbe: Gelblichrötlich, Splint oft sehr breit und etwas heller als das Kernholz; im frischen Zustand nicht immer betont unterschieden, aber schon nach kurzer Lagerung und erst recht durch Lichteinwirkung hebt sich das nachgedunkelte Kernholz scharf abgegrenzt vom helleren Splintholz ab; Alterstönung des Kernholzes oft bis Dunkelgelblichrotbraun; Splint bleibt meistens hellgelb mit rötlicher Tönung. Standortunterschiede können sich farblich auswirken, wie z. B. bei der dunkleren Gotlandkiefer.

Makroskopisches Erscheinungsbild und Gesamtstruktur: Markante, beidseitig begrenzte Jahrringe, deren Breite je nach Wachstumsgebiet sehr unterschiedlich sein kann – von kaum Millimeterbreite bis zu 10 Millimetern. Besonders gleichmäßige und vorwiegend engstehende Jahrringe besitzen die nordischen Qualitäten. Ausgeprägte, glänzende Spätholzzonen ergeben im Fladerschnitt eine breite, gelbbraune bis dunkle Streifenzeichnung. Im Längsschnitt kommen je nach Wachstumseinflüssen harzige Partien sowie Harzgallen vor; die Harzkanäle sind mit bloßem Auge erkennbar.

Eigenschaften: $r_{15} = 0,52$ g/m^3 mit erheblichem Streubereich, Landungsgewicht im Durchschnitt 820 kg/m^3. Je dickwandiger das Spätholz ist, um so fester und schwerer ist die Kiefer. Schwindet mäßig, jedoch mehr als Fichte, neigt aber weniger zum Werfen und Verziehen. Die Festigkeitseigenschaften sind je nach Wuchsgebiet sehr unterschiedlich; bei nördlichen Herkünften günstiger als bei südlichen. Das mäßig harte und mäßig spaltbare Holz ist warnfähig, was im Untertagebau von großem Wert ist, weil es die Sicherheit erhöht.

Bearbeitung und Oberflächenbehandlung: Vornehmlich Sägen, gelegentlich auch Schälen und Messern. Je ausgeprägter die Früh- und Spätholzzonen sind, um so schwerer läßt sich das Holz bearbeiten, jedoch muß es grundsätzlch als gut zu bearbeiten bezeichnet werden. Lediglich der Harzgehalt kann sich für die Werkzeuge und Maschinenteile unangenehm bemerkbar machen, und es reißt leicht unter dem Hobel. Die Trocknung verläuft nur langsam; wegen des Harzgehalts dürfen keine hohen Temperaturen verwendet werden.
In der Oberflächenbehandlung ist der starke Harzgehalt zu berücksichtigen; bei gebeizten Arbeiten und bei stärkerer Wärmeeinwirkung ist eine Entharzung erforderlich; bei gestrichenen und naturbehandelten Arbeiten, die wechselnder Feuchtigkeitseinwirkung ausgesetzt sind, muß eine nachhaltig wirksame fungizide Behandlung erfolgen. Um allen eventuellen Anstrich- und Lackschäden wie Haftschwierigkeiten, Harzausschwitzungen usw. vorzubeugen, werden harzige Stücke für solche Arbeiten nicht verwendet.

Fehler: Starke Verblauungsgefahr bei Temperaturen zwischen 20° bis 30° C, besonders für den Splint. Mäßig witterungsfest, schlecht zu polieren.

Eignung und Verwendung: Vielseitig einsetzbares Nutzholz als Bauholz, für Fenster und Türen, im Innenausbau und für Möbel sowie für Leisten, Rolladen, Trockenfässer, Fußböden, Parkett, Schiffs-, Boots- und Waggonbau, Erd- und Wasserbauten (= Rammpfähle); als Furnier und Sperrholz im Möbelbau. Das preisgünstige Kiefernsperrholz, z. B. aus Frankreich von der Seestrandkiefer (= *P. maritima*), empfiehlt sich auch für Verpackungen; andere einheimische oder hier angebaute ausländische Kiefern können weitgehend ähnlich eingesetzt werden, wobei sich die Weymouth-Kiefer oder Strobe (= *P. strobus*) vorwiegend als Modellholz empfiehlt. Kiefern (= Rotholz) werden ständig reichlich aus Skandinavien und Osteuropa importiert.

Kirsche (KB)

Cherry, Cerisier, Vogelkirsche, Süßkirsche

Prunus avium

Familie: *Rosaceae*

Vorkommen: In der gemäßigten Zone aller Erdteile anzutreffen, vorwiegend veredelt kultiviert, aber auch verwildert. Besondes begehrt sind Schweizer Herkünfte. In den USA wächst die ähnliche *P. serotina* = Black Cherry (wird importiert).

Baumbeschreibung: Kleine Bäume mit Stämmen bis 5 m astfrei, Durchmesser 30 bis selten 100 cm, lieben mildes Klima, sandige Böden.

Farbe: Der Splint ist schmal und rötlichweißgrau. Der Kern wenig dunkler bis hellrötlichbraun mit etwas gelber Tönung, gelegentlich grünstichig und grünstreifig, zu Orangerotbraun nachdunkelnd.

Makroskopisches Erscheinungsbild und Gesamtstruktur: Die feinen Gefäße sind im Frühholz etwas größer und sehr dichtstehend, halbringförmig angeordnet. Die

Frühholzporen bilden eine auffällige, etwas dunklere Fladerung, das dunklere Spätholz bewirkt Längsstreifung. Die Porenrillen sind gelegentlich mit Kernstoffen gefüllt und fallen dann als dunkle Linien auf. Deutliche Zuwachszonen. Die zahlreichen, feinen, dichtstehenden Holzstrahlen sind gut als hellglänzende Spiegel sichtbar. Gehobelte Flächen sind schwach glänzend.

Eigenschaften: $r_{15} = 0{,}60$ g/cm^3, Landungsgewicht 900 kg/m^3, mäßig schwindend, im Splint stärker, mäßig hart, elastisch und fest. Nicht witterungsfest; anfällig für Pilze und Insekten. Das Holz hat einen angenehmen Geruch.

Bearbeitung und Oberflächenbehandlung: Vorwiegend Messern, gelegentlich Sägen. Es ist leicht zu sägen und zu spalten. Die Trocknung verläuft bei sehr vorsichtiger Steuerung ohne Schwierigkeiten, jedoch neigt das Holz zum Werfen, beziehungsweise steht gedämpftes Kirschholz besser. Läßt sich gut verleimen. Gut zu beizen und zu polieren, durch Alkalien leicht nachzudunkeln. In Berührung mit Metallen leicht verfärbbar.

Fehler: Krümmungen, Drehwuchs, Gum.

Eignung und Verwendung: Ausgesprochenes Ausstattungsholz für anspruchsvollen Innenausbau. Als helles, dekoratives Furnier für Möbel zunehmend in Mode gekommen, besonders für gebogene Teile; ferner für Bürsten- und Messergriffe, Galanteriewaren, kunstgewerbliche Gegenstände, Musikinstrumente, Intarsia.

Kondroti (KON)

Alone, Red Bombax, Awori, N'Demo

Rhodognaphalon brevicuspe

Die jüngsten botanischen Untersuchungen ergaben eine Identität zwischen dieser Art und *Bombax chevalieri,* weshalb hier auch Alone miterfaßt werden muß.

Familie: *Bombacaceae*

Vorkommen: West- und Äquatorialafrika mit besonderen Schwerpunkten für Kondroti an der Elfenbeinküste und in Gabun sowie im Kongo für Alone.

Baumbeschreibung: Sehr zylindrische, gradschäftige Bäume mit kurzen, nur schwach entwickelten Wurzelanläufen bei Durchmessern von 60 bis 100 cm und astfreien Stammlängen bis 20 m.

Farbe: Das sehr breite, meist über 10 cm dicke Splintholz ist frisch weiß bis rötlichgrau, später verfärbt es sich zu gelblichbraun. Das Kernholz ist im frischen Zustand zunächst rosa, später hellrötlichbraun. Im trockenen Zustand hebt sich der Kern wegen seiner rotbraunen Nachdunklung ziemlich deutlich vom Splint ab; da er jedoch bei direkter Lichteinwirkung allmählich zu mattem Braun verblaßt, wird der Splint/Kernfarbunterschied wieder verringert. Bei Alone ist es mehr eine braune, von olivfarbenen Streifen durchzogene Färbung.

Makroskopisches Erscheinungsbild und Gesamtstruktur: Die zerstreuten und nicht sehr zahlreichen groben Poren bestimmen das Holzbild und zeigen im Kernholz vereinzelt einen hellglänzenden Inhalt. Die Holzstrahlen sind auf dem Fladerschnitt durch meist stockwerkartige Anordnungen gut zu erkennen, weniger gut die sehr zahlreichen Speicherzellen. Wechseldrehwuchs ist selten und nur schwach ausgebildet. Die Zuwachszonen sind durch wechselnde Porengröße und -dichte erkennbar. Insgesamt gleichmäßig strukturiertes, recht poriges, schlichtes Holz.

Eigenschaften: $r_{15} = 0{,}50$ g/cm^3, Landungsgewicht = 750 kg/m^3, geringes Schwindmaß; gutes Stehvermögen. Die Festigkeitseigenschaften gleichen mit 38 N/mm^2 für die Druckfestigkeit und 66 N/mm^2 für die Biegefestigkeit sehr dem Okoume bzw. sind diesem noch leicht überlegen.

Bearbeitung und Oberflächenbehandlung: Vorzugsweise Schälen, gelegentlich auch Sägen. Der Einschnitt ist ohne Schwierigkeiten durchzuführen, auch die Anschlußverarbeitungen ergeben bei mäßigem Kraftaufwand glatte Flächen und saubere Kanten. Alle Holzverbindungen, einschließlich Heften mit Klammern, halten gut. Die Schälfähigkeit ist vorzüglich; sie kann auch ungedämpft ausgeführt werden. Die künstliche Trocknung soll nicht in scharfer Form erfolgen; sie verlangt im Schälfurnier einen höheren Wärme- und Zeitaufwand.
Weil nur Innenverwendung empfehlenswert ist, soll die Oberflächenbehandlung nur mit den gebräuchlichen farblosen oder pigmentierten Lasuren, Klar- und Farbwachsen erfolgen. Vorher sollten die Poren gefüllt werden.

Fehler: Sehr breites Splintholz, meist bläue- und insektenanfällig. Der Kern kann wollig sein, das Kambium bei Verletzungen Fehlwucherungen ausscheiden.

Eignung und Verwendung: In der Regel als Schälholz zur Erzeugung von Sperrholz. Als Vollholz auch für Leisten im Innenbau, für Futter und Bekleidungen sowie Verpackungen. Das Holz empfiehlt sich in erster Linie als Austauschholz für Okoume.

Kosipo (KOS)

Heavy Mahogany, Candollei, Omu

Entandrophragma candollei

Familie: *Meliaceae*

Vorkommen: Über ganz West- und Zentralafrika verbreitet.

Baumbeschreibung: Große, gut ausgeformte Bäume, die den Sipo- und Sapelli-Bäumen ähnlich sehen, jedoch häufig stärkere Abmessungen haben. Durchmesser 70 bis 180 cm, auf etwa 25 m astfrei.

Farbe: Der meist 5 bis 8 cm breite gelbgraue Splint ist deutlich vom rotbraunen bis violettbraunen Kernholz abgesetzt. Das Holz dunkelt stärker nach als andere afrikanische Mahagoni-Sorten, wie z. B. Sapelli.

Makroskopisches Erscheinungsbild und Gesamtstruktur. Die groben, fast gleichmäßig verteilten, nicht zahlreichen Poren haben meist einen dunklen Inhalt. Die Porenrillen sind auf dem Längsschnitt deutlicher als bei Sapelli und Sipo. Die Gefäße werden häufig durch breite Speicherzellbänder verbunden, sie sind dunkler als die Grundfärbung; in Faserrichtung beeinflussen sie das Holzbild radial durch feine Linien bzw. tangential durch deutliche Fladern. Die feinen Holzstrahlen sind gerade noch als Spiegel erkennbar, beeinflussen jedoch das Holzbild nicht. SiO_2-Einlagerungen kommen vor. Wechseldrehwuchs mit dunklem Glanzstreifen ist häufig. Dunkelgefärbtes, vielporiges, mahagoniähnliches, häufig gestreiftes Holz.

Eigenschaften: $r_{15} = 0{,}68$ g/cm^3, Landungsgewicht 950 kg/m^3, mäßig schwindend, jedoch mit größerer Neigung zum Werfen als Sipo. Die Festigkeitseigenschaften liegen etwas über denen des Sapelli; Biegefestigkeit = 113 N/mm^2, Druckfestigkeit = 51 N/mm^2; trocknet langsam.

Bearbeitung und Oberflächenbehandlung: Vorwiegend Messern und Sägen, gelegentlich auch Schälen. Nach entsprechender Dämpfung bereitet die Furnieraufarbeitung keine Schwierigkeiten. Hingegen muß beim Sägen bzw. der anschließenden Bearbeitung des trockenen Holzes mit einem erheblichen Stumpfen der Werkzeuge durch Siliziumeinlagerungen gerechnet werden. Hartmetallbestückte Werkzeuge sind zu empfehlen. Das Holz neigt auch zum Splittern, deshalb empfiehlt es sich, für Nageln und Schrauben vorzubohren, jedoch ist es gut zu verleimen. Die Trocknung ist sehr vorsichtig zu steuern, weil durch Wechseldrehwuchs beim Schnittholz ein Verziehen eintreten kann; nachträgliches Entspannen ist deshalb zu empfehlen. Oberflächenbehandlung ähnlich wie beim Sipo, d. h. für Außenverwendungen sind alle üblichen Transparent- bzw. Klarlacke sowie Lasuren zu verwenden. Das porige Holz verlangt jedoch eine stärkere Beschichtung oder vorherige Porenfüllung.

Fehler: Neigung zu Drehwüchsigkeit.

Eignung und Verwendung: Starke, gute Rundholzstämme empfehlen sich zur Messerfurniererzeugung für Schlaf- und Wohnzimmermöbel sowie für Tonmöbel. Ferner für Türen und Vertäfelungen. Die Schälfurniere eignen sich für technisches Sperrholz, wie z. B. für den Bootsbau oder für Schalungsplatten. Als Vollholz im Fensterbau kann es nur begrenzt als Sipo-Austauschholz eingesetzt werden, wenn die Brettware aus gradfaserigem Holz möglichst im Riftschnitt erzeugt wurde. Im Innenausbau vielseitig verwendbar für Treppenstufen, Fußböden, Rahmen.

Kotibe (KOB)

Danta, Epro, Otutu

Nesogordonia papaverifera

Familie: *Sterculiaceae*

Vorkommen: Westafrikanische Küste von Liberia bis Kamerun; vorzugsweise erfolgen Verschiffungen derzeit von der Elfenbeinküste und von Ghana; ähnliche, jedoch andere Arten wachsen in Gabun (= Aborbora), der Zentralafrikanischen Republik (= Naouya), in Zaire (= Kondo Findo) und Angola (= Senhungo).

Baumbeschreibung: Ein mittelgroßer, gut ausgeformter Baum mit geringen Brettwurzelanläufen, mit Durchmessern von 70 bis 100 cm und astfreien Stammschäften bis 20 m.

Farbe: Der etwa 6 cm breite, blaßgraurötliche Splint ist deutlich vom lachsfarbenen bis rotbraunen Kernholz abgesetzt, dessen leicht violette Tönung bei frischem Holz mit zunehmender Austrocknung etwas verblaßt. Die Färbung erinnert etwas an Makore und Sapelli, es kommen auch ähnliche enggestellte Glanzstreifen vor.

Makroskopisches Erscheinungsbild und Gesamtstruktur: Die gleichmäßig gestreuten, ziemlich feinen, häufig mit einem dunklen Inhalt gefüllten Poren ergeben auf dem Längsschnitt noch deutliche, gerade Porenrillen. Die Holzstrahlen zeigen einen regelmäßigen, stockwerkartigen Bau. Ein homogen strukturiertes, häufig wechseldrehwüchsiges Holz mit glatter Oberfläche, sofern diese nicht durch den Wechseldrehwuchs aufgerauht ist.

Eigenschaften: $r_{15} = 0{,}75$ g/cm^3, Landungsgewicht 960 kg/m^3, mäßig bis stark schwindend. Dieses mittelschwere Holz hat überdurchschnittlich gute, besonders dynamische Festigkeitseigenschaften mit 70 N/mm^2 Druckfestigkeit und 116 N/mm^2 Biegefestigkeit; besonders ist seine gute Elastizität hervorzuheben. Die Anschnitte fassen sich leicht wachsig an, ähnlich wie bei Niangon. Es ist mäßig witterungsfest.

Bearbeitung und Oberflächenbehandlung: Vorzugsweise Sägen, gelegentlich auch Schälen und Messern. Sägen, Hobeln und Fräsen bereiten bei gut geschärften Werkzeugen keine Schwierigkeiten. Wegen einer Neigung zum Spalten empfiehlt es sich, Nägel und Schrauben vorzubohren; Leime halten gut. Große, gute Stämme eignen sich nach entsprechender Dämpfung zur Quartiereinmesserung. Die Kammertrocknung verläuft langsam, es sollte ihr immer eine zweimonatige Freilufttrocknung vorgeschaltet sein. Bei wechseldrehwüchsigem Holz kann es zu stärkeren Rißbildungen sowie zu einem Verziehen kommen. Da eine erhebliche Trockenschwindung eintreten kann, empfiehlt sich nicht der Einschnitt von schwachen Dimensionen unter 40 mm. Das Stehvermögen ist jedoch nach

einer sorgfältigen Trocknung und anschließenden Klimatisierung befriedigend.
Alle üblichen Oberflächenmittel sind anwendbar; im Außenbau haben sich neben Lasuren besonders DD- und Harnstofflacke bewährt.

Fehler: Häufiger feine Punktäste und dunkle, durch Gallen verursachte Flecken.

Eignung und Verwendung: Im Außenbau begrenzt einsetzbar als Sipo-Austauschholz wie für Rahmen, Fenster, Türen, Tore; im Innenausbau für Treppen, Parkett; ferner, wo dynamische Festigkeit nötig ist, wie für Sportartikel, Gewehrkolben, Werkzeuggriffe. Messerfurnier für Möbel.

Koto (KTO)

Pterygota, Efok, Anatolia (wenn gedämpft)

Pterygota macrocarpa, P. bequaertii

Familie: Sterculiaceae

Vorkommen: Von der Elfenbeinküste bis einschließlich Kamerun, dann wieder in Zaire:

Baumbeschreibung: Mittelgroße, gradschäftige und zylindrische Bäume in Durchmessern von ca. 70 bis 100 cm. Am Stammende geringe Wurzelanläufe.

Farbe: Das etwa 10 cm breite Splintholz ist vom gelblichcremeweißen Kernholz kaum zu unterscheiden; auch nach der Austrocknung keine deutliche Splint/Kern-Grenze. Vereinzelt kann ziemlich zentrischer Braunkern bis etwa 30 cm Durchmesser vorkommen.

Makroskopisches Erscheinungbild und Gesamtstruktur: Grobe, nicht sehr zahlreiche, zerstreut angeordnete Poren, die auf dem Längsschnitt deutliche Porenrillen zeigen. Die Holzstrahlen bilden radiale kleine Spiegel, was teilweise an Eiche erinnert. Die Speicherzellen zeigen dichte, gelblichgraue Bänder, was auf dem Längsschnitt entsprechende Fladerung verursacht. Durch die etwas hellere Speicherzellenstruktur entsteht ein fast weißes Oberflächenbild. Vereinzelter Wechseldrehwuchs mit Glanzstreifen sowie mineralische Einlagerungen kommen vor. Helles, poriges, mattglänzendes Holz.

Eigenschaften: $r_{15} = 0{,}61$ g/cm^3, Landungsgewicht 900 kg/m^3 mit mäßigem Raumschwindmaß. Mittelfestes, mäßig hartes, oberflächlich etwas an Esche erinnerndes Holz, das jedoch weit weniger elastisch ist. Wenig witterungsfest.

Bearbeitung und Oberflächenbehandlung: Sägen, Schälen, Messern, was keine Schwierigkeiten bereitet, durch mineralische Einlagerungen stumpfen die Messer aber schneller. Die unterschiedlichen harten Faser- und weichen Speicherzellenschichten erschweren etwas die Herstellung glatter Kanten. Die Kammertrocknung erfolgt nicht sehr schnell, bei zu scharfer Trocknung besteht eine Neigung zu feinen Oberflächenrissen und Wellung. Alle Oberflächenbehandlungen sind ohne Schwierigkeiten anwendbar, jedoch sind farblose, glänzende oder nur mäßig matte Präparate zur Erhaltung des natürlichen Strukturbildes zu empfehlen. Gut auf Mahagoni zu beizen. Porenfüller sind anzuwenden.

Fehler: Insekten- und Pilzbefall mit Verfärbungen; Braunkern.

Eignung und Verwendung: Als Messerfurnier für flächige Bauelemente, z. B. Paneele, z. T. als Ahornersatz; als Schälfurnier für technisches Sperrholz. Als Vollholz für Leisten und Konstruktionsholz im Innenausbau. Geeignetes Limba-Austauschholz sowie nach Dämpfung teilweise wie Eiche einsetzbar.

Lärche (LA) (LAJ) (LAS)

Europäische-, Japanische-, Sibirische Lärche, Eastern- und Western Larch, Tamarack

Larix decidua (= Europäische Lärche)

L. dahurica (= Sibirische Lärche)

L. leptolepis (= Japanische Lärche)

L. occidentalis (= Westamerikanische Lärche)

L. laricina (= Ostamerikanische Lärche)

Familie: *Pinaceae*

Vorkommen: Nördliche oder gebirgige Teile Europas, Asiens und Nordamerikas.

Baumbeschreibung: Überwiegend zylindrisch, herkunftsabhängig jedoch teils stärker abholzig. Die Bäume können auch Drehwuchs und Krümmungen, besonders in gebirgigen Lagen, aufweisen. Durchmesser je nach Wuchsstandort und Art etwa 40 bis 90 cm bei astfreien Schäften von etwa 15 m.

Farbe: Das 1 bis 3 cm breite gelblichweiße bis rötlichweiße Splintholz setzt sich vom gelblichbraunen bis rötlichbraunen Kernholz erst intensiv ab, wenn es ausgetrocknet und dann nachgedunkelt ist. Der Jahrringwechsel von hellen Frühholzzonen und dunklen Spätholzzonen ergibt eine dekorative feine Streiferzeichnung.

Makroskopisches Erscheinungsbild und Gesamtstruktur: Porenloses Holz, das sich bei den verschiedenen Herkünften und Arten anatomisch nicht wesentlich unterscheidet. Das Aussehen wird wesentlich von der Breitenausbildung der Spätholzzonen (harte Qualitäten = ¼ bis ⅓ der Jahrringbreite) bestimmt, die abhängig vom Alter und den Wachstumsbedingungen ist. Die dichten Jahrringbreiten verursachen auf dem Längsschnitt eine deutliche Fladerung. Die feinen vertikalen und radialen Harzkanäle sind auf den Längsflächen durch die punktähnlichen Harzaustritte erkennbar. Gradfaseriges, schmalsplintiges Nadelholz mit deutlich enger bis mittlerer Jahrringstruktur.

Eigenschaften: $r_{15} = 0{,}60$ g/cm^3, Landungsgewicht 750 kg/m^3. Gewichts- und damit auch Festigkeitswerte der Western Larch liegen etwa um 10 Prozent höher, die der Eastern Larch sowie der Japanischen Lärche etwa um 10 Prozent niedriger. Lärchenholz aus hohen Gebirgslagen kann erheblich abweichende höhere Werte und damit auch andere Eigenschaften aufweisen. Das Schwindmaß ist sehr mäßig, das Stehvermögen befriedigend. Die Herkünfte mit 2 bis 3 mm Jahrringbreite zählen zu den verhältnismäßig harten Nadelhölzern und sind dann bedingt mit Oregon Pine und Amerikanischer Kiefer (= Pitch Pine) Primärwuchs vergleichbar. Hervorzuheben ist die Pilzresistenz, wodurch das Holz auch ziemlich witterungsfest ist, sowie die Säurefestigkeit. Angenehmer Harzduft.

Bearbeitung und Oberflächenbehandlung: Vorwiegend Sägen, gelegentlich auch Schälen und Messern. Alle Bearbeitungsvorgänge bereiten keine Schwierigkeiten, sofern kein Drehwuchs vorliegt oder hoher Harzgehalt, der die Werkzeuge verschmiert. Freiluft- und Kammertrocknung verlaufen schnell, jedoch besteht im Kern eine gewisse Rißgefahr.
In der Oberflächenbehandlung bestehen wegen des Harzgehalts Schwierigkeiten für Öllacke und Polyester. Beim Beizen ist eine Vorbehandlung mit harzlöslichen Mitteln erforderlich. Für die Außenverwendung empfehlen sich pigmentierte Imprägnierlasuren, für innen Mattierung, Klar- und Farblacke.

Fehler: Drehwuchs und unter Umständen sehr starker Harzgehalt.

Eignung und Verwendung: Als Vollholz vielseitig einsetzbar, wenn es auf gute Festigkeit und Dauerhaftigkeit ankommt. Entsprechend werden aus Lärche Fenster, Profilbretter, Tore, Fußböden, Schiffsbauplanken, Schwellen sowie chemische Behälter und Kühltürme gefertigt. Das Rundholz ist für Rammpfähle begehrt. Als Messerfurnier zunehmend für Möbel, vorwiegend im alpenländischen Stil, sowie für Küchen und jüngst auch für Paneele.

Lauan (LAR) (LAW)

Das Philippinen-Lauan, das im südostasiatischen Raum schon lange eine große holzwirtschaftliche Bedeutung hat, teilt sich wie folgt auf:

Red Lauan (Philip. Red Mahogany) siehe Lauan I

White Lauan (Light Red Philip. Mahogany) siehe Lauan II

Yellow Lauan siehe Lauan III

Mit rotem Meranti besteht in der Untergattung *Rubroshorea* eine weitgehende Artenähnlichkeit.

Lauan I

Red Lauan. Die in Südostasien und USA übliche Bezeichnung Philippine Red Mahogany ist abzulehnen.

Shorea negrosensis (= Red Lauan)
= Untergattung *Rubroshorea*

S. polysperma (= Tanguile)
= Untergattung *Rubroshorea*

S. agsaboensis (= Tiaong)
= Untergattung *Rubroshorea*

Lauan II

White Lauan. Die in Südostasien und USA übliche Bezeichnung Light Red Philippine Mahogany ist abzulehnen.

Shorea almon und *S. ovalis* (= Almon)
= Untergattung *Rubroshorea*

Parashorea malaanonan (= Bagtikan)

S. palosapis (= Mayapis)
= Untergattung *Anthoshorea*

Pentacme contorta und *P. mindanensis* (= White Lauan)

Lauan III

Yellow Lauan oder Manggasinoro.

Shorea kalunti (= Kalunti)
= Untergattung *Richetia*

S. polita (= Malaanonan)
= Untergattung *Anthoshorea*

S. assamica f. philippinensis (= Manggasinoro)
= Untergattung *Anthoshorea*

Familie: *Dipterocarpaceae*

Vorkommen: In den tropischen, unteren gemischten *Dipterocarpus*-Regenwäldern der philippinischen Inseln, vorwiegend in den östlichen Hälften, besonders auf den Inseln Luzon, Zentralmindanao, Batana, Negros, Mindoro, Basilan.

Baumbeschreibung: Schlanke, meist ziemlich zylindrische, große Bäume. Durchmesser schwankend von 60 bis 100 bis 150 cm, astfreie Schaftlängen von 20 bis über 30 m. Eine Unterscheidung der Arten nach Rinde und Blattform ist möglich.

Farbe: Die Kernholzfarbe zeigt erhebliche Abweichungen und Übergänge von Tiefrot über Blaßgelbweiß bis Blaßbraun, wobei in der rötlichen Gruppe hellrosa Holz leichter und dunkelrotes Holz schwerer ist. Die je nach Art 4 bis 8 cm breiten Splintholzzonen sind weißlichrosa bis gelblichgrau und heben sich erst mit zunehmender Holzaustrocknung vom Kernholz schärfer ab.
Red Lauan (I) rötlichbraun bis violettbraun.
White Lauan (II) von Pentacme blaßrosagrau bis hellrot oder blaß gelbbraun.
Yellow Lauan (III) weißlich bis blaß hellgelb, teils zu Gelblichbraun nachdunkelnd.

Makroskopisches Erscheinungsbild und Gesamtstruktur: Alle Arten haben makroskopisch gewisse gleiche Strukturmerkmale und Erscheinungsbilder aufzuweisen, wenn auch diagnostisch einzelne Unterscheidungsmerkmale (nur unter der Lupe) erkennbar sind. Die groben, teils sehr zahlreichen, zerstreut angeordneten Gefäße sind auf den Längsschnitten als deutliche Porenrillen zu erkennen, die beim White Lauan helle kristalline Einlagerungen zeigen. Die Harzkanäle bewirken besonders bei Red Lauan mit ihren hellen Anfüllun-

Tafel 7 - Laubhölzer

Mahagoni (amerikanisch)

Khaya

Sapelli

Makore

Tafel 8 - Laubhölzer

Eiche

Framire

Rüster

Sen

gen Fladerungen oder Streifen auf dem Längsschnitt. Die mit rötlichen Inhaltsstoffen angefüllten Holzstrahlen verursachen dunkle Spiegel. Holzbild meist gradfaserig und schlicht, vereinzelt Drehwuchs mit Glanzstreifen.

Eigenschaften: $r_{15} = 0{,}52$ bis 0,61 g/cm^3 für Red Lauan, 0,49 bis 0,64 g/cm^3 für White Lauan, 0,51 bis 0,69 g/cm^3 für Yellow Lauan. Das Landungsgewicht des frischen Rundholzes ist in seinem Streubereich mehr eingeengt und beträgt je nach Art 850 bis 900 kg/m^3, wobei Bagtikan = White Lauan und Malaanonan = Yellow Lauan am schwersten sind. Das mäßige Schwindmaß kann erheblich schwanken; das Stehvermögen ist mäßig gut. Die Festigkeitseigenschaften können außer für Light Red denen unserer Eiche, besonders bei Yellow Lauan, sehr nahe kommen. Red Lauan splittert leicht und neigt sehr zu feinen Trockenrissen.

Bearbeitung und Oberflächenbehandlung: Vorzugsweise Sägen und Schälen. Keine grundsätzlichen Bearbeitungsschwierigkeiten, wenn auch einige *Anthoshorea*-Arten der White-Lauan-Gruppe, jedoch gehandelt in der Yellow-Lauan-Gruppe, z. B. Manggasinoro, kristalline SiO_2-Einlagerungen aufweisen, die die Werkzeuge schneller stumpfen; auch der Harzgehalt dieser zur Untergattung *Anthoshorea* gehörenden Bäume kann sich nachteilig auswirken. Alle Holzverbindungen halten gut. Die Trocknung verläuft langsam mit nur geringen Verformungen und Rißbildungen; sie ist in der Kammer sehr milde und kontinuierlich zu steuern, da Red Lauan künstlich schwieriger und langsamer trocknet als Dark Red Meranti. Bei der Oberflächenbehandlung bestehen anstrichtechnisch keine Probleme, wenn das Holz ausreichend getrocknet wurde. Für die Außenverwendung sind Klarlackierungen, Lasuranstriche oder Decklackierungen anwendbar. Es können jedoch durch Harzausscheidungen Anstrichschäden entstehen.

Fehler: Wollige Kernfäulnis, etwa 1 mm starke Wurmlöcher von Frischholzinsekten, vereinzelt größere Harztaschen.

Eignung und Verwendung: Als Vollholz im Außenbau für Fenster, Türen, Tore und Verbretterungen sowie für vielseitige Konstruktionen im Innenausbau. Das Red Lauan ist mit Sipo austauschbar, das White/ Yellow Lauan mit Limba. Als Schälfurnier für die Erzeugung von Sperrholz, wobei das Light Red Lauan das Okoume gut ersetzen kann.

Lenga (LEN)

Roble blanco

Nothofagus pumilio

Familie: *Fagaceae*

Vorkommen: Südliches Chile, Argentinien.

Baumbeschreibung: Mittelgroßer, recht gradwüchsiger Baum mit Durchmessern je nach Standort und Höhenlage von 40 bis 70 cm; Länge der nahezu astfreien Nutzholzschäfte bis 10 m.

Farbe: Bis 3 cm breiter, hellgrauer bis rosabrauner Splint. Frisches Kernholz nur schwach unterscheidbar mit blaßrosa bis gelblichbrauner Färbung. Vereinzelt auch mit unscharf begrenzten bräunlichen Streifen. Mattglänzend.

Makroskopisches Erscheinungsbild und Gesamtstruktur: Auf dem Hirnschnitt 1 bis 3 mm breite Zuwachszonen mit einem feinen, weniger als 0,5 mm breiten, dunklen Spätholzband. Hierdurch tangentiale Fladerbildung und radial gleichmäßige, sehr feine Streifen. Die feinen, zerstreut angeordneten Poren sind nur mit der Lupe erkennbar; kleine Holzstrahlen, die auf den radialen Flächen im Gegensatz zur Rotbuche nur niedrige Spiegel bilden. Ein hellfarbiges, feinporiges, glattes Holz, das etwas an Kirsche und Birke erinnert.

Eigenschaften: $r_{15} = 0{,}56$ g/cm³, Landungsgewicht 830 kg/m³. Ein noch mäßig leichtes, gleichmäßig gewachsenes Holz mit entsprechenden Festigkeitseigenschaften, welches weniger hart und schwer ist als Rotbuchenholz, mit Schwind- und Quellmaßen von mittlerer Größe und einem befriedigenden Stehvermögen. Gering witterungsbeständig. Druckfestigkeit: 43 N/mm², Biegefestigkeit: 88 N/mm².

Bearbeitung und Oberflächenbehandlung: Lenga verfügt aufgrund seiner gleichmäßigen Struktur über besonders günstige Be- und Verarbeitungseigenschaften bei nur mittlerem Kraftaufwand. Drechseln, Bohren, Fräsen und Schnitzen ergeben auffallend glatte und ansprechende Flächen mit sauberen Kanten. Es hat bei langsamer, vorsichtiger Steuerung ein gutes Trocknungsverhalten. Seine Oberflächenbehandlung erlaubt alle Mittel und Verfahren, so daß beliebig matte, seidenmatte und glänzende Flächen hergestellt werden können.

Fehler: Neigt zu Reaktionsverfärbungen in Verbindung mit Eisenmetallen.

Eignung und Verwendung: Besonders bewährt hat es sich als Kirschaustauschholz, aber es läßt sich nach entsprechender Oberflächenbehandlung auch auf Nuß oder amerikanisches Mahagoni zurichten, deshalb empfiehlt es sich auch als Vollholz für den Möbelbau.

Limba (LMB)

Fraké, White Afara, Ofram, Korina, Akom

Im Handel wird noch grundsätzlich unterschieden zwischen hellem Limba und dunklem Limba, wobei die herkunftsgebundenen Namen in der Regel bei Fraké dunkelkerniges Holz als normale Sortierung mit einschließen.

Terminalia superba

Familie: *Combretaceae*

Vorkommen: Die begehrten hellen und praktisch wurmfreien Limba-Qualitäten kommen vorzugsweise aus dem Kongo, Zaire, Cabinda und Südgabun, während insgesamt der Baum in ganz West- und Zentralafrika anzutreffen ist.

Baumbeschreibung: Schlanke, mittelgroße Bäume in Durchmessern von 60 bis 120 cm, auf etwa 25 m astfrei.

Farbe: Das etwa 10 cm breite Splintholz ist vom normalen Kernholz kaum zu unterscheiden, da beide Zonen eine hellgelbliche Färbung aufweisen. Man bezeichnet dieses Holz importwirtschaftlich als »helles« Limba. Abhängig vom Wuchsstandort oder von äußeren Verletzungen kommt es jedoch häufig zu einer besonderen Farbkernausbildung, indem sich ein oft unregelmäßig ausgeformter dunkelbrauner bis olivgrauer Kern entwickelt, der teilweise auch gezont sein kann (= bariolé), was man dann als »dunkles« Limba bezeichnet. Die dunkle Farbkernausbildung ist am stehenden Stamm nicht erkennbar. Ganz selten ist dieser dunkle Farbkern tiefschwarzbraun und auf über 70 Prozent des Durchmessers ausgedehnt, was eine Wertsteigerung bedeutet wegen der Austauschmöglichkeit mit Nußbaumholz; es wird dann fälschlicherweise als Noyer de Mayombe bezeichnet.

Makroskopisches Erscheinungsbild und Gesamtstruktur: Die zerstreuten, mittelgroßen bis groben Poren zeigen sich auf dem Längsschnitt als ziemlich lange, deutliche Porenrillen. Sie werden von Speicherzellen umgeben, die die Gefäße auch in welligen Bänderstücken verbinden, wodurch auf dem Längsschnitt eine deutlich gezackte, feine Fladerzeichnung entsteht. Der Faserverlauf kann häufig Unregelmäßigkeiten aufweisen, was oft schon auf dem Stammmantel erkennbar ist und je nach Schnittrichtung zu verschiedenen Strukturbildern führen kann. Zuwachszonen bei einer Breite von 0,5 bis 1 cm sind, abhängig vom Standort, unterschiedlich deutlich durch ein dunkler getöntes Spätholzband markiert.

Eigenschaften: $r_{15} = 0{,}56$ g/cm^3, Landungsgewicht 800 kg/m^3. Das Gewicht kann, abgängig von der Herkunft, erheblich schwanken. Holz mit Farbkern ist leichter, jedoch feuchter. Die Festigkeitseigenschaften sind hiervon abhängig; sie liegen etwas über Stieleiche und sind für die Schlag- und Querzugfestigkeit überdurchschnittlich gut. Dunkles Holz ist weniger fest. Schwindet mäßig (tangential 5,5 Prozent, radial 4,7 Prozent), neigt jedoch beim Austrocknen zum Platzen.

Bearbeitung und Oberflächenbehandlung: Sägen, Schälen und Messern. Der Einschnitt kann etwas Schwierigkeiten bereiten, wenn die Rundholzstämme große Spannungen aufweisen und weil das Sägemehl sich leicht im Zahnfreiraum verklebt. Schälen und Messern bereitet nach entsprechender Dämpfung keine Schwierigkeiten, das Furnier läßt sich gut verleimen. Freilufttrocknung und Kammertrocknung erfordern eine sehr sorgfältige Stapelung. Hohe Temperaturen sollen vermieden werden. Hölzer mit Dunkelkern benötigen längere Trockenzeiten.
Die Oberflächen sind gut mit allen Mitteln zu behandeln; das Holz eignet sich besonders zum Beizen.

Fehler: Häufig starke Spannungen im Rundholz sowie schnelles Verfärben durch Pilzbefall oder Einlauf. Auch sehr anfällig für Insektenbefall, besonders durch Lyctus. Die Bohrlöcher der Insekten verursachen braune Verfärbung. Vereinzelt dunkle, gummiharzähnliche Ringe und weicher, teils kurzbrüchiger Innenkern.

Eignung und Verwendung: Als Schälfurnier für Sperrholz, Tischlerplatten, Türen; als Messerfurnier für Türen, Büro- und Schulmöbel. Als Vollholz für Leisten, Türfutter, Bekleidung, Friese, Schrankrollos und Bänke. Wegen seiner vorzüglichen Festigkeitseigenschaften auch bevorzugt für Schalungsplatten und anderes Industriesperrholz.

Linde (LI)

Lime Tree, Tilleul

Es gibt etwa 30 Lindenarten mit vielen Kreuzungen. Die wichtigsten Arten davon sind:

Tilia americana (= amerikanische Linde = Basswood)

T. cordata (= kleinblättrige Winterlinde)

T. platyphyllos (= großblättrige oder Sommerlinde)

T. tomentosa (= Silberlinde)

Familie: *Tiliaceae*

Vorkommen: Weit verbreitet mit sporadischen dichten Wuchsstandorten in Europa, Asien, Nordamerika.

Baumbeschreibung: Mittelgroßer Baum in Durchmessern von 50 bis 120 cm; astfreie Schäfte von 12 bis 15 m, die aber häufig Beulen oder Knollenbildung zeigen.

Farbe: Weißlichgelb bis schwachrötlich, oft grünlich getönt und gestreift. Seidig glänzend.

Makroskopisches Erscheinungsbild und Gesamtstruktur: Zahlreiche, gleichmäßig verteilte feine Gefäße, die auch als Porenrillen auf dem Längsschnitt kaum sichtbar sind. Jahrringe deutlich durch dunkles Spätholz mit begrenzendem, feinem, hellem Band. Hierdurch entsteht häufig eine dunklere Fladerung bzw. Streifung. Die zahlreichen, sehr feinen, weit auseinanderstehenden Holzstrahlen bilden radial feine, 2 mm hohe Spiegel. Gradfaseriges, dichtes Holz mit feiner Textur.

Eigenschaften: $r_{15} = 0{,}53$ g/cm^3, Landungsgewicht 690 kg/m^3, jedoch bezüglich der Arten und Herkünfte sehr schwankend. Die Winterlinde ist etwa um 10 Prozent schwerer und fester. Weiches, zähes, ziemlich elastisches, jedoch mäßig biegsames Holz; schwindet stark, einmal ausgetrocknet, steht es jedoch gut.

Bearbeitung und Oberflächenbehandlung: Vorzugsweise Sägen, vereinzelt Schälen. In der Verarbeitung bestehen keine Unterschiede für die verschiedenen Arten; es läßt sich gut bearbeiten, insbesondere geeignet für Schnitzarbeiten. Die Trocknung verläuft langsam, es neigt zum Reißen.
Die Oberflächenbehandlung ist mit allen üblichen Mitteln gut bedient.

Fehler: Neigt zur Verblauung und Grünverfärbung, wenig dauerhaft, wird durch Dämpfen fleckig.

Eignung und Verwendung: Als Blindholz und Absperrfurnier sowie als Vollholz für viele Spezialverwendungen wie Schnitzereien, Reißbretter, Zeichenbretter, Instrumenten- und Orgelbau, Trockenfässer und Behälter für geruchsempfindliche Ware und Drogen. Ferner für Bilderrahmen, Spielwaren, Spulen, Schumacherstifte.

Louro preto (LPR)

Louro pardo, Pau preto, Piquana negra

Die brasilianischen Bezeichnungen Pau und Louro werden für viele Hölzer verwendet und sehr willkürlich kombiniert. Auch Überschneidungen mit *Dalbergia* sind möglich.

Cordia glabrata

Familie: *Boraginaceae*

Vorkommen: Südamerika, besonders südliches Brasilien (= Mato Grosso) und Bolivien.

Baumbeschreibung: Mittelgroße Bäume mit Brettwurzelanläufen sowie nicht immer sehr zylindrischer Ausformung, mit Durchmessern zwischen 40 und 70 cm, bis auf 12 m Länge astfreie Stammschäfte.

Farbe: In seiner Breite zwischen 3 und 4 cm schwankender Splint in weißgelblicher Färbung, der sich deutlich vom braun-schwarz gestreiften Kernholz absetzt. Diese für den Export so begehrte Farbstreifung ist nur teils regelmäßig.

Makroskopisches Erscheinungsbild und Gesamtstruktur: Mittelgroße bis grobe und zerstreut angeordnete Gefäße, die das Holzbild wesentlich beeinflussen. Die nur auf glatten Querschnitten erkennbaren Holzstrahlen sind auf den Längsflächen radial als Spiegel gut wahrzunehmen. Im Faserverlauf zeigen sich nur unwesentliche Abweichungen. Poriges, sehr dekorativ enggestreiftes Holz.

Eigenschaften: $r_{15} = 0{,}90$ g/cm^3, Landungsgewicht 1200 kg/m^3, mäßig, aber ungleich schwindend, von hoher Festigkeit, sehr zäh, witterungsfest.

Bearbeitung und Oberflächenbehandlung: Vorwiegend Messern, gelegentlich auch Sägen. Die Bearbeitungsvorgänge sind durch die hohe Dichte mit einem höheren Kraftaufwand durchzuführen. Feine Kieseleinlagerungen stumpfen die Werkzeuge stärker. Die Trocknung verläuft langsam, aber ohne besondere Schwierigkeiten.
Für die Oberflächenbehandlung sind Porenfüller zu verwenden, beziehungsweise ist auf einen guten Schliff zu achten. Nitrolacke haben sich gut bewährt.

Fehler: Farbstreifen nicht sehr einheitlich. Werkzeugstumpfend.

Eignung und Verwendung: Als sichtbares Messerfurnier im Möbelbau im Austausch mit Nuß, Teak, Palisander und Wenge. Als Vollholz in die Bundesrepublik bisher nicht importiert, in Brasilien für Tür- und Fensterrahmen sowie im Möbelbau.

Madrona-Maserknollen (MAD)

Madrona, Manzanita, Manganita, Aile, Nuzu-Nou, Jarrito

Arbutus menziesii

Familie: *Ericaceae*

Vorkommen: Pazifikküste von Nordamerika: von Britisch Kolumbien (Kanada) über Oregon und Kalifornien (USA) bis nach Mexiko und Guatemala; besonders reichlich in den Redwoodbeständen von Kalifornien. (*A. unedo* wächst auch in England und im Mittelmeerraum.) Jahreshandelsmenge etwa 5000 bis 6000 to. Weitere Maserknollen aus Übersee sind: Ahorn, Makamong, Myrte, Nuß, Padouk, Thuya, Vavona.

Knollenbeschreibung: In Nordamerika teils nur ein immergrüner Strauch, welcher sich aber auch zu einem mittleren Baum entwikkelt, u. U. bis zu 15 m Höhe, in Mexiko sogar vereinzelt bis 30 m. Die Abmessungen können bei einem üblichen Durchmesser von 40 bis 60 cm fallweise 1,5 m erreichen. Die Maserknollen, über der Wurzel beginnend, können teils geringfügig unterhalb der Stammbasis aus dem Boden herausragen. Sie sind flach kugelig ausgebildet, schwanken jedoch in ihren Dimensionen erheblich, wobei sie maximal bis 2 m stark werden und über 2 to wiegen können, allgemein fallen sie aber erheblich kleiner aus.

Farbe: Hellrosa bis blaß rötlichbraun, wobei das schmale Splintholz etwas blasser bzw. heller ist. Das Holz ist lichtempfindlich und bräunt nach. Glanzeffekte, Hell-Dunkelschattierung möglich.

Makroskopisches Erscheinungsbild und Gesamtstruktur: Maserwuchs ist eine Laune der Natur; seine Entstehung ist biologisch noch nicht endgültig geklärt. Die an der Stammbasis (Wurzelstock) kugelige Ausbildung kann durch verschiedene Reize ausgelöst worden sein. Die Maserstruktur entsteht durch eine jährlich wiederkehrende Häufung von Triebansätzen, die im Entstehungsstadium verbleiben. Diese wuchernden gehäuften Knospenanlagen – »schlafende Augen« – können jahrzehntelang nicht zum Ausbruch kommen. Wenn die Knospen in partieller Anhäufung ein Eigenwachstum entwickeln, bilden sich u. a. Knollen mit einem mehr oder weniger gewundenen Faserverlauf. Die radial gerichteten Strukturen können nach außen sehr zunehmen. Die Oberfläche massiver Maserhölzer mit linsenartigen Buckeln oder dornartigen Rücken läßt erkennen, daß deren Zellen wirbelig verlaufen. Durch die vielfachen Verschlingungen der Holzfasern ergeben sich Texturzeichnungen von einzigartiger Schönheit. Die mehrzelligen Holzstrahlen sind frei nicht zu erkennen; auf dem Radialschnitt können sie sich jedoch als dunkelrotbraune, glänzende Spiegel abheben. Die feinen, kurzen Porenrillen sind nur schwach zu sehen. Die Maserung ist überwiegend kleiner als 1 cm und mit deutlichem Pol. Zwischen den Maserfeldern liegen Zonen ohne deutliche Strukturen.

Eigenschaften: $r_{15} = 0{,}80$ g/cm^3, Landungsgewicht der Knollen um 1000 kg/m^3. Das Holz schwindet erheblich.

Bearbeitung und Oberflächenbehandlung: Die Vollmaserfurniere sollten vorzugsweise durch Rundschälen erzeugt werden. Diese Bearbeitung ermöglicht größtenteils ein rechtwinkliges Anschneiden der Maserung, welche dadurch besser heraustritt. Die Aufarbeitung aber muß sehr individuell der Beschaffenheit der einzelnen Stücke angepaßt werden. Ein gründliches individuelles Dämpfen oder Kochen ist für Farbe und Qualität eine wichtige Voraussetzung. Da die Stücke im Gewicht zwischen 200 kg bis 3000 kg schwanken können, ist die Größe der Furnieroberflächen auch recht unterschiedlich. Zu ihrer Glättung sind sie gründlich nachzuarbeiten. Gut zu polieren. Wichtig ist zur erfolgreichen Aufarbeitung die schälmaschinenbreite Ablängung bzw. Segmenteinteilung. Ein falsches Aufteilen kann die Ausnutzung sehr mindern. Madrona trocknet langsam, steht sodann jedoch gut. Leim-Holzverbindungen halten gut. Die Maserfurniere sind geschmeidig und glatt.

Fehler: Knollen neigen leicht zu starken Rissen und können von unregelmäßigen

Wurmgängen durchzogen sein, was äußerlich kaum erkennbar ist.

Eignung und Verwendung: Für anspruchsvolle Möbel als Frontenfurnier und hochwertige Innenausbauten.

Mahagoni (amerikanisch) (MAE)

Caoba, Mogno, Aguano sowie je nach Herkunft Honduras-, Tabasco-, Brasil Mahagoni usw.

Swietenia macrophylla, S. humilis, S. mahagoni

Familie: *Meliaceae*

Vorkommen: Tropisches Mittelamerika (Ostküste) sowie nördliches Südamerika. *S. humilis* und *S. mahagoni* haben keine holzwirtschaftlich interessanten Vorkommensreserven mehr.

Baumbeschreibung: Auf 25 m praktisch astfreie Stammschäfte, gerade und überwiegend zylindrisch bei Durchmessern von 60 bis über 150 cm, d. h. regional sehr schwankend. Am Stammanlauf teilweise hohlkehlig.

Farbe: Der etwa 5 cm breite, hellgraue Splint ist deutlich vom rotbraunen Kernholz abgesetzt, dessen Farbe und Glanz sich noch mit zunehmender Austrocknung durch goldglänzendes Nachdunkeln intensiviert.

Makroskopisches Erscheinungsbild und Gesamtstruktur: Mittelgrobe bis grobe Poren, die sowohl von dunklen als auch von weißen, nicht mineralischen Kernstoffen angefüllt sein können. Die immer stockwerkartig angeordneten Holzstrahlen sind als Spiegel auf Längsschnitten noch erkennbar. Die Speicherzellen verursachen auf den Längsschnitten feine Flader, die das Holzbild beleben. Die Gesamtstruktur ist mittelgrob und kann sowohl schlichtes als auch streifiges und buntes Aussehen zeigen.

Eigenschaften: $r_{15}=0,60$ g/m^3, Landungsgewicht um 750 kg/m^3 bei besonders geringer und gleichmäßiger Schwindung. Freiluft- und Kammertrocknung verlaufen schnell und bei gradwüchsigem Holz ohne besondere Verformung, so daß das Holz ein überdurchschnittlich gutes Stehvermögen aufweist. Es erreicht mit Ausnahme der Spalt- und Schlagbiegefestigkeit die Festigkeitseigenschaften unserer Eiche.

Bearbeitung und Oberflächenbehandlung: Vorwiegend Messern und Sägen, was keinerlei Schwierigkeiten bereitet; es lassen sich gut kantenfeste Flächen erzeugen. Alle Holzverbindungen halten gut.
Die Oberflächenbehandlung kann im Innenausbau sowie für Außenverwendungen mit allen üblichen Mitteln und Techniken bestens erfolgen. Zur Erhaltung der dekorativen Struktur und Farbe empfehlen sich transparente, klare oder glänzende Mittel, wodurch die ansprechende Farbe besonders gut zum Ausdruck kommt.

Fehler: Starke Kerneinlagerungen können ein dunkel erscheinendes Fleckenbild verursachen, und auf Wachstumsstörungen zurückzuführende »Blutringe« verursachen wenig dekorative, unregelmäßige dunkle Streifen.

Eignung und Verwendung: Eines der hochwertigsten Tropenhölzer mit vielseitiger Einsatzmöglichkeit als sichtbares Furnier, besonders im Wohn- und Schlafzimmermöbelbau. Als Vollholz im Schiffs-, Yacht- und Sportbootsbau sowie für alle Vollholzverwendungen, wo es auf gute Maßhaltigkeit ankommt, z. B. für Fenster und Türen.

Makore (MAC) (DUK)

Baku, Okola (Afrikanischer Birnbaum ist eine irreführende Bezeichnung)

Tieghemella heckelii (die sehr ähnliche Holzart Douka stammt von *T. africana)*

Familie: *Sapotaceae*

Die Arten Moabi = *Baillonella toxisperma* und Mukulungu = *Autranella congolensis* sind sehr ähnlich, jedoch erheblich härter.

Vorkommen: Westafrikanische Küste von Liberia über die Elfenbeinküste, Ghana bis Nigeria; für Douka in Gabun, Zentralafrika, Kongo und Cabinda. Wichtigste Makore-Lieferanten: Elfenbeinküste, Ghana und jüngst zunehmend Liberia. Von Ghana ist der Rundholzexport verboten.

Baumbeschreibung: Sehr große Bäume mit Durchmessern von 70 bis 100 bis 200 cm, astfreie Schäfte auf 30 m.

Farbe: Das 4 bis 10 cm breite Splintholz ist graurosa gefärbt und deutlich vom hellroten Kernholz abgesetzt, das durch dunklere Spätholzzonen leicht streifig ist; dunkelt rotbraun nach.

Makroskopisches Erscheinungsbild und Gesamtstruktur: Die mittelgroben, zerstreuten, verthyllten Poren sind auf dem Längsschnitt als deutliche Porenrillen, auf den Radialflächen in Gruppen zu erkennen. Die schmalen Holzstrahlen können Spiegelbildung verursachen. Ein mäßig poriges, glattflächiges, einheitliches Holz mit häufigen Faserabweichungen bei entsprechend verschiedenen Strukturbildern. Wechseldrehwuchs verursacht Glanzstreifen. Der Furnierhandel unterscheidet: schlicht - gestreift - bunt.

Eigenschaften: $r_{15} = 0{,}68$ g/cm^3, Landungsgewicht 875 kg/m^3, mäßiges Schwindmaß mit befriedigendem Stehvermögen. Mäßig hart, sehr biegefestes und elastisches, gleichmäßig dichtes Holz, das in etwa mit dem Sapelli vergleichbar ist. Witterungsfest.

Bearbeitung und Oberflächenbehandlung: Vorwiegend Messern, gelegentlich auch Schälen und Sägen. Die Furniererzeugung bereitet nach gründlicher Dämpfung keine Schwierigkeiten. Bei der Bearbeitung wirken sich mit zunehmender Austrocknung die Kieseleinlagerungen werkzeugstumpfend aus. Alle Holzverbindungen halten gut, jedoch ist für Nageln und Schrauben vorzubohren. Der die Atmungsorgane reizende Schleifstaub muß abgesaugt werden. Die Trocknung erfolgt schnell. Für den Innenbereich ist auf sorgfältige Trocknung auf 12 Prozent zu achten.
Die Oberflächenbehandlung ist vielseitig mit allen üblichen Mitteln wie Klarlackierung, Lasuranstrichen und Decklackierung möglich. Eine Grundierung mit DD-Lakken ist zu empfehlen.

Fehler: Narben an der Stammoberfläche, die als Fehler im Furnier erkennbar bleiben, sowie Neigung zu Ringschäle und bei alten Bäumen zu Kernhohlfäule.

Eignung und Verwendung: Als Messerfurnier in der Möbelfertigung, besonders für Schlafzimmer. Ferner für Vertäfelungen und als Schälfurner für technisches Sperrholz. Als Vollholz für Rahmenkonstruktionen wie Fenster, Tore, für Profilbretter sowie innen für Treppen, Parkett und Möbelteile. Eines der am vielseitigsten einsetzbaren Furnierhölzer mit hoher Ausnutzung.

Maniu (MAO)

Manio, Manilihuan, Pino manio, Manio Hembra, Manio Macho

Podocarpus andinus, P. nubigens, P. salignus (= P. chiliana), Saxegothea conspicua

Familie: *Podocarpaceae*

Vorkommen: In den temperierten Regenwäldern Südchiles und West-Patagoniens zwischen dem 6. und 42.° südlicher Breite. Die Maniu-Bäume sind meist mit anderen chilenischen Laubhölzern wie Tineo, Ulmo und Laurelia vergesellschaftet, wobei Maniu einen Mengenanteil von 3 bis 5 Prozent hat. Auch in Argentinien gibt es vereinzelte Vorkommen.

Baumbeschreibung: Ein etwa 20 m hoher, frühastiger Nadelholzbaum in unterschiedlicher Größe und mit Durchmessern von 40 cm aufwärts, selten stärker als 80 cm. Die astfreien Längen liegen meistens nur bis maximal 10 m. Die kleinsten Abmessungen stammen von *P. andinus* und *P. salignus.*

Farbe: Der bis 8 cm breite gelblichgraue Splint setzt sich nur undeutlich vom Kernholz ab. Letzteres ist blaßgelblich bis gelblichbraun gefärbt, wobei ältere Stämme vereinzelt unregelmäßige, braune Kernstreifen aufweisen können. Das dunkelbraune Spätholz grenzt die Jahrringe deutlich ab und verursacht auf den Längsflächen deutliche Fladern und Streifen. Die Spaltflächen glänzen seidig.

Makroskopisches Erscheinungsbild und Gesamtstruktur: Ein überwiegend geradfaseriges sowie gleichmäßig strukturiertes Nadelholz. Vereinzelt besteht jedoch auch Neigung zu welligen und leicht drehwüchsigen Strukturen. Harzkanäle fehlen. Das meist hellfarbige und fein strukturierte Maniu kann etwas dem Hemlock und der Fichte ähneln, wobei im inneren Kernholz feste, kleinste Punktäste vorkommen.

Eigenschaften: $r_{15} = 0{,}55$ g/cm^3, Landungsgewicht um 750 kg/m^3. Ein mäßig leichtes, in den Oberflächen besonders dichtes, glattes Holz, mäßig schwindend mit einem befriedigenden bis guten Stehvermögen. Maniu ist nicht sehr witterungsfest.

Bearbeitung und Oberflächenbehandlung: Maniu-Hölzer sind leicht und mit allen Werkzeugen gut zu bearbeiten, wobei für die Oberflächen eine besondere Glätte zu erzielen ist. Alle Holz-, Nagel-, Schrauben- und Leimverbindungen halten gut.
Für die Oberflächenbehandlung bestehen keine Schwierigkeiten mit den üblichen Lacken, Lasuren, Farben und Beizen.

Fehler: Nicht immer sehr runde und gerade Stammform. Nicht sehr dauerhaft.

Eignung und Verwendung: Als Vollholz im Innenausbau, besonders für glatte Profilbretter und Möbelteile sowie im Modellbau. Ausgesuchte Qualitäten als Austausch (gebeizt) für Kirschbaum und Nußbaum. Auch als Messerfunier sichtbar gut einzusetzen.

Mansonia (MAN)

Bete, Aprono, Ofun

Die Phantasiebezeichnung Viola Nuß ist abzulehnen.

Mansonia altissima

Familie: *Sterculiaceae*

Vorkommen: Westafrika von der Elfenbeinküste bis einschließlich Südkamerun, mit Schwerpunkt Elfenbeinküste und Ghana.

Baumbeschreibung: Schlanke, gradschäftige, zylindrische, mittelgroße Bäume mit Durchmessern von 50 bis 80 cm, bei astfreien Schaftlängen bis 20 m.

Farbe: Das 3 bis 5 cm breite, weißgraue Splintholz ist deutlich vom dunkelgraubraunen bis violetten Kernholz abgesetzt, jedoch kann die Kernholzfarbe sehr von hell bis dunkel, gleichzeitig von feinen dunkelviolettgrauen Farbstreifen durchzogen, schwanken. Der Farbton verblaßt bei starker Belichtung und zunehmender Austrocknung und kann dann häufig blaßgelblich bis mausgrau aussehen.

Makroskopisches Erscheinungsbild und Gesamtstruktur: Feine bis mittelgroße, gleichmäßig zerstreute Gefäße, die als sehr gerade Porenrillen sichtbar sind. Die stockwerkartig angeordneten schmalen Holzstrahlen beeinflussen das Holzbild nicht. Wachstumszonen sind undeutlich. Sehr gleichmäßig und dicht strukturiertes Holz, das oberflächlich der Birke und farblich dem Nußbaum ähnelt.

Eigenschaften: $r_{15} = 0{,}68$ g/cm^3, Landungsgewicht 950 kg/m^3, Schwindung gering bis mäßig; gutes Stehvermögen. Mäßig schweres Holz mit dafür überdurchschnittlich guten dynamischen Festigkeitseigenschaften, das auf Grund seines dichten anatomischen Aufbaus sehr glatte Oberflächen zeigt. Es hat jedoch die Schleimhäute reizende Inhaltsstoffe. Ziemlich insektenfest.

Bearbeitung und Oberflächenbehandlung: Vorwiegend Messern, Sägen, u. U. auch Schälen, was keinerlei Schwierigkeiten verursacht. Es ergeben sich sehr glatte Flächen und saubere Kanten. Alle Holzverbindungen halten gut, jedoch soll für Schrauben und Nageln vorgebohrt werden. Natürliche und künstliche Trocknung verlaufen schnell, ohne besonderes Verziehen.
Die Oberflächenbehandlung sollte mit Zellulosepräparaten sowie DD- und Harnstofflacken erfolgen; bei der Verwendung von Lacken auf Ölbasis oder bei Polyester können Anstrichtrocknungsschäden mit Blasenbildung entstehen.

Fehler: Gesundheitsschädlicher Schleifstaub, der abgesaugt werden muß; außerdem korrodiert frisches Holz in Verbindung mit Eisenmetallen. Farbton neigt zum Ausbleichen.

Eignung und Verwendung: Ein zum Austausch mit Nußbaum bestens geeignetes Deckfurnier für die Möbelindustrie sowie für edelfurnierte Türen. Eines der wenigen zur Mikrofurniererzeugung durch seine Dichte geeigneten Importhölzer aus Afrika. Als Vollholz sowohl im Möbelbau als auch für kleine gewerbliche Artikel wie Bürstengriffe, Instrumentenkästen u. ä. verwendbar. Auch für Parkett geeignet.

Mecrusse (MCE)

Mezimbite

Androstachys johnsonii

Familie: *Euphorbiaceae*

Vorkommen: In den offenen Feucht-Savannenwäldern Südostafrikas, vorwiegend in Mosambik und Simbabwe.

Baumbeschreibung: Sehr gerader, zylindrischer Baum mittlerer Größe mit sehr unterschiedlichen Abmessungen bei Durchmessern von 50 bis 80 cm, etwa auf 10 m astfreie Schaftlängen. Stärkere Stämme können Kernhohlfäule haben.

Farbe: Die schmale 1 bis 2 cm breite, hellgelblichweiße Splintholzzone ist vom hellen bis dunkelrötlichbraunen Kernholz nicht sehr scharf abgesetzt.

Makroskopisches Erscheinungsbild und Gesamtstruktur: Die sehr kleinen, zahlreichen Gefäße sind frei kaum erkennbar und bewirken deshalb auf dem Längsschnitt keine besondere Struktur. Zuwachszonen sind erkennbar; die dunklen Spätholzzonen verursachen eine feine Aderung bzw. ergeben auf den Längsflächen eine Fladerung. Sehr feines und dichtes Holz, das in der Oberfläche dem Buchsbaum ähneln kann.

Eigenschaften: $r_{15} = 0{,}95$ kg/cm^3, Landungsgewicht 1100 kg/m^3, mäßig schwindend. Sehr festes, zähes, hartes Holz mit einer hohen Abriebfestigkeit, das jedoch häufig keinen gradfaserigen Aufbau hat, sondern einen gewundenen Faserverlauf zeigt. Dauerhaft und insektenfest.

Bearbeitung und Oberflächenbehandlung: Vorwiegend Sägen, was sich trotz der Härte und Schwere bei frischem Holz leicht durchführen läßt. Etwas schwieriger ist das Sägen von trockenem Holz. Läßt sich gut drechseln. Nägel und Schrauben sind vorzubohren, Leime halten gut. Die Trocknung verläuft sehr langsam und muß sehr vorsichtig gesteuert werden, weil eine gewisse Neigung zum Reißen besteht. Schnittholz muß gut gestöckert werden, weil es leicht fleckig wird.
Das dichte, glatte Holz erlaubt eine gute Oberflächenbehandlung mit allen üblichen Mitteln.

Fehler: Schwache Abmessungen und Verfärbungsfehler.

Eignung und Verwendung: In erster Linie als Vollholz, vorwiegend für viel beanspruchte Fußböden bzw. Parkett oder für schwere Konstruktionen, bei denen es auf große Festigkeit und Dauerhaftigkeit ankommt.

Meranti (MEG) (MER) (MEW)

Das malaysische und indonesische Meranti hat in den letzten Jahren eine ständig zunehmende holzwirtschaftliche Bedeutung gewonnen und teilt sich wie folgt auf:

Light Red Meranti = Meranti I
Dark Red oder Red Meranti = Meranti II
White Meranti = Meranti III
Yellow Meranti = Meranti IV

Es besteht Identität bzw. weitgehende Artenähnlichkeit zu Seraya, mit Ausnahme von White Seraya, das von *Parashorea*-Arten stammt.

Meranti I
Light Red Meranti aus der Untergattung *Rubroshorea* stellt farblich keine scharf abgegrenzte Gruppe dar, sondern überschneidet sich oft in der Einsortierung mit Red Meranti. (Light Red Seraya stammt sowohl von den gleichen *Shorea*-Arten als auch von weiteren, insbesondere von *S. smithiana.*)

Nach den MGR (Malayan Grading Rules) werden folgende vier Hauptarten gehandelt:

Shorea acuminata (= Meranti Rambai Daun)
S. leprosula (= Meranti Tembaga)
S. macroptera (= Meranti Melantai)
S. parvifolia (= Meranti Sarang Punai)

Meranti II
Dark Red Meranti aus der Untergattung *Rubroshorea* wird heute meistens mit Red Meranti zusammengefaßt, wobei Überschneidungen mit Balau vorkommen, jedoch nennen die MGR folgende vier als wichtigste Arten (Red Seraya stammt von *S. curtisii* und in Sabah von weiteren *Shorea*-Arten, dort auch Oba Suluk genannt):

Shorea curtisii (Dark Red Seraya)
S. ovata (= Meranti Sarang Punai Bukit)
S. pauciflora (= Meranti/Nemesu)
S. sinkawang (= Meranti Sengkawang)

Meranti III
White Meranti oder Melapi oder Meranti paang aus der Untergattung *Anthoshorea* umfaßt gemäß MGR folgende zwei als wichtigste Arten (White Seraya setzt sich sowohl aus *Parashorea malaanonan* als auch teilweise aus *Shorea gratissima* und *S. ochracea* zusammen):

Shorea bracteolata
(= Meranti paang oder Kedontang)
S. hypochra (= Meranti Temak)

Meranti IV
Bei Yellow Meranti aus der Untergattung *Richetia* sind gemäß MGR folgende zwei Arten die wichtigsten:

Shorea faguetiana (= Lun Siput)
S. resina nigra (= Lun Merat)

Familie: *Dipterocarpaceae*

Vorkommen: Die Meranti-Bäume sind vorherrschend und bestandstypisch in den gemischten *Dipterocarpus*-Regenwäldern der Insulinde; Hauptvorkommen in Malaysia, Sabah, Sarawak, Kalimantan sowie auf Sumatra.

Baumbeschreibung: Sehr große, zylindrische, gerade Bäume mit mittelhohen Brettwurzelanläufen. Durchmesser von 70 bis über 180 cm, astfreie Schaftlängen von über 25 m. Unterscheidung der Arten auf Grund von Farbe, Rinde und Blattform ist möglich.

Farbe: Das Splintholz schwankt in seiner Breite im Durchschnitt zwischen 4 und 8 cm, es ist von gelblich- bis schmutzigweißer Färbung, was sich bei Dark Red Meranti deutlicher vom Kernholz absetzt als bei den anderen Arten.

Light Red I blaßrosa bis hellrotbraun
Dark Red II rötlichbraun bis violettbraun
White III gelblichweiß
Yellow IV gelblich- bis blaßgelblichbraun

Diese Kernholzfarben können sehr schwanken und sich teilweise überschneiden.

Makroskopisches Erscheinungsbild und Gesamtstruktur: Alle Meranti-Hölzer sind sehr homogen strukturiert. Bei den roten Sortimenten überwiegen das äußerlich amorphe Strukturbild und die sichtbaren roten Kernstoffe. Die beim Dark Red Meranti in Faserrichtung auffallenden Harzkanäle, besonders bei Nemesu von Sumatra, die durch ihre hellen Harzreste einen weißen Ring bzw. größere Fladern oder Streifen auf dem Längsschnitt verursachen, werden offiziell nicht als Fehler bewertet. Bei den einheitlichen weißen Meranti-Sorten der Untergattung *Anthoshorea* ist das konstante und reichliche Vorkommen von SiO_2-Partikeleinlagerungen typisch. Bei den sehr ähnlichen gelben Meranti-Sorten der Untergattung *Richetia* ist neben dem Fehlen von SiO_2 das Vorkommen von radialen Harzkanälen in den Holzstrahlen das wesentliche Merkmal.
Die mittleren bis großen, teils sehr zahlreichen Gefäße sind zerstreut und zeigen auf dem Längsschnitt deutliche Porenrillen. Wechseldrehwuchs mit der Folge eines Glanzstreifens kommt nur sehr vereinzelt vor.

Eigenschaften: Nicht nur das Gewicht der vier Farbgruppen ist unterschiedlich, sondern es besteht auch innerhalb jeder Gruppe ein überschneidender Streubereich.
Für die Red-Meranti-Gruppe gilt, daß sich mit dunklerer Rotfärbung auch das Gewicht erhöht. Hingegen zeigen die hellen (= Light Red) Meranti-Hölzer ein einheitliches, niedrigeres Gewicht. Die Festigkeitswerte kommen mit Ausnahme für Light Red dem Eichenholz sehr nahe, jedoch hat Dark Red Meranti auf Grund seiner sehr porösen Struktur eine schlechte Druckfestigkeit. Das Stehvermögen ist befriedigend. Witterungsfestigkeit und Dauerhaftigkeit sind nicht groß, bei Yellow Meranti gering.

Bearbeitung und Oberflächenbehandlung: Vorzugsweise Sägen und Schälen. Grundsätzlich bestehen keine Schwierigkeiten in der Bearbeitung. Mit zunehmender Austrocknung des Holzes macht sich aber die kieselartige Partikeleinlagerung (SiO_2) bei der White-Meranti-Gruppe durch schnelleres Stumpfen der Werkzeuge bemerkbar, so daß Hartmetallbestückung bzw. Stellitisierung zu empfehlen ist. Dark Red Meranti neigt bei der Bearbeitung zum Splittern und Spalten. Bei der Dark-Red-Meranti-Gruppe kann starker Harzgehalt die Werkzeuge verschmutzen und auch Anstrichschäden verursachen. Alle Holzverbindungen halten gut, jedoch kann es besonders bei Yellow Meranti Schwierigkeiten mit alkalischen Leimen geben. Freilufttrocknung und Kammertrocknung verlaufen ohne Schwierigkeiten.
In der Oberflächenbehandlung sind alle üblichen Mittel und Techniken anwendbar. Bei den hellen Sortimenten ist für die Außenverwendung auf Bläueschutz zu achten.

Fehler: Wolliger Kern, Frischholzinsektenbefall, auffallende Harzflecken beim Dark Red Meranti, was aber gemäß MGR nicht als offizieller Fehler gilt.

Eignung und Verwendung: Als Schälfurnier empfehlen sich alle Sorten für den Aus-

		r_{15}	Rundholz-Landungsgewicht
Meranti I	Light Red	0,47 bis 0,59 g/cm^3	700 kg/m^3
Meranti II	Dark Red	0,54 bis 0,80 g/cm^3	850 bis 950 kg/m^3
Meranti III	White	0,62 bis 0,80 g/cm^3	850 kg/m^3
Meranti IV	Yellow	0,58 bis 0,70 g/cm^3	850 kg/m^3
Balau	Red	0,80 bis 0,88 g/cm^3	über 1000/1100 kg/m^3

tausch mit afrikanischen Hölzern, besonders Light Red Meranti für Okoume und White/Yellow Meranti bei der Sperrholzerzeugung für Limba. Jüngst werden in Südostasien aus streifigen Stämmen Messerfurniere erzeugt. Im Vollholzsektor ist Dark Red Meranti ein Austauschholz für Sipo, besonders im Fenster- und Türenbau, z. T. schon lamelliert, d. h. als dreifach verleimte Kanteln. Light Red Meranti kann anstelle von Fichte im Fensterbau eingesetzt werden. Im übrigen sind alle Meranti-Hölzer vielseitig zu verwenden, wie z. B. auch im Rahmenbau für Leisten, im Bootsbau usw.

Movingui (MOV)

Barre, Bonsamdua, Ayan

Die Bezeichnungen Nigerian Satinwood und Afrikanisches Zitronenholz sind abzulehnen.

Distemonanthus benthamianus

Familie: *Caesalpiniaceae*

Vorkommen: Tropisches Westafrika bis nach Gabun, besonders Elfenbeinküste und Kamerun.

Baumbeschreibung: Ziemlich zylindrisch gewachsene, nur selten verformte Bäume mit Durchmessern von 70 bis 90 cm. Die Stammschäfte sind bis zu 20 m astfrei. Es kommen Brettwurzelanläufe bis zu 2 m stammaufwärts vor.

Farbe: Kernholz im frischen Zustand zitronengelb, bräunt jedoch rasch mit grünlichem Schimmer nach, wobei es farblich oft sehr variiert zwischen hell- bis goldgelb, teils auch mit dunklerer Streifung sowie glänzend. Splint schmal, weißlichgelb bis grau.

Makroskopisches Erscheinungsbild und Gesamtstruktur: Die mittelgroßen, teils auch groben Poren sind sehr zahlreich und außer an den Zuwachszonen sehr gleichmäßig, meist einzeln, aber auch in radialen Gruppen angeordnet. Teils sind sie mit gelbgrauen Inhaltsstoffen angefüllt. Auf dem Radialschnitt sind sie als feine, aber tiefe Porenrillen, die unregelmäßig verlaufen, sichtbar. In den Speicherzellen sind kristalline Ablagerungen erkennbar. Die feinen, stockwerkartig angeordneten Holzstrahlen bilden auf dem Tangentialschnitt niedrige, glänzende Querstreifen. Zuwachszonen ziemlich deutlich. Mittelfeine Struktur, verbunden mit einer Widerspänigkeit durch Wechseldrehwuchs. Hierdurch wird Streiferzeichnung bewirkt. Oft auch geriegelt oder moiriert und dann sehr dekorativ.

Eigenschaften: $r_{15} = 0{,}75$ g/cm^3, Landungsgewicht 980 kg/m^3, mäßig schwindend; gutes Stehvermögen, ziemlich säurefest. Witterungsfest, sehr widerstandsfähig gegen tierische und pflanzliche Holzschädlinge. Mittelhart, mit ähnlichen Eigenschaften wie Eiche und Iroko. Sehr gute Elastizität, Druck- und Biegefestigkeit sowie gute Schlagfestigkeit.

Bearbeitung und Oberflächenbehandlung: Vorwiegend Sägen. Läßt sich schwieriger bearbeiten, wenn Widerspänigkeit, Wechseldrehwuchs vorliegen. Werkzeuge stumpfen rasch durch kristalline Einlagerungen. Wechseldrehwüchsige Flächen neigen beim Hobeln zum Ausreißen. Hobel- und Fräsmesser müssen oft nachgeschliffen werden. Nägel und Schrauben sollten vorgebohrt werden, Verleimungen sind gut bis schwierig. Nach gründlicher Dämpfung kann es auch gemessert und geschält werden. Wegen Neigung zu Oberflächenrissen und zum Werfen muß die Trocknung langsam erfolgen. Das Schnittholz verlangt eine sorgfältige Stapelung.

Die Oberflächenbehandlung ist allgemein mit Klarlacken, Lasuren und Deckanstrichen befriedigend. Wegen färbender Inhaltsstoffe ist jedoch Vorsicht geboten; besonders bei den helleren Hölzern bewirken Wasser und Feuchtigkeit gelbe Ausblutungen. Movingui ist ausgezeichnet zu polieren.

Fehler: Verfärbungen, Drehwuchs.

Eignung und Verwendung: Vorwiegend Ausstattungsholz für Innenausbau und Möbel, Rahmenwerk, Fenster, Parkett, Treppen, Karosseriebau, Konstruktionsholz für stärkere Beanspruchungen. Spezialholz für chemische Behälter, Labortische, auch zum Drechseln und Schnitzen geeignet. Als Furnier nur in besonders dekorativen Stücken mit Glanzeffekten; bedingt Eichenersatz. Überall dort einsetzbar, wo eine hohe dynamische Festigkeit benötigt wird.

Muhuhu (MUU)

Muhgwe

Brachylaena hutchinsii

Familie: *Asteraceae*

Vorkommen: Ostafrika, besonders in Kenia und Tansania.

Baumbeschreibung: Baum mittlerer Größe mit wenig zylindrischer Schaftform, häufig krumm und spannrückig. Durchmesser 45 bis 60 cm, astfreie Stammschäfte bis 8 m.

Farbe: Das mattgelbe bis braune Kernholz ist scharf vom schmalen (= 3 cm) gelblichweißen Splint abgesetzt; häufig von blasseren, honigfarbenen Streifen unregelmäßig durchzogen.

Makroskopisches Erscheinungsbild und Gesamtstruktur: Die zahlreichen, sehr feinen, in verschieden langen radialen Gruppen angeordneten Gefäße sind nur mit der Lupe erkennbar, sie sind von schmalen Speicherzellen umgeben und haben häufig dunklere Einlagerungen. Auf dem Längsschnitt zeigen sich diese oft leicht gewundenen Porenrillen als helle Linien. Auch die sehr feinen, stockwerkartig angeordneten Holzstrahlen sind frei nicht erkennbar. Zuwachszonen treten auf dem Tangentialschnitt nur undeutlich in Erscheinung. Die dunklen Spätholzzonen bewirken eine leichte Streiferbildung bzw. Fladerung. Schlichtes Holz mit oft verschlungener Faserstruktur.

Eigenschaften: $r_{15} = 0{,}91$ g/cm^3, Landungsgewicht 1200 kg/m^3, mäßig schwindend. Sehr hartes und festes Holz mit hoher Abriebfestigkeit; schwer zu spalten; dauerhaft und witterungsfest. Unangenehmer, süßlicher Geruch.

Bearbeitung und Oberflächenbehandlung: Fast ausschließlich Sägen. Splittert wegen seiner Kurzbrüchigkeit leichter, als man es bei einem so schweren Holz annimmt. Nägel und Schrauben sollten vorgebohrt werden. Trotz seiner verhältnismäßig schnellen Trocknung muß der Trocknungsvorgang vorsichtig gesteuert werden, da es sonst, besonders bei stärkeren Abmessungen über 1", eine gewisse Neigung zum Werfen und Verziehen hat. Gutes Stehvermögen, auch bei größeren Luftfeuchteschwankungen.
Die Oberflächenbehandlung ist mit allen üblichen Mitteln sehr gut möglich.

Fehler: Schlechte Stammform verringert die Ausnutzung.

Eignung und Verwendung: Bevorzugt als Fußbodenholz für Parkett und Dielen, besonders für Hotels, Schulen, Warenhäuser, also überall dort, wo starker Publikumsverkehr ist. Ferner für schwere Konstruktionen. Seine Verwendung als Destillatholz (= Sandelholzersatz) zur Duftstoffgewinnung ist heute nur noch gering. Wird von der Bundesrepublik nur als Rohfriesen importiert.

Muiratinga

Capinuri

Maquira coriacea C.C. Berg und *M. sclerophylla* C.C. Berg, Syn. *Oldmediaperebea sclerophylla*

(Frühere teils unterschiedliche andere botanische Zuordnungen wie z. B. zu den Gattungen *Heliocostylis, Naucleopsis* oder

Brosimum führten zu Verwechslungen und/oder Überschneidungen, wozu auch noch ähnliche lokale Bezeichnungen wie Muiracatiara und Muirapiranga beitrugen, worauf beim Einkauf zu achten ist.)

Familie: *Moraceae*

Vorkommen: Brasilien, vorzugsweise mittleres Amazonas-Becken.

Baumbeschreibung: Ein etwa zwischen 25 und 30 m hoher Laubbaum, welcher 10 bis 18 m lange astfreie Nutzholzschäfte hat, bei Durchmessern zwischen 50 und 80 cm.

Farbe: Splint- und Kernholz unterscheiden sich nicht. Es ist ein einfarbiges Holz ohne Kernausbildung, das gelblichweiß bis blaß gelblichbraun gefärbt ist. Sehr vereinzelt kann es von bis 5 mm breiten hellgelblich bis braunen Farbstreifen durchzogen sein. Auch kann es wegen teilweisem leichtem Wechseldrehwuchs Glanzstreifen aufweisen.

Makroskopisches Erscheinungsbild und Gesamtstruktur: Zuwachszonen sind auf dem Querschnitt nur gelegentlich ganz schwach ausgebildet zu erkennen. Die feinen bis mittelgroßen Poren sind auf glatten Querschnitten nur als weiße Punkte sowie als Porenrillen gerade noch sichtbar. Die feinen Holzstrahlen bilden radial niedrige bis 1 mm hohe Spiegel. Speicherzellen sind nicht erkennbar. Es sind Einlagerungen von feinen Kieselpartikeln vorhanden. Das überwiegend gradfaserige, helle Holz mit dichter Oberfläche zeigt eine schlichte Struktur mit einem einheitlichen Holzbild sowie einem matten Glanz bei gut gehobelten oder geschliffenen Flächen.

Eigenschaften: $r_{15} = 0{,}47$ g/cm^3, bei einem Landungsgewicht von frischem Rundholz von über 1000 kg/m^3. Die Schwindung ist mäßig mit 6,7 % tangential und 3,4 % radial von frisch bis lufttrocken. Die Festigkeitswerte können ähnlich wie bei der Dichte nicht unerheblich schwanken, d. h. für die Druckfestigkeit zwischen 38 und 62 N/mm^2 und für die Biegefestigkeit 64 und 113 N/mm^2. Der Elastizitätsmodul beträgt 8100 N/mm^2. Das Stehvermögen ist befriedigend. In vieler Hinsicht ist dieses Holz mit Eichenholz zu vergleichen. Jedoch ist zu beachten, daß es frisch bzw. ungeschützt sehr schnell von Bläuepilzen befallen werden kann, weshalb es entweder schnell getrocknet werden muß oder eine Behandlung mit Schutzmitteln erfahren soll, zumal es solche schnell und gleichmäßig z. B. durch Druckimprägnierung aufnimmt.

Bearbeitung und Oberflächenbehandlung: Wegen einer gewissen Werkzeugstumpfung sind hartmetallbestückte Schneiden zu empfehlen; sonst läßt es sich aber leicht sägen sowie gut schälen (= auch kalt) und messern. Bei zu starker Erwärmung wie z. B. durch Schleifen können feine Risse entstehen. Es trocknet schnell, weshalb man diesen Vorgang überwachend steuern soll, damit kein Verziehen und Verschalen einsetzt. Insgesamt ist es in den Bearbeitungseigenschaften bedingt mit Ramin zu vergleichen. Getrocknetes Holz kann mit allen üblichen Oberflächenmitteln und Methoden gut behandelt werden, wobei sich besonders Beizen empfehlen. Alle Holzverbindungen durch Sägen, Nageln, Schrauben und Leimen halten gut.

Fehler: Verblaut leicht und SiO_2 stumpft die Werkzeuge.

Eignung und Verwendung: Als Vollholz vielseitig einsetzbar, da wegen seiner guten Festigkeitseigenschaften sowohl für den Innenausbau als auch für Geräteteile geeignet. Verwendungsmöglichkeiten sind Profile, Leisten, Schubkastenseiten sowie Rahmen, sofern das Holz gradfaserig ist und man ein helles oder ein eichenähnliches Holz wünscht. Sein Haupteinsatz ist heute jedoch in Brasilien die Sperrholzerzeugung. Als solches wird es auch schon erfolgreich exportiert.

Mutenye (MUT)

Benzi, Benge, Libenge, Tropical Olivwalnut

Phantasiebezeichnungen wie Jaspis- oder Paradiesnuß sind abzulehnen.

Guibourtia arnoldiana

Familie: *Caesalpiniaceae*

Vorkommen: Vornehmlich Kongo, Zaire und Cabinda/Angola.

Baumbeschreibung: Mittelgroße Bäume mit leichten Brettwurzelanläufen bis zu 2 m Höhe, mit Durchmessern von 60 bis 90 cm, etwa auf 15 m astfreie Stammschäfte.

Farbe: Das schmale, gelblichgraue Splintholz setzt sich scharf vom gelbbraunen bis graugelben oder auch olivfarbenen bis dunkelbraunen Kernholz ab, d. h. der Farbausfall des Kernholzes schwankt. Das Holz dunkelt bei zunehmender Austrocknung entfernt nußbaumähnlich nach; es ist von dunkleren, fast schwarzen Adern durchzogen.

Makroskopisches Erscheinungsbild und Gesamtstruktur: Die zahlreichen kleinen bis mittelgroßen, zerstreut angeordneten Gefäße zeichnen sich auf dem Längsschnitt als deutliche Porenrillen ab, die in ihrer Häufung als helle, feine Aderung das Holzbild erheblich bestimmen. Charakteristisch ist das regelmäßige Vorkommen von Kalziumoxalatkristallen und teilweise von Harzkanälen. Zuwachszonen durch terminales Längsparenchym und dunkle Spätholzzonen erkennbar. Drehwuchs kommt vor, dadurch entsteht neben dem dunkleren Farbstreifen auch noch ein Glanzstreifen bzw. Fladerung. Mittel- bis grobporiges Holz.

Eigenschaften: $r_{15} = 0{,}86$ g/cm^3 mit erheblichen Schwankungen, Landungsgewicht 980 kg/m^3, mäßig schwindend; mittelhart. Verfügt über gute Elastizität und sehr gute statische Festigkeitseigenschaften. Weniger gut ist die dynamische Festigkeit. Witterungsfest.

Bearbeitung und Oberflächenbehandlung: Vornehmlich Messern, gelegentlich auch Sägen. Infolge des welligen Faserverlaufs, verbunden mit Widerspänigkeit und kristallinen Einlagerungen, wird die maschinelle Bearbeitung etwas erschwert. Für einige Leimsorten nicht geeignet; Schrauben und Nägel sollen vorgebohrt werden. Natürliche und künstliche Trocknung verlaufen langsam mit einer gewissen Neigung zum Reißen und Werfen. Wegen des Harzgehaltes sollen nur mittlere Temperaturen angewendet werden. Einmal getrocknet, zeigt es gutes Stehvermögen.
Für die Oberflächenbehandlung ist Entharzung zu empfehlen. Die inhibierenden Inhaltsstoffe können Anstrichschäden verursachen. Nach entsprechender Behandlung läßt sich das Holz jedoch gut polieren und lackieren.

Fehler: Hohlkehligkeit und traumatische Ringe.

Eignung und Verwendung: Als Messerfurnier mit dekorativem Aussehen im Austausch mit Nußbaum für Möbelfronten, besonders für Tonmöbel. Als Vollholz in der Kunsttischlerei und Drechslerei sowie im Innenausbau für Parkettfriesen und Treppen sowie für Sitzmöbel. (Sehr dem Amazakoue/Ovengkol = *Guibourtia ehie* ähnlich.)

Niangon (NIA)

Nyankom, Ogoue, Angi

Heritiera utilis und *H. densiflora*

Familie: *Sterculiaceae*

Vorkommen: *H. utilis* vorwiegend im Westteil der Elfenbeinküste sowie ferner in Liberia und Ghana. *H. densiflora* wächst vorzugsweise in Gabun und heißt dort Ogoue.

Baumbeschreibung: Meist unregelmäßig gewachsener, mittelgroßer Baum, dessen

Ausformung sowohl gradschäftig als auch gekrümmt sein kann. Die hoch hinaufreichenden Brettwurzeln setzen sich über die halbe Stammlänge als Hohlkehlen oder Spannrückigkeit fort. Durchmesser von 50 bis 90 cm, astfreie Schaftlängen bis etwa 15 m. Die Stammausformung ist sehr unterschiedlich, weil vom Standort abhängig, wobei in Liberia und Gabun die größten Durchmesser wachsen.

Farbe: Der etwa 6 cm breite, hellgraue Splint ist nicht immer scharf vom rosagefärbten frischen Kernholz abgesetzt. Der helle Farbton schlägt mit zunehmender Austrocknung zu Rotbraun um und zeigt einen matten Glanz. *H. densiflora* ist etwas dunkler.

Makroskopisches Erscheinungsbild und Gesamtstruktur: Die zerstreut angeordneten und nicht sehr zahlreichen, groben Poren zeigen einen dunklen Inhalt und sind auf den Tangentialflächen häufig als gekrümmte Porenrillen deutlich. Die dunkleren, gleichmäßig verstreuten, stockwerkartig angeordneten Holzstrahlen bilden dunkelrotbraune Spiegel. Der Faserverlauf wird oft von einem unregelmäßigen Wechseldrehwuchs beeinträchtigt, was einen unterschliedlichen Glanzstreifen hervorruft. Die Oberflächen fassen sich etwas wachsartig an.

Eigenschaften: $r_{15} = 0{,}69$ g/cm^3, Landungsgewicht 940 kg/m^3. *H. densiflora* ist etwa 10 Prozent schwerer, was die Festigkeitseigenschaften entsprechend erhöht. Mäßig schwindend, vorzügliches Stehvermögen. Festigkeitswerte der Eiche ähnlich, sie liegen höher als bei Sipo, z. B. Biegefestigkeit 106 N/mm^2. Der Fettgehalt führt zu gewissen Verklebungsmöglichkeiten. Ziemlich witterungsfest.

Bearbeitung und Oberflächenbehandlung: Vorwiegend Sägen, gelegentlich Messern. Für den Einschnitt sollte die Sägezahnform einen großen Freiraum haben, um Spanverstopfungen zu vermeiden. Hobelflächen meist glatt und scharfkantig. Wegen des Fettgehalts sollen die Oberflächen sorgfältig gereinigt werden. Vorbohren empfiehlt sich für Nägel und Schrauben mit starken Durchmessern. Das Holz ist gut zu verleimen, sofern nicht besonders fettige Flächenablagerungen vorhanden sind. Natürliche und künstliche Trocknung bereiten keinerlei Schwierigkeiten und verlaufen sehr schnell. Nur sehr unregelmäßig gewachsenes Holz kann zum Verziehen und Reißen neigen.
Die Oberflächenbehandlung ist trotz des Fettgehalts außer mit öligen Mitteln mit allen anderen üblichen Materialien gut durchzuführen; im Außenbau empfehlen sich vor allem Lasuranstriche. Besonders sorgfältig sollte auf richtigen Feuchtigkeitsgehalt geachtet werden (=12 Prozent).

Fehler: Ohne Oberflächenbehandlung neigt das Holz im Freien schnell zum Vergrauen. Es korrodiert mit Eisenmetallen. Die unregelmäßige Stammbeschaffenheit vermindert die Ausnutzung.

Eignung und Verwendung: Auf Grund seiner vorzüglichen technologischen Eigenschaften ist es eines der begehrtesten Rahmenhölzer im Fensterbau sowie für Türen, Tore und Profilbretter. Es hat sich auch für Parkett, Treppenstufen und Leisten bewährt. Als Messerfurnier wird es nur für Spezialbedarfsfälle erzeugt. Asiatische *Heritiera*-Arten, z. B. Mengkulang, fallen nur entfernt ähnlich aus.

Nußbaum (NB) (NBA)

Juglans regia – Walnußbaum (europ.), Noyer Commun, auch z. B. französischer, italienischer und kaukasischer Nußbaum genannt.

J. nigra – Black Walnut, auch amerikanische Nuß oder Schwarznuß genannt.

Tafel 9 - Laubhölzer

Iroko

Kotibe

Afzelia

Bongossi

Tafel 10 - Laubhölzer

Padouk

Palisander (Rio)

Wenge

Pao rosa

Familie: *Juglandaceae*
(Es gibt viele tropische Austauschhölzer aus anderen Gattungen, z. B. Mutenye.)

Vorkommen: Der europäische Nußbaum vorwiegend im wärmeren West- und Mitteleuropa bis zu den Mittel- und Schwarzmeerländern. Hauptlieferanten: Frankreich, Italien, Türkei, Griechenland, Persien. Auch in Nordindien, Nepal und China anzutreffen neben anderen, wie *J. mandschurica* in Nordostchina und Korea sowie *J. sieboldiana* (=Kurumi) in Japan; das dunklere Nogal (=*J. neotropica*) wächst in Südamerika, Black Walnut in Kanada sowie im nordöstlichen, südöstlichen und zentralen Nordamerika.
Weitere amerikanische Nußbäume sind: Claro Walnut (= *J. hindsii*) in Kalifornien und Butternut (=*J. cinera*) in NO-USA und SO-Kanada. Paldao (Nuß) von den Philippinen stammt von *Dracontomelum dao.*

Baumbeschreibung: Mittelgroßer Baum, gelegentlich unregelmäßig ausgeformt, mit Durchmessern von 40 bis 80, selten über 100 cm, astfreie Schäfte von höchstens 6 bis 10 m. Amerikanisches Holz ist häufig stärker und länger. Es gibt auch Maserknollen und Wurzelstöcke.

Farbe: Der europäische Nußbaum hat teils einen schmalen, teils einen breiten hellgrauen Splint von 3 bis 7 cm, der beim Dämpfen nachdunkelt. Das Kernholz ist mattbraun bis schwarzbraun von verschieden breiten dunkleren Adern unregelmäßig durchzogen. Französische Herkünfte neigen teils zu einem leicht rötlichen Schimmer und besonders gleichmäßiger Zeichnung. Amerikanisches Nußholz ist mehr von einheitlicher, violetter oder purpurbrauner Färbung. Sein Splint ist gelblich bis hellgraubraun. Die Färbung aller Arten variiert erheblich und ist stark vom Alter und Standort abhängig. Alle Nußhölzer neigen bei starker Belichtung zum Verbräunen und einer Verminderung der Farbstreifigkeit.

Makroskopisches Erscheinungsbild und Gesamtstruktur: Unterschiedlich deutliche Zuwachszonen, verschieden breit ausgebildet mit dementsprechender Fladerung. Die sehr gleichmäßig verstreuten, meist einzelnen Gefäße im Frühholz sind gröber, mehr oder weniger ringförmig angeordnet und fallen auf dem Längsschnitt als grobe, dunkle Porenrillen mit glitzernden Thyllenausfüllungen auf. Die feinen Holzstrahlen sind durch dunkle Färbung vor allem auf dem Längsschnitt als Spiegel deutlich. Das Speichergewebe zeigt sich erst unter der Lupe auf dem Hirnschnitt als zahlreiche, tangentiale Bändchen. Nußholz ist häufig gestreift, geriegelt oder wolkig. Starke Faserabweichungen sind häufig und führen zu interessanten, figurierten Holzbildern. Beim amerikanischen Nußholz sind die Porenstreifen deutlicher, die Jahrringe können etwas wellenförmiger sein, jedoch kommen Faserabweichungen selten vor.

Eigenschaften: $r_{15}=0{,}70$ g/cm^3, Landungsgewicht 980 kg/m^3, das US-Nußholz ist etwas leichter, und noch leichter ist Kanadisch-Nuß. Stehvermögen befriedigend, mäßig schwindend, wobei das US-Nußholz etwas mehr arbeitet; widerstandsfähig gegen Pilzbefall. Nußholz ist mäßig dicht, fest, zäh, biegsam. Elastizitätsmodul = 12 500 N/ mm^2, Biegefestigkeit 115 N/mm^2.

Bearbeitung und Oberflächenbehandlung: Vornehmlich Messern und Sägen, gelegentlich auch exzentrisch Schälen. Die Bearbeitung ist leicht und glatt; das Holz ist auch gut zu drechseln. Alle Holzverbindungen durch Leim, Schrauben und Nägel halten gut. Gute, wenn auch langsame Trocknung. Sehr gut mit Beiz- und Politurmitteln zu behandeln.

Fehler: Krümmungen, Kernverlagerungen, Wasserreiser, Faulstellen; Leimalkalien können Gerbsäureflecken bilden. Verbräunen bei starker Belichtung sowie blauschwarze Reaktionsverfärbungen. Bei

Black Walnut Flecken als Folge von Spechtschäden.

Eignung und Verwendung: Als dekoratives Furnier im Möbelbau besonders für Schlaf- und Wohnzimmer sowie für Tonmöbel. Als Vollholz besonders für den Korpus in der Klavierfabrikation, für Parkett, Täfelungen, Gewehrschäfte, Drechslereiarbeiten. Eines der wertvollsten und begehrtesten Möbelhölzer, je nach Mode mal mehr streifig, mal als mehr bunte oder geflammte Ware gesucht. Auch Nußbaumsplint wird häufig mitverarbeitet.

Okoume (OKU)

Gabun sowie Okaka für besonders wellig geriffelte Blöcke

Aucoumea klaineana

Familie: *Burseraceae*

Vorkommen: Ausschließlich in Gabun, im Kongo sowie in Äquatorialguinea. Nördlich begrenzt vom Rio Campo, südlich von der Kongo-Ocean-Eisenbahnlinie Pointe Noire-Brazzaville.

Baumbeschreibung: Große Bäume mit Durchmessern von 60 bis über 200 cm, bis auf 20 m astfreie Stammschäfte.

Farbe: Das meist ziemlich schmale Splintholz ist graurosagefärbt und hebt sich nicht immer deutlich vom frischen, blaßrosafarbenen Kernholz ab, das mit zunehmender Austrocknung eine salmrote oder gelbstichig dunkelrosa Färbung annimmt, die gelegentlich auch zwischen Grau und Rötlichbraun variieren kann.

Makroskopisches Erscheinungsbild und Gesamtstruktur: Die mittelgroßen, zahlreichen, gleichmäßig einzeln verteilten, ovalen Gefäße erscheinen auf dem Längsschnitt teilweise als auffällig gewundene Porenrillen. Die sehr feinen Holzstrahlen enthalten die für diese Holzartenfamilie typischen rötlichen Kieselkristalleinlagerungen. Die Holzstrahlen heben sich durch dunklere Färbung als Spiegel, Flecken oder Striche auf den Tangentialschnittflächen deutlich ab. Breite Zuwachszonen sind im dunkleren Spätholz undeutlich zu erkennen, sie bilden Fladerung. Okoume hat auf Grund gleichmäßiger, jedoch dünner Wanddicken der Fasern einen besonders homogenen, überwiegend gradfaserigen, grobporigen anatomischen Aufbau, wenn auch Wechseldrehwuchs vorkommen kann.

Eigenschaften: $r_{15} = 0{,}46$ g/cm^3, bei erheblichem Streubereich, offizielles (= Office SNBG) Landungsgewicht 612 kg/m^3; entsprechend schwankt auch das an sich geringe Raumschwindmaß. Elastisch, jedoch wenig fest, gelegentlich leicht filzig, wenig witterungsfest; neigt zum Splittern.

Bearbeitung und Oberflächenbehandlung: Vorwiegend Schälen, gelegentlich auch Messern und Sägen. Beim Sägen kommen, sofern Widerspänigkeit und kristalline Einlagerungen vorhanden sind, gewisse Schwierigkeiten und vorschnelle Stumpfung der Werkzeuge vor. Das Holz läßt sich dann auch nicht gut hobeln. Hingegen ist es ideal zum Schälen geeignet, was mit und ohne Dämpfung möglich ist. Vereinzelt erfolgt auch die Einmesserung von starken Stämmen. Gut zu schleifen, leicht zu leimen, Nägel und Schrauben halten gut.
Es erlaubt eine gute Oberflächenbehandlung mit allen Mitteln, ist vor allem gut zu beizen und zeigt seidig glänzende Flächen.

Fehler: Frischholzinsektenbefall, wolliger Kern, Okakastruktur. Wenig witterungsfest.

Eignung und Verwendung: Als überwiegend schlichtes Furnier, vorzugsweise zur Sperrholzerzeugung in vielseitigster Form. Eines der bewährtesten Schälhölzer. Als Vollholz für Innenverkleidungen, Rückwände, Schubladen, Türfriese sowie im Karosserie- und Sportbootsbau. Ilomba und Ozigo können bedingt Okoume ersetzen.

Oregon Pine (Douglasie) (DGA)

Douglasie, Douglas Fir, Red Fir, Yellow Fir

Die Bezeichnungen Pine (= Kiefer) und Fir (= Fichte) sind botanisch falsch.

Pseudotsuga menziesii

Familie: *Pinaceae*

Vorkommen: Westküste Nordamerikas von Britisch Kolumbien bis Kalifornien, vor allem in Oregon.

Baumbeschreibung: Sehr hohe, gradschäftige, zylindrische Bäume, bis 25 m astfrei, bei Durchmessern von 80 bis 200 cm, gelegentlich sind sehr alte Bäume auch noch stärker.

Farbe: Der etwa 3 bis 6 cm breite Splint ist weiß bis gelblichgrau. Das Kernholz hat eine hellgelblichbraune bis rotbraune Färbung, die am Licht noch deutlich nachdunkelt.

Makroskopisches Erscheinungsbild und Gesamtstruktur: Ein porenloses Holz mit einem durch das helle Frühholz scharf begrenzten und durch die dunklen Spätholzzonen bestimmten, engstreifigen Strukturbild, wodurch es dem Lärchenholz ähnelt. Feinjähriges und damit älteres Holz mit Jahrringbreiten von 1 mm und entsprechend schmalen Spätholzzonen ergibt ein helles, als Yellow Fir bezeichnetes Kernholz; das gröbere, dunklere heißt Red Fir. Lebhafte tangentiale Fladerzeichnung. Die feinen Holzstrahlen sind nur als Spiegel erkennbar. Harzkanäle mit leicht flüchtigen, aromatischen Balsameinlagerungen.

Eigenschaften: $r_{15} = 0{,}64$ g/cm^3, Landungsgewicht 700 kg/m^3, mäßig schwindend; sehr gutes Stehvermögen. Das Holz besitzt gute Festigkeitseigenschaften, die denen der Kiefer überlegen sind; das in Europa gewachsene weitringigere Douglasienholz ist jedoch weniger fest. Witterungsfest.

Bearbeitung und Oberflächenbehandlung: Vorzugsweise Sägen, jedoch auch Schälen und Messern. Läßt sich gut bearbeiten, wenn auch der Harzgehalt die Werkzeugschneiden verschmutzt. Stark grobjährige Hölzer neigen zu wolligen Flächen und beim Stemmen oder Nageln zum Platzen. Rifts, d. h. Hobelbretter mit zu 90 Prozent aufrechtstehenden Jahrringen, lassen sich gut erzeugen. Die Kammertrocknung bereitet keine Schwierigkeiten, jedoch kann bei größeren Stärken an der Oberfläche feine Rißbildung auftreten. Um Harzaustritt zu vermeiden, sollte eine langsame und sorgfältige Trocknung vorgenommen werden.
Für die Außenverwendung empfehlen sich pigmentierte Imprägnierlasuren. Unbehandeltes Holz verfärbt sich grau. Für die Innenverwendung benutzt man farblose und pigmentierte Imprägnierlasuren sowie Mattierungen, Klar- und Farbwachse. Es können auch Lacke verwendet werden, sofern ein besonderer Oberflächenschutz notwendig ist.

Fehler: Harzaustritt bei stärkerer Erwärmung, Verblauung, in Verbindung mit Feuchtigkeit und Eisenmetallen Reaktionsverfärbungen, die farblich einer Pilzbläue ähneln. Dunkle, spindelförmige Harztaschen mindern den Wert von Messerfurnieren sehr.

Eignung und Verwendung: Als Vollholz für den Schiffsbau (Decks) sowie für Konstruktionen, Rahmen, Türen, Fensterbau, Fußböden, Treppen, Leitern. Bei besonders ausgeprägter Struktur für Profilbretter, Brüstungen; als Sperrholz für Ausstattungen auf Grund ausdrucksvoller Streifer- und Fladerzeichnung. Als farbstreifiges Messerfurnier im Möbelbau.

Ozigo (OZI)

Assia, Safukala

Dacryodes buettneri

Familie: *Burseraceae*

Andere *D.*-Arten werden auch mit Safukala bezeichnet.

Vorkommen: Vorzugsweise in Gabun, Kongo, Zaire.

Baumbeschreibung: Meist schlanke, wenn auch nicht immer zylindrisch gewachsene Bäume mit leicht verdickten Stammenden bei Durchmessern von 60 bis 100 cm. Astfreie Stammschäfte bis auf 15 m.

Farbe: Breites (10 cm), blaßgraues bis gelbliches oder rötlich getöntes Splintholz. Kernholz graugelblich bis blaßrosa, nur wenig dunkler als Splintholz, etwas Okoume-ähnlich. Leicht glänzend.

Makroskopisches Erscheinungsbild und Gesamtstruktur: Die zahlreichen, mittelgroben, zerstreuten, verthyllten Gefäße sind meist einzeln angeordnet oder auch in Paaren. Speichergewebe ist vorhanden, jedoch nicht auf der Schnittfläche erkennbar. Die Gefäße erscheinen auf den Längsschnitten als leicht gewellte, verschieden lange, mittelfeine Porenrillen. Die zahlreichen Holzstrahlen stehen sehr dicht und heben sich hell vom Grundgewebe ab, sie bilden auf dem Radialschnitt feine, schmale Spiegel. Zuwachszonen nicht immer deutlich. In den Holzstrahlen harzige Silikateinlagerungen; Wechseldrehwuchs meist unregelmäßig. In der Porung etwas feiner als Okoume.

Eigenschaften: r_{15} = um 0,60 g/cm^3, Landungsgewicht 850 kg/m^3, mäßig schwindend. Mechanische Eigenschaften (Stoß-, Biege- und Druckfestigkeit) günstiger als bei Okoume, hingegen nur mäßig querzug- und schlagbiegefest. Auf Grund der öligen Harzinhalte ist es dauerhaft, wenn auch im Splint bläue- und pilzanfällig. Weiches bis mittelhartes Holz, einmal getrocknet und verarbeitet, steht es gut.

Bearbeitung und Oberflächenbehandlung: Vorwiegend Schälen als Okoume-Ersatz für die Sperrholzfertigung. Die Werkzeuge verschmutzen schnell. Schwierig zu sägen, aber leicht zu hobeln sowie spaltbar; Nägel, Schrauben und Leimverbindungen halten gut. Die Trocknung muß vorsichtig gesteuert werden, da das Holz eine Neigung zum Werfen und Verziehen aufweist. Die künstliche Trocknung muß sehr langsam vorgenommen werden.
Die Oberflächenbehandlung ist mit allen Mitteln möglich, wenn auch der Harzgehalt stören kann. Gut zu beizen und zu polieren.

Fehler: Kernverlagerungen, Risse.

Eignung und Verwendung: Für Industriesperrholz, Betonschalungsplatten, Waggonwände. Als Vollholz für Innenausbauten und Fußböden.

Padouk (PAF)

Barwood, Afrikanisches Rot- und Korallenholz, Bois Corail, Mogonda, Palo roja, Tacula

Der Name Camwood sollte nur für *Baphia nitida* verwendet werden.

Pterocarpus soyauxii

Familie: *Fabaceae*

(Es gibt in Afrika und Asien weitere *Pterocarpus*-Arten.) Begehrt ist das Pradov von *Pt. indicus* sowie Maserknollen.

Vorkommen: In den immergrünen primären Regenwäldern Westafrikas von Nigeria über Kamerun, Gabun bis Angola, im Kongo und in Zaire. Wichtigster Lieferant Kamerun und Kongo. Auch in Südostasien wächst Padouk, jedoch mit anderen Arten, wie z. B. Burma Padouk und Pradoo von *P. macrocarpus* u. w.

Baumbeschreibung: Großer, zylindrischer Baum mit Durchmessern von 70 bis 120 cm und astfreien Schäften bis 20 m.

Farbe: Das bis zu 20 cm breite Splintholz ist weißlichgelbgefärbt und hebt sich deutlich vom im frischen Zustand leuchtend purpurrotgefärbten Kernholz ab. Mit zunehmender Austrocknung dunkelt dieser Farbton zu einem Orangenrötlichbraun nach und verblaßt allmählich. Das Holz kann unregelmäßig von schmalen dunkleren Streifen durchzogen sein.

Makroskopisches Erscheinungsbild und Gesamtstruktur: Die großen, wenig zahlreichen, ungleich verteilten Gefäße kommen einzeln oder in kleinen Gruppen vor und sind auf dem Längsschnitt lange, schmale Porenrillen, die mit einem rötlichen kristallinen Inhalt angefüllt sind. Zuwachszonen undeutlich. Charakteristisch ist der stockwerkartige Aufbau der Holzstrahlen und des Speichergewebes. Letzteres verbindet die Poren in wellig verlaufenden tangentialen Bändern. Hierdurch und durch die stockwerkartige Anordnung der Holzstrahlen entsteht auf dem Tangentialschnitt eine Riffelzeichnung bzw. feine dunkle Fladerung, neben weiteren Bildern wie Pommelé. Ein grobes Holz, dessen Struktur durch Wechseldrehwuchs oft widerspänig ist, jedoch einen Glanzstreifen bewirken kann.

Eigenschaften: $r_{15} = 0{,}75$ g/cm^3, Landungsgewicht 1000 kg/m^3 bei geringem Raumschwindmaß. Hartes, besonders schlagfestes, sehr elastisches Holz. Kernholz sehr pilz- und teredo- sowie insektenfest.

Bearbeitung und Oberflächenbehandlung: Vornehmlich Sägen, gelegentlich auch Messern. Die Bearbeitung dieses harten Holzes bereitet keinerlei Schwierigkeiten, verlangt jedoch zur Einmesserung eine gründliche Dämpfung. Holzverbindungen durch Nageln, Schrauben und Leimen halten gut. Bei der nur langsam verlaufenden Kammertrocknung können Endrisse entstehen, und das Holz reagiert durch unschöne Fleckenbildung empfindlich auf Kondenstropfen. Einmal getrocknet, hat es ein gutes Stehvermögen.
Für die Anstriche soll eine Vorbehandlung mit Alkohol zum Egalisieren besonders günstig sein, da Lackschädigungen auftreten können. Durch Polieren werden sehr schöne Flächen erzielt.

Fehler: Vergilbt und scheidet, unbehandelt, an den Oberflächen einen mehltauartigen Belag ab. Häufig Innenrisse und innere Wuchsfehler.

Eignung und Verwendung: Als Messerfurnier, besonders wenn Pommelé-Struktur vorliegt, teils als Palisanderersatz für dekorative Innenausstattungen und Luxusgegenstände. Als Vollholz für anspruchsvolle Innenverkleidungen, für Parkett sowie für Sitzmöbel oder Spezialverwendungen wie Intarsien, Bürstengriffe, Musikinstrumente, Gewehrschäfte und als Farbholz.

Palisander (POS) (PRO)

Rio Palisander, Brazilian Rosewood, Ostindisches Palisander, Indian Rosewood, Jacaranda

Südostasien:	*Dalbergia bariensis*	= Cam-Lai, Ching-Chan
	D. cambodiana	= Trac, Vietnam Rosewood, Kranhung
	D. cochinchinensis	= Payung, Siam- oder Thailand Rosewood, Ching-Chan
	D. cultrata	= Keddam, Yen Daik, Burma Blackwood
	D. latifolia	= Ostindisch Palisander, Sonokeeling, Indian Rosewood, Shima
	D. oliveri	= Tamalan, Cam-Lai Bong, Burma Rosewood und B. Tulipwood
	D. sissoo	= Sissoo, Shisham

Madagaskar:	*D. baronii*	= Voamboana oder Palisandre de Tamatave oder Madagaskar Rosewood
	D. greveana	= Manary oder Palisandre de l'Ouest oder Palisandre de Mayunga
	D. perrierii und *trichocarpa*	= Manipika oder Palisandre de Diego
	D. pterocarpifolia	= Sovoka
Mittel- und Südamerika:	*D. cearensis*	= Kingwood, Königsholz
	D. decipularis	= Bahia Rosenholz, Brazilian Tulipwood
	D. granadillo	= Granadillo
	D. nigra	= Rio Palisander oder Jacaranda
	D. retusa	= Cocobolo, Korallenpalisander
	D. stevensonii	= Honduras Rosewood
	Machaerium scleroxylon	= Santos Palisander, Pau ferro, Caviuna, Morado

Familie: *Fabaceae*

Vorkommen: Die als Palisander bezeichneten *Dalbergia*-Arten (siehe auch Grenadille) wachsen in Mittel- und Südamerika sowie in Südostasien und auf Madagaskar. Hauptlieferant Brasilien, Vorder- und Hinterindien.

Baumbeschreibung: Kleine bis mittlere Bäume in sehr verschiedenen Größen, nicht immer zylindrisch gewachsen, entsprechend schwanken auch die Abmessungen sehr. Astfreie Stammschäfte zwischen 8 und 12 m, Durchmesser von 30 bis 60, selten bis über 100 cm.

Farbe: Das meist 3 bis 6 cm breite, hellgelblichweiße Splintholz ist scharf und deutlich vom dunkelrosabraunen bis violettbraunen Kernholz abgesetzt. Die Kernholzzonenfärbung ist artgebunden und wechselt erheblich in der Färbung. Unter direktem Lichteinfluß und nach Austrocknung stark nachdunkelnd, wobei einige Arten mehr zu Dunkelpurpurbraun übergehen können, andere zu Braunschwarz. Mehr oder weniger von einer dunklen, verschieden breiten Aderung durchzogen (siehe Tabelle).

Herkunft/Handelsname:	Grundfarbe:	Abweichungen:
Südostasien:		
Burma Blackwood (Keddam)	tief Dunkelviolett	dunkel geadert
Burma Rosewood (Tamalan)	Dunkelrot bis Schokoladenbraun	dunkle Streifen
Cam-Lai	Weinrot	braunschwarze Streifen
Ostindisch Palisander (Sonokeeling)	Dunkelrosabraun bis Violettbraun	regelmäßig dunkelgestreift
Siam Rosewood (Payung)	dunkel Purpurrot	regelmäßig dunkelgestreift
Sissoo	Reh- bis Goldbraun	dunkelbraune Streifen
Vietnam Rosewood (Trac)	Schokoladen- bis Violettbraun	sehr unruhig

Herkunft/Handelsname:	Grundfarbe:	Abweichungen:
Madagaskar:		
Manary	Dunkelviolett	regelmäßig gemasert
Manipika	Hellila bis Violett	rötlich gestreift
Sovoka	Dunkelbraun	schwarzbraun geadert
Voamboana	Violett	dunkel geadert
Mittel- und Südamerika:		
Brasil-Königsholz	Dunkelviolett	z. T. blumig, teils feinstreifige, schwarze Zeichnung
Honduras Rosewood	Purpurbraun	dunkel gezont
Nicaragua Rosewood (Cocobolo, Korallenpalisander)	tief Dunkelrot bis Braunorange	schwach geadert, nachdunkelnd, violett/schwarz gestreift
Rio Palisander	Gelblich- bis Violettbraun	unregelmäßig dunkelbraune, schwärzliche, purpurviolette Zonen
Santos Palisander	Rötlich bis Braunviolett	schwarzbraune Adern

Makroskopisches Erscheinungsbild und Gesamtstruktur:
Ostindisch Palisander: Im dunkelbraunen, im Gegensatz zum Rio Jacaranda überwiegend violetten, mit dunklen Zonen durchzogenen Kernholz sind ziemlich zahlreich gerade noch erkennbare grobe Gefäße zerstreut angeordnet. Sie haben öfter dunkle Einlagerungen und verlaufen als dunkle Porenrillen unregelmäßig. Ostindisch Palisander kann in den Spalten stark stumpfende mineralische Einlagerungen haben und ist poröser als Rio Jacaranda; seine dunklen Farbstreifen bleichen mehr aus. Das frische Holz strömt einen scharf aromatischen Geruch aus, der z. B. bei *D. sissoo* fehlt. Der sehr enge Wechseldrehwuchs bewirkt eine entsprechende dekorative Streifung.

Rio Jacaranda: Es ist weniger schwer. Die charakteristische, mehr gelbe bis schokoladenbraune und nur selten violette Grundfärbung wird von fast schwarzen Zonen unregelmäßig gestreift. Es sind grobe, jedoch nicht zahlreiche, zerstreut angeordnete Gefäße gerade noch frei erkennbar. Ihre sehr deutlichen Porenrillen sind oft auffallend gestreckt und haben entweder dunkle oder helle Einlagerungen. Zuwachszonen sind durch eine unterschiedliche Speicherzellenanordnung leicht angedeutet. Das Frischholz strömt einen mandelartigen, süßlichen Geruch aus.
Alle Palisanderarten sind mehr oder weniger dunkel und regelmäßig gezont.

Eigenschaften: r_{15} = 0,87 bis 0,95 g/cm^3, Landungsgewicht 1000 bis 1300 kg/m^3. Im Vergleich zum Ostindischen Palisander ist Rio Jacaranda in der Regel um 6 bis 7 Prozent schwerer und damit auch härter. Alles Palisanderholz ist gering schwindend, sehr hart und fest, dabei hat es besonders eine hohe dynamische Festigkeit und Scherfestigkeit. Radial schwer spaltbar. Witterungsfest.

Bearbeitung und Oberflächenbehandlung: Vorwiegend Messern und Sägen. Mit allen Werkzeugen bei entsprechender Hartmetallbestückung ohne größere Schwierigkeiten zu bearbeiten, jedoch stumpfen die bei einigen Herkünften, z. B. auch beim Ostindischen Palisander, vorkommenden Kalkeinlagerungen in der inneren Kernzone erheblich die Werkzeuge. Nach entsprechendem Dämpf- oder Kochprozeß messerbar.

Die Trocknung verläuft sehr langsam; Freilufttrocknung sollte vorgezogen werden, weil diese den Farbton besser erhält. Nägel und Schrauben sind vorzubohren. Verleimungen halten gut.
In der Oberflächenbehandlung ist zu beachten, daß Ostindischer Palisander farbfester trocknet. Die farbigen Inhaltsstoffe sind bei allen Palisanderarten alkohollöslich; die inhibierenden Inhaltsstoffe bereiten Schwierigkeiten bei der Oberflächenbehandlung mit bestimmten Kunstharzlakken, besonders bei Polyesterlacken werden die Trocknungsreaktionen unterbunden. Beim Rio Jacaranda können harzreiche Holzzonen Anstrichschäden verursachen.

Fehler: Sissoo bleicht sehr aus. Krümmungen, unrunde Formen und Hohlkehligkeit im Rundholz; feine mineralische Einschlüsse und Oxydationsverfärbungen. Sägespäne und Holzstaub verursachen Reizungen (Dermatitis). Zonenabweichungen = Ohren.

Eignung und Verwendung: Als Messerfurnier ein begehrtes, dekoratives Ausstattungsholz, besonders für Luxuseinrichtungen sowie als Möbelfrontenfurnier für eine bestimmte Stilrichtung. Als Vollholz für Drechslerarbeiten und Schnitzereien sowie für Holzblasinstrumente, Wasserwaagen, Druckstöcke, Bürstenrücken, Knöpfe usw. Eines der teuersten Überseeimporthölzer, das nicht mehr als Rundholz exportiert werden darf.

Pao rosa (PRS)

Boto, Oken, Kisasamba, Nsakala

Swartzia fistuloides

Famalie: *Caesalpiniaceae*

Es kommen Handelsnamensverwechslungen mit *Rhamnus zeyheri* aus Ostafrika vor.

Vorkommen: Vorwiegend im südlichen Mayombewald des Kongos und der Enklave Cabinda, gelegentlich auch in Nordwestkamerun, Gabun und Zaire.

Baumbeschreibung: Wenig zylindrische, nicht immer sehr gerade, mittelgroße Bäume mit Durchmessern von 50 bis 70, selten über 90 cm, astfreie Stammschäfte bis 10 m.

Farbe: Der schmale, blaßgelbweiße, teils auch blaßrosafarbene Splint ist deutlich vom kräftig rosafarbenen über dunkelroten bis rotvioletten Kernholz abgesetzt. Das Kernholz dunkelt nach und ist dann deutlich durch hochrote, nach den Zuwachszonen hin nicht immer parallel verlaufende Zonen lebhaft gestreift. Dem Licht ausgesetzt, verliert die unbehandelte Naturfarbe an Intensität.

Makroskopisches Erscheinungsbild und Gesamtstruktur: Die mittelgroben, ziemlich zahlreichen Gefäße sind durch bandartiges, enges Speichergewebe verbunden. Durch den stockwerkartigen Aufbau der Holzstrahlen sowie die Dunkel- und Hellbänderung erhält das Holz eine intensive, entfernt palisanderähnliche Fladerung.

Eigenschaften: $r_{15} = 0{,}95$ g/cm^3, Landungsgewicht 1150 kg/mm^3, mäßig schwindend; hohe Festigkeitswerte, besonders gute Druck- und Biegefestigkeit. Sehr hart und witterungsfest.

Bearbeitung und Oberflächenbehandlung: Vorwiegend Messern, gelegentlich Sägen. Die Einmesserung ist jedoch ziemlich schwierig und setzt gründliches Dämpfen oder Kochen voraus. Trotz der Härte sonst gut mit allen Werkzeugen zu bearbeiten. Nägel und Schrauben sind vorzubohren. Gut zu verleimen. Die Trocknung erfolgt langsam mit Neigung zum Reißen und Werfen. Gehobelte Flächen sind von dichter, harziger Glätte, jedoch unter Umständen widerspänig. Gut zu drechseln.
Alle üblichen Oberflächenmittel sind anwendbar, besonders gut zu polieren, jedoch Vorsicht bei Polyesterlacken.

Fehler: Krümmungen, gelegentlich größere Farbschwankungen.

Eignung und Verwendung: Wegen seiner schönen, markanten, palisanderähnlichen enggestreiften Struktur ein dekoratives Furnierholz für anspruchsvolle Innenausstattungen. Als Palisanderersatz auch für wenig sichtbare Teile, z. B. Möbelfüße, geeignet.

Pappel (PA)

Poplar, Peuplier

Populus alba = Silberpappel
P. nigra = Schwarzpappel
P. canadensis = Kanadische Pappel
P. tremula = Zitterpappel oder Aspe oder Espe

Es gibt sehr viele verschiedene Pappeluntervarietäten bzw. Neuzüchtungen; das heute allgemein anzutreffende Pappelholz stammt von Hybriden, da durch Auslesezüchtung raschwüchsige, forst- und holzwirtschaftlich interessante Sorten gezüchtet werden.

Familie: *Salicaceae*

Vorkommen: Europa, Mittel- und Nordasien, Japan und Nordamerika.

Baumbeschreibung: Die Wuchsleistung der einzelnen Pappelarten ist sehr verschieden und standortabhängig. Es gibt Hybridenneuzüchtungen, die nach 30 Jahren schon 60 cm Durchmesser erreichen können mit astfreien, zylindrischen Stammschäften bis 15 m.

Farbe: Allgemein weißlich, weißgrau bis bräunlich mit folgenden Unterschieden: Der Kern der Schwarzpappel ist sehr hellbraun, häufig mit einem grünlichen Schimmer.
Der Kern der Silberpappel ist rötlichgelb bis gelbbraun.
Die Zitterpappel ist ohne Kernfärbung.

Makroskopisches Erscheinungsbild und Gesamtstruktur: Die Jahrringe sind oft ziemlich breit und je nach Art mehr oder weniger deutlich durch ein feines, schmales, dunkleres Band begrenzt. Die Zitterpappel hat etwas dunklere Spätholzzonen, ist sonst aber strukturlos, jedoch sind Markflecken vorhanden. Die Silberpappel hat dunkle, deutlicher abgesetzte Jahrringe, jedoch keine Markflecken; die Schwarzpappel ist ihr sehr ähnlich. Die Kanadische Pappel hat helles Kernholz und wenig deutliche Jahrringgrenzen. Viele feine Gefäße, auch die Porenrillen auf dem Längsschnitt sind sehr fein. Feine, unregelmäßige Holzstrahlen, frei nicht zu erkennen.
Im Licht kann Pappelholz auffallend glänzen, hat sonst aber eine feine, wenig betonte Fladerung bzw. Streifung und ist dem Weidenholz sehr ähnlich bzw. kann auch etwas an Nadelholz erinnern. Das Holz der Schwarzpappel ist oft spannrückiger und astiger.

Eigenschaften: r_{15} = 0,45 bis 0,56 g/cm^3, Landungsgewicht 720 kg/m^3, wegen seiner gleichmäßigen Struktur mäßig schwindend; gutes Stehvermögen, hohe Abnutzungsfestigkeit, gelegentlich besonders breitringiges Holz, etwas filzig. Nicht witterungsfest. Pilz- und insektenanfällig. Die Zitterpappel hat einen eigentümlichen Geruch. Es gibt auch Pappelmaser (= Mappa).

Bearbeitung und Oberflächenbehandlung: Vorwiegend Schälen und Sägen, gelegentlich Messern. Mit scharfen Werkzeugen leicht und sauber zu bearbeiten. Neigt kaum zum Reißen, häufig aber bei der Trocknung zum Werfen. Läßt sich gut verleimen.
Gut zu beizen, jedoch schlecht zu polieren.

Fehler: Krümmungen, Hohlkehligkeit, Verfärbungen.

Eignung und Verwendung: Überwiegend als Blindholz für Furniere. Gutes Schälaustauschholz für Abachi und Okoume. Konstruktionsholz für geringe bis mittlere

Beanspruchung im Innenbau, für Verpackungen, Holzschuh- und Prothesenherstellung geeignet. Aspe für die Zündholzindustrie und den Flugzeugbau. Von der Schwarzpappel werden auch Maserknollen zu Furnieren aufgearbeitet. Schwarz- und Kanadische Pappel sind am wertvollsten.

Parana Pine (PAP)

Brasilianische Araukarie, Brasilkiefer, Pinho brasileiro

Araucaria angustifolia (= A. brasiliana)

Familie: *Araucariaceae*

Trotz der auf Kiefer hinweisenden Handelsbezeichnung gehört dieses Holz nicht zu den echten Kiefern (= *Pinus*).

Vorkommen: Südbrasilien, Uruguay, Nordwestargentinien.

Baumbeschreibung: Mittelgroße, gerade, zylindrische Stämme, auf 25 m astfrei mit Durchmessern von 80 bis 150 cm.

Farbe: Das gelblichgraue, bis 10 cm breite Splintholz hebt sich nur schwach vom gelblich bis blaßhellbraunen Kernholz ab. Unregelmäßige, violettrötliche bis braune Farbstreifen durchziehen das Kernholz; es dunkelt nur schwach nach. Gehobeltes Holz hat auf allen Flächen einen seidigen Glanz.

Makroskopisches Erscheinungsbild und Gesamtstruktur: Nur wenig betonter Unterschied zwischen Früh- und Spätholz; die Jahrringe sind auf dem Hirnschnitt durch ein sehr schmales, dunkelrotes Spätholzband gerade noch wahrnehmbar und bewirken auf dem Längsschnitt keine besondere Struktur. Harzkanäle sind nicht vorhanden. Die sehr kleinen Holzstrahlen ergeben auf dem Radialschnitt ganz kleine, braune Spiegel. Ein schlicht strukturiertes, feines, dichtes, gradfaseriges, sehr glattes, mäßig bis stark farbiges Nadelholz.

Eigenschaften: $r_{15} = 0{,}55$ g/cm^3, Landungsgewicht 900 kg/m^3, jedoch hat das Gewicht einen großen Streubereich. Entsprechend schwindet das Holz auch sehr verschieden von mäßig bis stark, und das Stehvermögen ist ohne genügende Klimatisierung häufig unbefriedigend, weil eine deutliche Neigung zum Verziehen besteht. Ein mäßig festes und mäßig hartes Holz, dessen technologische Festigkeitseigenschaften unserem Kiefernholz recht nahekommen. Es ist geruchlos und harzt nicht. Seine Witterungsbeständigkeit, besonders im Splintholz, ist mäßig. Neigung zum schnellen Verblauen, was für die fob-Verladung von Brasilien und den anschließenden Seetransport ohne guten Holzschutz ein erhebliches Risiko sein kann.

Bearbeitung und Oberflächenbehandlung: Vorzugsweise Sägen und Schälen, gelegentlich auch Messern. Bei genügendem Kraftaufwand mit allen Werkzeugen gut zu bearbeiten, wobei durch Hobeln und Fräsen glatte Flächen erzielt werden. Die Trocknung, besonders in der Kammer, bedarf wegen ungleicher, strukturell bedingter Feuchtigkeitszonen besonderer Vorsicht sowie viel Zeitaufwand und verlangt eine Nachklimatisierung. Alle Holzverbindungen halten gut. Bei der Oberflächenbehandlung ist für die Außenverwendung ein chemischer Schutz unbedingt erforderlich; nach Möglichkeit sollte auf eine Verwendung im Freien ganz verzichtet werden. Hingegen sind für die Innenverwendung alle Oberflächenbehandlungsmittel gut geeignet, denn das Holz ist ein vorzüglicher Anstrichträger.

Fehler: Schnelle Verblauung; Neigung zum Verziehen; auffällige Maßänderungen in Faserrichtung bei großen Längen; nicht witterungsfest; 1 bis 3 mm große bräunliche Punktäste.

Eignung und Verwendung: Als Vollholz im Innenausbau für flächige Wandverkleidungen (Profilbretter), für Treppengeländer,

Fußböden, Regale sowie überhaupt überall dort, wo es auf gute Kanten- und Oberflächenglätte ankommt. Ferner für Leisten, Stiele und als Schälfurnier für Sperrholz.

Pitch Pine (PIP) (PIR)

(= Red Pine, Carolina Pine)
Southern Yellow Pine, Hard Pine, Pech-, Parkett-, Gelbkiefer

Überwiegendes Kernholz ist Pitch Pine; mehr splintige Seitenware ist Red Pine; weitringiger Zweitwuchs mit wenig Kern, vorwiegend von der Shortleaf Pine, ist Carolina Pine.

Pinus rigida	= Pitch Pine
P. taeda	= Loblolly Pine (Carolina Pine)
P. palustris	= Longleaf Pine
P. echinata	= Shortleaf Pine
P. elliottii	= Slash Pine
P. caribaea *P. oocarpa*	= Honduras- oder Nicaragua Pitch Pine

Familie: *Pinaceae*

Vorkommen: Die Pitch-Pine-Gruppe wächst in den südöstlichen Vereinigen Staaten sowie in Mittelamerika, vorzugsweise in Guatemala, Honduras und Nicaragua. Bedeutende Neuanpflanzungen in Brasilien mit *P. elliottii.*

Baumbeschreibung: Mittelgroße, gradschäftige und zylindrisch ausgeformte Bäume mit Durchmessern von 40 bis 70 cm bei astfreien Stammschäften von 10 bis 18 m.

Farbe: Das in seiner Breite stark variierende Splintholz ist (außer dem noch breiteren Splint bei Carolina Pine) meist um 5 bis 10 cm breit und von gelblichweißer bis blaßbrauner Farbe. Das in der Färbung vom Spätholzanteil sehr abhängige gelblichbraune bis braune Kernholz ist dann durch den hohen Harzgehalt matt glänzend und dunkelt zu Tiefbraun nach. Das Frühholz ist hingegen gelblichweiß bis blaßbraun.

Makroskopische Erscheinungsbild und Gesamtstruktur: Poren sind nicht vorhanden, aber Harzkanäle sind auf den Längsschnitten als braune bis schwarze Linien noch wahrzunehmen. Deutlich abgesetzte Jahrringgrenzen, in feinjährigen Qualitäten ist das Frühholz oft nur doppelt bis ebenso breit wie das Spätholz. Die vom Wuchsstandort abhängigen Jahrringbreiten schwanken zwischen 1 und 20 mm; die mittlere Breite für gute Qualitäten liegt etwa bei 4 mm. Das dunklere Spätholz bewirkt auf den Längsflächen Fladerung bzw. Streifen. Die sehr feinen Holzstrahlen sind nur als feine Spiegel erkennbar. Schweres, harzreiches Kiefernholz.

Eigenschaften: $r_{15} = 0{,}71$ g/cm^3, abhängig vom Spätholz- und Harzanteil schwankt das Gewicht erheblich, dunkelbraune Hölzer können bis 30 Prozent schwerer sein. Landungsgewicht 850/950 kg/m^3. Das Raumschwindmaß übersteigt mit 12,8 Prozent das der meisten anderen Nadelhölzer. Seine Festigkeit hängt sehr vom Gewicht und der Jahrringbreite ab. Meist gradfaserig gewachsen. Stark schwankender Harzgehalt; ziemlich säurefest, Kernholz witterungsfest und dauerhaft, jedoch nicht das Splintholz.

Bearbeitung und Oberflächenbehandlung: Vorwiegend Sägen, jüngst auch Einmesserung. Für hochwertige Verwendungen empfiehlt sich Rift- und Fladerschnitt. Diese und die anschließenden Bearbeitungsgänge durch Hobeln, Bohren, Fräsen bereiten keine Schwierigkeiten, wenn auch bei harzreichen Qualitäten mit einem stärkeren Verschmutzen der Werkzeuge sowie einer erhöhten Spaltbarkeit zu rechnen ist. Überdurchschnittlich weitringiger Wuchs kann das Fräsen und Bohren beeinträchtigen. Die Trocknung verläuft gut, jedoch langsam. Stärkerer Harzgehalt wirkt sich sowohl bei der Verleimung als auch bei der Trocknung nachteilig aus. Gleichmäßig strukturierte Hölzer haben ein befriedigendes Stehvermögen, im übrigen sehr abhängig von der Einschnittform, z. B. Riftschnitt. Für die Außenverwendung sind pigmentierte Imprägnierlasuren sowie farbige Deckanstriche auf Dispersions-, Ölkunstharz- oder Alkydharzbasis, gegebenenfalls nach entsprechendem Entharzen mit Nitroverdünnungen, zu empfehlen. Polyesterlackschäden sind zu erwarten. Auf eine sorgfältige Trocknung mit max. 12 Prozent Holzfeuchte, auch vorbeugend wegen eines evtl. Harzaustrittes bei starker Erwärmung, ist bei Deckanstrichen besonders zu achten.

Fehler: Breitringigkeit, Harzgallen sowie im Splint Verfärbungsgefahr; in der splintreichen Carolina- und Shortleaf Pine Verblauungsgefahr.

Eignung und Verwendung: Vorwiegend verkernt im Vollholzsektor eines der technisch wertvollsten und begehrtesten Nadelhölzer für Verwendungen, bei denen die Festigkeit anderer Kiefernhölzer sowie die von Lärche und Oregon Pine nicht mehr ausreicht. Ausstattungsholz für Vertäfelungen und Türen. Kernhölzer sind besonders für den Behälterbau in der chemischen Industrie, als Decks im Schiffs- und Bootsbau, als Konstruktionsholz, für Fenster, Treppen, Parkett, Tore, Saps für Fußböden zu verwenden. Spezialeinsatzgebiete sind Spurlatten im Bergbau sowie im Maschinenbau. Splintware wird mehr im Innenausbau verwendet, besonders Yellow Pine-Saps als Golfware für Profilbretter (=Splintware). Die Sortierungsbasen für den Import sind heute meist:
Genoa Prime (=hoher Kernholzanteil),
amended Genoa Prime (=geringer Kernholzanteil),
Saps (=kernfreies Material).
Die DIN-Vorschriften 68125 für Parkettriemen, 68126 für Profilbretter, 68127 für Glattkant- und Akustikprofilbretter und 4072 für Hobeldielen sind zu beachten. Für den US-Export gelten heute: Southern Pine Inspection Bureau - Export Grading Rules.

Pockholz (POH)

Lignum vitae, Gaiac, Palo Santo, Guayacan bzw. mit Herkunftsbezeichnungen Domingo P., Nicaragua P. usw., Franzosenholz

Guaiacum guatamalense, G. officinale, G. sanctum

Familie: *Zygophyllaceae*

Mit der Bezeichnung Guayacan werden auch Pockersatzhölzer erfaßt, wie z. B. Vera P. von *Bulnesia arborea,* auch Maracaibo Lignum vitae oder Verawood von Venezuela genannt.

Vorkommen: Westindische Inseln, Zentralamerika, besonders in Mexiko, Guatemala, Honduras, Nicaragua, Panama sowie in Nordkolumbien und Nordvenezuela.

Baumbeschreibung: Die kleineren Bäume weisen nur Durchmesser zwischen 25 und 35 cm auf, nur selten kommen - z. B. aus Nicaragua - bis doppelt so starke Abmessungen vor. Die Stämme werden nur sehr kurz ab 60 cm bis 300 cm Länge ausgehalten. Der Baum fällt heute für einige Herkünfte unter das internationale Washingtoner Artenschutzabkommen.

Farbe: Splintholz schmal, hellgelb, bei *G. sanctum* viel breiter. Ihm folgt eine durch grüne Gefäßeinlagerungen schmutziggefärbte Übergangszone. Daran schließt das dunkelolivbraune Kernholz an. Dieses variiert zwischen Grüngelb bis zu Maronenbraun mit heller Streiferzeichnung und kann an Licht und Luft nachgrünen.

Makroskopisches Erscheinungsbild und Gesamtstruktur: Die feinen, nicht zahlreichen, zerstreut angeordneten, merkmalsarmen Gefäße sind nur im Splintholz mit freiem Auge erkennbar, sie neigen teilweise zu einer leicht ringporigen Anordnung. An der Splint/Kerngrenze sind sie durch grüne Anfüllungen als Pünktchen deutlich. Die Porenrillen sind in der ganzen Länge verstopft. Auf dem Hirnschnitt sind undeutliche Zuwachszonen angedeutet. Die besonders feinen, stockwerkartig angeordneten Holzstrahlen bewirken eine undeutliche Streiferzeichnung. Das Holz hat tief rötlichbraunes, kautschukartiges Harz, das nach der Oxydation eine blaue bis bläulichgrüne Farbe annimmt. Es fühlt sich wachsig-ölig an. Bei feiner Struktur mit einem ausgeprägten, besonders engen Wechseldrehwuchs verursacht dieser abwechselnd eine dunkle und glatte bzw. eine helle und rauhe Steifigkeit.

Eigenschaften: $r_{15} = 1{,}23$ g/cm^3, Landungsgewicht 1450 kg/mm^3, stark schwindend bei mäßigem Stehvermögen. Neigung zu radialen bzw. Ringrissen, sehr hart mit sehr hohen Festigkeitswerten. Auffallend ist die sehr geringe dynamische Festigkeit. In frischem Zustand unangenehmer Geruch, besonders reich an wasserabweisenden Inhaltsstoffen. Sehr dauerhaft sowie säure- und witterungsfest.

Bearbeitung und Oberflächenbehandlung: Die Bearbeitung mit Hand- und Maschinenwerkzeugen ist sehr schwierig, obgleich sie die Werkzeuge wenig stumpft. Dieses zähe und dichte Holz mit seinem unregelmäßigen Faserverlauf läßt sich schwer spalten. Gut zu drechseln, schwer zu verleimen. Die Trocknung ist schwierig; sie sollte künstlich nur dort durchgeführt werden, wo unbedingt notwendig. Hierbei muß mit Harzausfluß gerechnet werden.

Fehler: Ringschäle, Harzausfluß.

Eignung und Verwendung: Als Vollholz für Maschinenlager, Lagerfutter, für Schiffsschraubenwellen, Rahmenführungen, Riemenscheiben, Kegelkugeln, Hämmer, Griffschalen, Zahnräder und ähnliches, wo es auf Härte und Fettgehalt ankommt. Es werden ferner Drogen extrahiert.

Radiata Pine (PII)

Insignis Pine, Monterey Pine, Pino insigne, Radiata Kiefer

Pinus radiata (= P. insignis)

Familie: *Pinaceae*

Vorkommen: Die Heimat liegt an der Westküste der USA in Kalifornien, besonders auf der Halbinsel Monterey. Wiederaufforstungen fanden im größeren Stil in Chile statt (= 1,3 Mio. ha) sowie auf Neuseeland. Später wurden in allen klimageeigneten Regionen, z. B. Australien, Südafrika, Pyrenäen-Halbinsel, Anpflanzungen vorgenommen.

Baumbeschreibung: Je nach Bestandesschluß ein ziemlich gerader und zylindrisch gewachsener, meist im Kurztrieb dreinadeliger Kiefernbaum, welcher jedoch schon sehr tief reichlich Astansätze zeigen kann, wenn auch in alten, guten Kulturen Südchiles astfreie Stammlängen bis über 20 m bei maximaler Gesamthöhe von 40 m und Durchmessern bis 1 m im Alter von 50 Jahren vorkommen können.
Die Einschläge aus jüngeren Anpflanzungen haben jedoch nur etwa 40 cm Durchschnittsdurchmesser und teils stärkere Astigkeit. Vereinzelter Drehwuchs kommt vor. Der Baum gedeiht auf armen und trockenen Böden, wenn das Klima milde ist.

Farbe: Breiter, weißer bis gelblicher Splint bis zu 15 cm, farblich abgesetztes hellbraunes bis blaßrötlichbraun gefärbtes Kernholz, welches sich aber erst bei stärkeren Durchmessern ausbildet.

Makroskopisches Erscheinungsbild und Gesamtstruktur: Je nach Waldbautechnik und Wuchsstandort Jahrringe bis über 4 cm Breite, welche deutlich durch ein scharf abgesetztes braunes Spätholz hervortreten. Die Spätholzbreite nimmt mit zunehmender Breite des Jahrringes anteilmäßig ab. Die Spätholzstreifen (radial) und die Fladern (tangential) sind bei ungewöhnlich breiten Jahrringen sehr deutlich. Radiata Pine ist als Nadelholz porenlos und hat kleine heterogene Holzstrahlen, welche als feine Spiegel auf den radialen Spaltflächen noch gut erkennbar sind. Die Äste sind häufig in Gruppen quirlförmig angeordnet und können 2 bis 4 cm Durchschnittsdurchmesser aufweisen.

Eigenschaften: $r_{15} = 0{,}48$ bis 0,60 g/cm³ (sehr abhängig von der Jahrringbreite) mit bis 40 Prozent Streubereich, Landungsgewicht 800 bis 850 kg/m³. Dieses grobjährige und hellfarbige Kiefernholz hat ein befriedigendes bis gutes Stehvermögen, sofern der Faserverlauf gerade ist (Raumschwindmaß = 11 Prozent); einmal getrocknet, ist es sehr formstabil.

Bearbeitung und Oberflächenbehandlung: Der Einschnitt bereitet keine Schwierigkeiten, jedoch ist das trockene Kiefernholz durch die breiten Frühholzanteile recht druckempfindlich; deshalb muß man sehr gut geschärfte Werkzeuge einsetzen, um ein Wolligwerden der Oberflächen zu vermeiden. In diesen Frühholzzonen ist die Schraub- und Nagelfestigkeit beeinträchtigt, Verleimungen halten gut. Das Holz trocknet schnell und gut.
Das Splintholz ist mit allen Oberflächenmitteln zu behandeln, jedoch ist eine vorherige Entharzung mit entsprechenden Lösungsmitteln zu empfehlen. Bei Außenverwendungen sind tiefwirksame Holzschutzmittel anzuwenden. Vor dem Export erfolgt in der Regel schon eine Pentachlorphenol-Tauchtränkung des Schnittholzes (für Deutschland nicht mehr erlaubt).

Fehler: Starke Astigkeit, teils mit Durchfallästen im schwachen Schnittholz, und ein oft damit verbundener hoher Harzgehalt. Das Splintholz ist für Pilzbefall recht anfällig.

Eignung und Verwendung: Dieses Kiefernholz empfiehlt sich besonders für Verpakkungszwecke wie Paletten u.ä., im Bauwesen als Schalware sowie für zusammengesetzte Blindhölzer. In Chile ist es heute ein wichtiges Faserholz zur Zellstoff- und Papiererzeugung, da es eine gute Faserlänge hat. Bessere, engringige Qualitäten mit geringerer Jahrringbreite können begrenzt ähnlich wie hiesige Kiefernhölzer eingesetzt werden. Geeignete Exportqualitäten: P1 und P2, nur sehr begrenzt noch die drittklassige P3.

Ramin (RAM)

Melawis, Garu buaja, Ramin telur

Gonystylus bancanus

Familie: *Gonystylaceae*

Es gibt noch weitere, sehr ähnliche, jedoch schwerere Arten, z.B. Ramin batu von *G. macrophyllus.*

Vorkommen: Indonesien sowie Westküste von Malaysia.

Baumbeschreibung: Sehr zylindrische, gradschäftige, mittelgroße Bäume, die selten Fehler durch Spannrückigkeit oder Drehwuchs aufweisen, jedoch nur schwache Durchmesser von 40 bis 80 cm erreichen; astfreie Stammschäfte um 14 m.

Farbe: Das etwa 5 cm breite, gelbliche Splintholz unterscheidet sich kaum vom frischen Kernholz, das nach Austrocknung einen fast weißgelben Farbton annimmt und bei starker Belichtung etwas zu Blaßgelblich nachdunkelt.

Makroskopisches Erscheinungsbild und Gesamtstruktur: Die zerstreut angeordneten, nicht sehr zahlreichen, mittelgroben Poren beeinflussen das Holzbild etwas, weil sie häufig feine dunklere Einlagerungen zeigen, die in den lang ausgezogenen Porenrillen erkennbar sind. Die sehr schmalen Holzstrahlen verursachen eine mattglänzende Spiegelbildung. Sehr gradfaserig, gleichmäßige Struktur. Dadurch wirkt das Holzbild schlicht.

Eigenschaften: $r_{15} = 0{,}65$ g/cm³, Landungsgewicht 930 kg/m³, Biegefestigkeit 110 N/mm². Ein im Verhältnis zum niedrigen Gewicht überdurchschnittlich festes Holz, das mäßig schwindet. Außer einer schon möglichen Bläue am stehenden Stamm neigt auch das Rund- und Schnittholz sehr schnell zum Verblauen. In überalterten Stämmen können harte, dunkelbraune Kernholzzonen vorkommen.

Bearbeitung und Oberflächenbehandlung: Vorzugsweise Sägen, gelegentlich auch Schälen und Messern. Der Einschnitt bereitet grundsätzlich keine Schwierigkeiten, wenn er auch die Werkzeuge etwas stärker stumpft. Durch Hobeln, Fräsen und Bohren lassen sich glatte und scharfkantige Flächen erzeugen. Alle Holzverbindungen halten gut, jedoch empfiehlt sich ein Vorbohren. Die Schnittholzstapelung muß wegen der sehr schnell möglichen Blauverfärbung besonders sorgfältig erfolgen, bzw. ist eine sofortige Holzschutzbehandlung gegen Pilzbefall erforderlich. Das Holz trocknet schnell, wobei der Vorgang weich gesteuert werden muß, denn der gleichmäßige Aufbau kann entstehende Endrisse rasch auf die ganze Länge übertreten lassen. Im Freien werden 1” dicke gestöckerte Bretter schon nach 30 Tagen 20 Prozent Holzfeuchte erreichen.
Für die Oberflächenbehandlung ist Ramin ein guter Anstrichträger, wobei sich für die Innenverwendung alle gebräuchlichen farblosen und transparenten sowie pigmentierten Mittel empfehlen. Besonders gut zu beizen.

Fehler: Innenbläue, wird auch schnell von Außenbläue befallen, deshalb für die Außenverwendung ungeeignet. Nicht witterungsfest.

Eignung und Verwendung: Aufgrund seines gleichmäßigen, gradfaserigen Aufbaus besonders für alle Formen von Leisten, Profilbrettern und für Rundstäbe. Gelegentlich auch als Schäl- und Messerfurnier für helle Spezialsperrhölzer verwendbar. Nach entsprechendem Beizen ein Nußholzersatz.

Rauli (RAU)

Chilean Beech, Roble pellin

Nothofagus procera

Familie: *Fagaceae*

Vorkommen: Mittel- bis Südchile, besonders zwischen dem 35. und 40. Grad südlicher Breite.

Baumbeschreibung: Im Mischwald, meist mit Coigue *(= N. dombeyi)* vergesellschaftet, erreicht der Baum 30 bis über 40 m Höhen bei Durchmessern von 50 bis 70 bis 125 cm. Die auf 20 m astfreien Nutzholzschäfte sind teilweise nicht sehr zylindrisch und gerade ausgeformt, sondern weisen Krümmungen und Verwachsungen auf.

Farbe: Graurosa- bis graubraungefärbter, schmaler Splint. Kernholz hellrot bis rotbraun, etwas der Rotbuche und dem Birnbaumholz ähnelnd, häufig seidigglänzend.

Makroskopisches Erscheinungsbild und Gesamtstruktur: Schmale Zuwachszonen, auf dem Hirnschnitt durch an Größe und Dichte stark abnehmende Poren sowie dunkleres Spätholz markiert. Die mittelgroben, sehr zahlreichen und zerstreut angeordneten Poren beeinflussen durch ihre dunklen Frühholzgefäße das Holzbild, indem sie im Tangentialschnitt eine hübsche Fladerzeichnung verursachen. Die feinen, zahlreichen Holzstrahlen sind als kleine Spiegel gut sichtbar. Ein gradfaseriges, dekoratives, im Aufbau etwas der Rotbuche und Birne ähnelndes Holz.

Eigenschaften: $r_{15} = 0{,}65$ g/cm^3, Landungsgewicht 1000 kg/m^3, welches mäßig schwindet bei einem Volumenschwindmaß von 13,1 Prozent. Sehr biegsam mit Festigkeitseigenschaften, die denen der Schwarzerle ähneln. Bricht schwach warnend mit kurzsplittrigem Bruchgefüge. Bedingt dauerhaft.

Bearbeitung und Oberflächenbehandlung: Die Trocknung erfolgt langsam, jedoch

ohne besondere Neigung zum Reißen. Einmal getrocknet, hat Rauli ein gutes Stehvermögen. Schrauben halten gut, Nägel sollen vorgebohrt werden.
Rauliholz bereitet keine Schwierigkeiten bei der Bearbeitung, im Gegenteil, es läßt sich sehr gut einschneiden und auch nach entsprechendem Dämpfen für die Furniererzeugung gut verarbeiten. Es sind sehr glatte, seidig glänzende Oberflächen herzustellen. Rauli ist gut zu drechseln und ein guter Anstrichträger für alle Oberflächenbehandlungsmittel, auch Leime werden gut angenommen.

Fehler: Nicht immer sehr gerade und zylindrisch ausgeformt, überalterte Bäume neigen zur Kernhohlfäule, nicht witterungsfest.

Eignung und Verwendung: Sein Einsatz erfolgt in erster Linie als Vollholz im Möbelbau, jüngst zunehmend als Austauschholz für Kirschbaum. Es ist im übrigen für alle Gebiete, bei denen sonst Rotbuche verwandt wird, gut einsetzbar wie z.B. auch für Parkett. Gutes Schnitzholz und jüngst auch als Schälholz erfolgreich in der chilenischen Sperrholzindustrie eingesetzt.

Redwood (RWK)

California Redwood, Sequoia, Vavona (für Maserknollen)

Sequoia sempervirens

Familie: *Taxodiaceae*

Vorkommen: Westküste der USA vom südlichen Oregon bis nordwestlichen Kalifornien.

Baumbeschreibung: Es sind mit die größten Bäume der Erde mit Höhen bis über 100 m bei Durchmessern von über 4 m, am Stammfuß bis über 8 m. Stämme aus Primärwäldern sind 1 bis 3 m stark, gradschäftig, bis auf 40 m Länge praktisch astfrei. (Der Mammutbaum stammt von *Sequoiadendron giganteum* und ist weniger hoch, aber noch dicker.)

Farbe: Das 2 bis 4 cm breite, weiß- bis gelblichgraue Splintholz hebt sich von dem frischen, zunächst rötlichen, leicht violettgetönten Kernholz ab. Nach längerer Belichtung wird das Kernholz rötlichbraun. Es hat einen natürlichen Glanz.

Makroskopischen Erscheinungsbild und Gesamtstruktur: Jahrringgrenzen deutlich vorhanden. Übergang Frühholz – Spätholz innerhalb des sehr gleichmäßigen und engen Jahrringaufbaus sehr deutlich. Hierdurch entsteht auf dem Längsschnitt eine ausgeprägte Fladerung bzw. Streifung oder Linierung. Die unregelmäßigen Holzstrahlen sind sehr fein, nur auf den radialen Flächen als kleine, unter 1 mm hohe Spiegel noch erkennbar. Feines bis ziemlich grobes und gleichmäßig strukturiertes, gradfaseriges Nadelholz. Mit dünneren Spätzholzzonen hat es eine feinere Struktur als mit breiten.

Eigenschaften: $r_{15} = 0{,}45$ g/cm^3, Landungsgewicht 850 kg/m^3. Das weiche Holz hat ein gutes Stehvermögen. Die Festigkeitseigenschaften können entsprechend der Jahrringbreite variieren. Hervorzuheben ist die Harzfreiheit und eine gute Wärmeisolation. Witterungsfest, säurefest, pilz- und insektenfest sowie schwer entflammbar. Nicht aromatisch.

Bearbeitung und Oberflächenbehandlung: Vorwiegend Sägen, gelegentlich auch Schälen und Messern. Bei geringem Kraftaufwand sauber und gut zu bearbeiten sowie glatt spaltbar. Die selten vorkommenden grobjährigen Qualitäten neigen beim Fräsen, Bohren und Drechseln zu »wolligen« Flächen. Gut zu verleimen. Eisenmetalle und Alkalien verursachen je nach Feuchtigkeit tiefgehende braune bis schwarze Reaktionsverfärbungen. Die künstliche Trocknung ist vorsichtig zu steuern, Freilufttrocknung ist zu bevorzugen.
Für die Oberflächenbehandlung sind farblose Lasuren und Mattierungen zu empfeh-

Tafel 11 - Laubhölzer

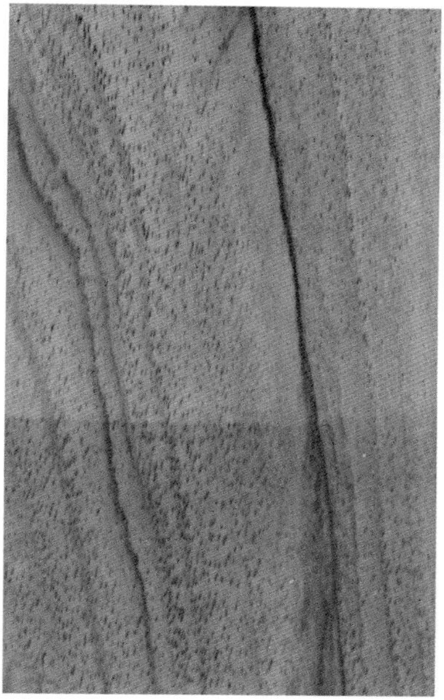

Nußbaum

Amazakoue

Tchitola

Aningre (blanc)

Tafel 12 - Laubhölzer

Teak

Afrormosia

Mansonia

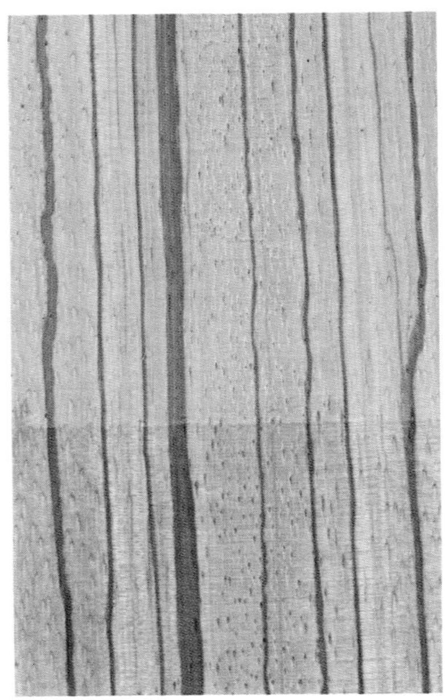

Zebrano

len. Für einen besonderen Schutz sind transparente Lacke zu bevorzugen.

Fehler: Abholzigkeit, oxydative Verfärbungen.

Eignung und Verwendung: Vor allem in flächenbildender Form, wo es auf eine ansprechende Naturfärbung und Struktur ankommt, z. B. im Innenausbau für Akustik-, Wand- und Deckenbekleidungen, Raumteiler, Leisten und Rahmenwerk; im Außenbau für Fenster, Wand- und Balkonverkleidungen, Garagentore, Fensterläden, für Schwimmhallen und Whirlpools sowie im Fahrzeugbau. Spezialverwendung für chemische Behälter, Verpackungsmaterial, Musikinstrumente, Masten, Schwellen. Vavona Maserknollen sind als Furnier sehr begehrt.

Robinie (ROB)

Falsche Akazie, Schotendorn, Yellow Locust

Robinia pseudoacacia

Familie: *Fabaceae*

Vorkommen: Ursprünglich im südöstlichen Nordamerika (Virginia) beheimatet, heute in Mittel- und Südosteuropa, bes. Ungarn.

Baumbeschreibung: Häufig etwas unförmige Bäume mit Durchmessern bis 80 cm und astfreien Stammschäften bis 10 m.

Farbe: Schmales, hellgelbes bis grünliches Splintholz, davon scharf abgesetzt das Kernholz, von Gelbgrün bis Grünlichblau zu Goldbraun nachdunkelnd. Gehobelte Flächen goldglänzend.

Makroskopisches Erscheinungsbild und Gesamtstruktur: Große Gefäße im Frühholz als helle Punkte ringförmig angeordnet. Spätholzporen durch feine und helle Speicherzellenfelder markiert. Zerstreute, sehr feine, unregelmäßig angeordnete Holzstrahlen, die im Spiegelschnitt als hellglänzende Bandstücke erscheinen. Die groben Porenrillen sind deutlich. Streifung bzw. Fladerung, hervorgerufen durch die scharf abgesetzten Jahrringe, bestimmen das Holzbild.

Eigenschaften: $r_{15} = 0{,}77$ g/cm^3, Landungsgewicht 950 kg/m^3, mäßig schwindend. Hart, fester als Eiche, elastisch und sehr biegefähig sowie zäh. Ziemlich pilz-, insektensowie witterungsfest. Auch im Wasser dauerhaft.

Bearbeitung und Oberflächenbehandlung: Vorwiegend Sägen. Nur vereinzelte, hervorragende Stücke als Messerholz. Läßt sich gut bis mäßig gut bearbeiten, jedoch ausgezeichnet drechseln und schnitzen. Nägel und Schrauben sollten vorgebohrt werden; kann nur mäßig gut verleimt werden, da starke Verthyllungen sehr hinderlich sind. Die Trocknung erfolgt mäßig gut und langsam, neigt zum Werfen und Reißen. Gehobelte, saubere Flächen sind glänzend und von einer harzigen Glätte. Alle üblichen Oberflächenbehandlungen sind geeignet.

Fehler: Krümmungen, Drehwuchs; Staub kann zu Dermatitisschäden führen.

Eignung und Verwendung: Parkett, Wagnerarbeiten sowie unter Tage im Bergbau, Karosseriebau, Erd- und Wasserbauten; Konstruktionsholz für starke Beanspruchungen im Maschinenbau. Ferner für Schiffs- und Glasernägel sowie Schuhstifte, Turngeräte und für Wassermühlen, Gerberei, Färberei.

Rüster (RU)

Ulme, Orme, Elm

Ulmus glabra (Synonym = *U. montana*) = Bergulme, Haselulme

U. laevis (Synonym = *U. effusa*) = Flatterulme sowie Weißrüster

U. minor (Synonym = *U. campestris* und *carpinifolia)* = Feldulme, Rotrüster

Zum Teil gibt es auch holzanatomisch nicht identifizierbare Hybriden-Neuzüchtungen.

Familie: *Ulmaceae*

Aus Nordamerikas Osthälfte kommen noch andere Ulmenarten wie White oder Grey Elm (= *U. americana*) und Red Elm (= *U. rubra*).

Vorkommen: Europa; besonders holländische Rüster sind sehr begehrt, jedoch sind durch das »Ulmensterben« die Vorräte erheblich vermindert. Hauptwuchsgebiet: Feldulme im größten Teil Europas bis Südskandinavien sowie südliches Sibirien und Nordafrika; Berg-U. weiter nach Norden reichend sowie bis zu den südlichen Alpen; Flatter-U. Mittel- und Südosteuropa, Kaukasus.

Baumbeschreibung: Zylindrisch, mitunter spannrückig, oft kräftige Wurzelanläufe, Durchmesser von 50 cm bis über 100 cm. Astfreie Stammschäfte bis zu 10 m. Es gibt auch Maserstämme, besonders von *U. carpinifolia* aus Frankreich.

Farbe: Reifkernholzbaum, Splintholz gelblichweiß bis grau, schmal bis breit. Das Kernholz ist schokoladenbraun (Feld-U.) und hellbraun (Berg-U.) und schwankt lebhaft über Hellgrau, Grüngelb bis Rotbraun. Es zeigen sich farblich oft drei deutlich unterscheidbare Zonen: Splint (hell), Reifholz (etwas dunkler), Kernholz (bis ziemlich dunkel). Längere Lagerung führt zur Angleichung der Farbe von Splint- und Kernholz. Der gelblichweiße Splint der Flatter-U. ist über zwei Drittel des Stammdurchmessers breit, bei der Feld-U. ist er am schmalsten.

Makroskopisches Erscheinungsbild und Gesamtstruktur: Auffallende Jahrringe mit im Frühholz groben, in mehrreihigen Ringen angeordneten Gefäßen. Spätholzporen sehr fein, in Gruppen zu feinen, wellig-zackigen Bändern zusammengeschlossen, Holzstrahlen sind bei der Feld-U. als dunklere Spiegel besonders deutlich. Betonte Fladerung bzw. Streifung durch Frühholzporen. Porenrillen deutlich, gelegentlich mit weißen Einlagerungen; Spätholzporen ergeben auf den Tangentialflächen typische, sehr feine, zackige Fladerung. Gehobelte Flächen mattglänzend. Alle Ulmenarten sind holzanatomisch unterscheidbar; Berg- und Feld- U. sind am ähnlichsten, bei der Flatter-U. ist der Frühholzporenkreis oft nur einreihig.

Eigenschaften: $r_{15} = 0{,}75$ g/cm^3, Landungsgewicht 950 kg/m^3 mit erheblichen Schwankungen (Flatter-U. leichter); mäßig schwindend; gutes Stehvermögen. Splintholz gering dauerhaft, Kernholz, besonders in der Erde und unter Wasser, ziemlich dauerhaft. Nicht witterungsfest. Charakteristischer, nicht immer angenehmer Geruch.

Bearbeitung und Oberflächenbehandlung: Feld-U., deren Holz bevorzugt wird, vorwiegend Messern und Sägen. Läßt sich gut bis schwierig bearbeiten. Die Werkzeuge sollen sehr gut geschärft sein und stumpfen gelegentlich ziemlich schnell. Hobeln ist oft schwierig. Die Trocknung erfolgt mäßig gut und langsam mit Neigung zum Reißen und Werfen. Läßt sich gut verleimen. Gedämpftes Holz ist biegbar. Oberfläche gut zu bearbeiten.

Fehler: Drehwuchs, Spannrückigkeit.

Eignung und Verwendung: Als Furnier für Innenausbau und für Möbel, wobei es auch Ulmenmaser (= Zwillen) gibt. Gutes Wagner- und Konstruktionsholz, wo Härte, Stoß- und Druckfestigkeit erforderlich sind. Für Sitzmöbel, Sportgeräte, Parkett. Spezialholz zum Schnitzen. Berg- und Flatterulme sind weniger geschätzt.

Saligna

Saligna-Gum, Sydney-Blue-Gum

Eucalyptus saligna

Familie: *Myrtaceae*

Vorkommen: Ursprüngliche Primärwaldvorkommen nur in Australien von New South Wales bis South East Queensland; heute jedoch weltweit angepflanzt, vor allem in Südamerika (besonders Brasilien, Chile, Paraguay), in Süd- und Ostafrika einschließlich Madagaskar sowie im mediterranen Europa und Nordafrika (besonders in Portugal und Spanien) und in Neuseeland.

Baumbeschreibung: Gegenüber den australischen Urvorkommen, mit Höhen von 35 bis über 50 m und Durchmessern von 80 bis 160 cm, erreichen die Neuanpflanzungen schon in 11 Monaten etwa 4 m Höhe. Diese Plantagen sind u. U. schon nach 25 Jahren nutzungsfähig; man will sie gar nicht älter als 45 Jahre werden lassen, da dieses »junge« Holz für industrielle Zwecke teils viel geeigneter, weil leichter ist und zum Einschnitt auch schon Stämme mit über 50 cm Durchmesser zur Verfügung stehen.

Farbe: Das Zweitwuchsholz ist heller als das aus dem Primärwuchs,wobei die Regel gilt: je dunkler das Holz um so schwerer. Es zeigt auch keinen deutlichen Farbunterschied zwischen Splint- und Kernholz mit einer hellroten bis blaß rosabraun getönten, ungleich tiefen Färbung. Durch teilweise dunklere Spätholzausbildung kann eine schwache Farbstreifung entstehen. Bei intensiver Belichtung erfolgt ein Nachbräunen, das später häufig durch Vergilben abgelöst wird.

Makroskopisches Erscheinungsbild und Gesamtstruktur: Das etwa 3 bis 6 cm breite Splintholz setzt sich etwas vom rosabraunen Kernholz je nach Herkunft mehr oder minder deutlich ab. Die mittelgroßen bis groben, zerstreuten Poren sind häufig in wechselnder Richtung schräg radial angeordnet. Holzstrahlen und Speicherzellen bestimmen das Holzbild nicht. Der Faserverlauf ist teils schwach wechseldrehwüchsig, kann aber auch wellig mit geriegelten Flächen sein.

Eigenschaften: $r_{15} = 0{,}48$ bis $0{,}62$ g/cm^3 (austral. Primärholz = 0,75), Landungsgewicht = 850 bis über 900 kg/m^3, d. h. alle technischen Werte können je nach Anbaugebiet erhebliche Abweichungen sowohl in sich, als noch mehr gegenüber dem Primärholz aufweisen, wobei letzteres immer schwerer und fester ist. Schwindmaß radial = 5,3 Prozent, tangential = 7,9 bis 9,8 Prozent, Raumschwindmaß = 13,6 Prozent (für Primärholz über 20 Prozent), bezogen auf frisch bis lufttrocken. Auch kann junges Plantagenholz erheblich niedrigere Werte haben. Es handelt sich bei dem Holz aus Neuaufforstungen allgemein um ein mittelporiges, noch gerade mäßig schwindendes, dauerhaftes Holz.

Bearbeitung und Oberflächenbehandlung: Entgegen australischen Herkünften, die wegen ihrer Härte einen erheblichen Kraftaufwand beim Sägen, Hobeln, Fräsen und Bohren erfordern, besteht bei Plantagenholz keine grundsätzliche Schwierigkeit. Etwa mit Rot- oder Hainbuchenholz zu vergleichen. Faserabweichungen können zwar Ausrisse bewirken, jedoch sind gradwüchsige Qualitäten, frei von Kurzbrüchigkeit und Reaktionsholz, problemlos zu bearbeiten und ergeben glatte Oberflächen sowie saubere Profile. Alle Holzverbindungen halten gut, es empfiehlt sich aber, für Nägel und Schrauben vorzubohren.
Bei der Oberflächenbehandlung sind alle üblichen Mittel verwendbar, jedoch sollten vorweg Porenfüller eingesetzt werden. Für Außenverwendung sollten Lasuren vorgezogen werden. Die technische Trocknung muß sehr vorsichtig und langsam gesteuert werden.

Fehler: Kurzbrüchigkeit, Drehwuchs. Schwarze Gummiadern, härtere Spätholzzonen.

Eigenschaften und Verwendung: Jüngst importiertes Schnittholz soll sich im Fensterbau schon bewährt haben. Von den australischen Herkünften empfiehlt sich das dort vorkommende Hartholz, aber nur, wenn es auf hohe Festigkeit und Dauerhaftigkeit ankommt. Allgemein versteht man unter Salignaholz junges, leichteres Plantagenholz. Es wird z. Z. preisgünstig vorwiegend aus Südafrika angeboten, und seine Verwendungsmöglichkeiten können sich noch vielseitig erweitern, weil es eben nicht aus dem tropischen Regenwald entnommen wird.

Sapelli (MAS)

Aboudikrou, Sapelli-Mahagoni, Lifaki, Penkwa

Entandrophragma cylindricum

Familie: *Meliaceae*

Vorkommen: In den unteren Feuchtwäldern West- und Zentralafrikas bis Angola reichend sowie in Ostafrika (Uganda). Wichtigste Lieferanten: Elfenbeinküste, Zentralafrikanische Republik, Zaire und Kongo.

Baumbeschreibung: Große, gradschäftige, meist zylindrisch gewachsene Bäume mit Durchmessern von 70 bis 180 cm, mit bis 30 m langen, astfreien Schäften bei geringer Brettwurzelausbildung.

Farbe: Das hellgraue bis blaßgelbliche, 4 bis 8 cm breite Splintholz zeichnet sich deutlich vom zunächst hellrosafarbenen Kernholz ab, das mit zunehmender Austrocknung zu Rotbraun nachdunkelt. In der Farbe einheitlicher als Sipo, nimmt nach entsprechender Oberflächenbehandlung mahagoniähnlichen Goldglanz an.

Makroskopisches Erscheinungsbild und Gesamtstruktur: Die feinen bis mittelgroben, zerstreut angeordneten, zahlreichen Gefäße sind auf dem Längsschnitt als Porenrillen - vereinzelt mit dunklen Inhaltsstoffen angefüllt - zu erkennen. Feine Querstreifung, sofern stockwerkartige Anordnung der Holzstrahlen vorliegt. Die zahlreichen, feinen Holzstrahlen sind schwach erkennbar. Auf den Längsschnitten kann eine belebende, helle Fladerung vorhanden sein. Häufiger ist jedoch wegen des ausgeprägten Wechseldrehwuchses ein starker Glanzstreifen verschiedener Breite, der aber meist regelmäßig und gerade verläuft. Sapelli hat eine gleichmäßige, mittelfeine Struktur mit einem besonders dekorativen Holzbild, wobei vom Furnierhandel sehr begehrte Zeichnungen wie pommelé, frisé, moiré usw. angeboten werden.

Eigenschaften: $r_{15} = 0{,}65\ g/cm^3$, Landungsgewicht 860 kg/m^3. Das Raumschwindmaß kann erheblich schwanken; einzelne Stücke schwinden sehr gering bis mäßig, in Ausnahmefällen kann jedoch ein starkes Schwindmaß vorliegen. Die Festigkeitseigenschaften liegen geringfügig über denen des Sipo. Harzausscheidungen können vorkommen. Ein hoher Längsparenchymanteil fördert die Rißbildung. Typisch ist ein zedernähnlicher Geruch bei frischem Holz.

Bearbeitung und Oberflächenbehandlung: Vornehmlich Messern und Sägen, gelegentlich auch Schälen. Alle Bearbeitungsvorgänge bereiten keine grundsätzlichen Schwierigkeiten, wenn auch bei starkem Wechseldrehwuchs die üblichen Erschwerungen entstehen. Die Freilufttrocknung erfolgt schnell, die Kammertrocknung ist sehr vorsichtig und milde zu steuern; Vollholz möglichst nur ab 25 mm Dicke, da Neigung zum Werfen besteht; einmal getrocknet, steht es jedoch gut.
Die Oberflächenbehandlung bringt hervorragende Ergebnisse, besonders empfehlen sich Klarlacke oder Transparentanstriche sowie Lasuranstriche; im Außenbau kann man sowohl matte als auch hochglänzende Flächen erzielen. Im Innenausbau sind Beizen, Mattierungen, Lacke und Lasuren zu verwenden. Bei Polyesterbeschichtung muß wegen der weißen Zellwandeinlagerungen auf den Tangentialflächen mit Unannehmlichkeiten gerechnet werden.

Fehler: Rindengallen, Farbfehler. Die auf dem Stammantel erkennbaren Nuppen setzen sich als Fehler bis ins Stamminnere fort, auch mit Stiftästen muß gerechnet werden. Verblauung bei Metallberührung ist möglich.

Eignung und Verwendung: Als hochwertiges Messerfurnier, im Quartier- oder Flachschnitt erzeugt, für Wohn- und Schlafzimmer sowie Tonmöbel und dekorative Innenausstattungen, gelegentlich als Bootsbausperrholz. Als Vollholz vielseitig einsetzbar, innen für Treppenstufen, Vertäfelungen, Parkett, Handläufe; Bootsbau; bei mittlerer Beanspruchung auch für Fenster, Rahmen und Konstruktionen zu empfehlen.

Sen (SEN)

Hari-giri, Sen-noki, Nakoda, TsTsin

Phantasienamen wie Asiatische Goldrüster oder Senesche sind abzulehnen.

Kalopanax pictus und/oder *K.septemlobus*

Familie: *Araliaceae*

Vorkommen: Nordjapanische Inseln, Korea, Mandschurei, Mittel- und Nordchina. Wichtigster Lieferant ist Japan für Flitches.

Baumbeschreibung: Mittelgroße Bäume mit Durchmessern von 80 bis 100 cm sowie astfreien Stammschäften von 12 bis 15 m.

Farbe: Das schmale, fast weißliche, blaßgelblichbraune Splintholz ist merklich, aber nicht besonders markant von dem nur wenig dunkleren Kernholz abgesetzt, dessen Farbe zwischen Hell- über Graugelb bis Blaßbraun erheblich schwanken kann. Je nach Spätholzzonenausbildung ist es farblich dem hellen Eschen- oder Rüsternholz ähnlich.

Makroskopisches Erscheinungsbild und Gesamtstruktur: Die ringporigen Gefäßanordnungen durch die gröberen Frühholzporen sind deutlich erkennbar, Zuwachszonen grenzen sich durch sehr kleine Spätholzporen ab. Feinjähriges, gradfaseriges Holz, das auf dem Längsschnitt gelblichbraune Streifen bzw. Fladern aufweist. Auf dem Längsschnitt sind die Porenrillen des Frühholzes sehr deutlich und bilden betonte, gelblichbraune Fladerungen bzw. Streifungen. Radial sind die feinen Holzstrahlen als feine, strichartige Spiegel sichtbar.

Eigenschaften: $r_{15} = 0{,}52$ g/cm^3, Landungsgewicht 700 kg/m^3, mäßig schwindend, mit mäßig gutem Stehvermögen. Zäh und elastisch, mäßig hart; nicht sehr dauerhaft. Flächen auffallend glänzend.

Bearbeitung und Oberflächenbehandlung: Vornehmlich Messern, in den Herkunftsgebieten auch Sägen und Schälen. Die Messerfurniererzeugung in der Bundesrepublik erfolgt aus praktisch splintfreien Halbblökken, aber es werden auch die fertigen, in Japan erzeugten Furniere importiert. In der Bearbeitung ergeben sich keine besonderen Schwierigkeiten. Auch die Trocknung ist einfach und verläuft schnell.
Das dicht strukturierte, dekorative Holz erlaubt eine gute Oberflächenbehandlung.

Fehler: Große Farbschwankungen mit der Gefahr dunkler Verfärbungen.

Eignung und Verwendung: Als Messerfurniere im Möbelbau, insbesondere für Anbau- und Schlafzimmermöbel; als Sperrholz auch für dekorative Innenausstattungen, mittels Paneele und Täfelbretter. Als Rundholz in der Bundesrepublik nicht zu beziehen, jedoch als Flitches und Furnierplatten. Schnittholz für Musikinstrumente, besonders für Klaviere und Flügel.

Sipo (MAU)

Utile, Assie sowie mit dem Zusatz Sipo- und/oder Utile-Mahogany

Entandrophragma utile

Familie: *Meliaceae*

Vorkommen: West- und Zentralafrika von Liberia bis zum Kongo. Wichtigste Exportländer: Elfenbeinküste, Ghana, Kamerun, Kongo, Liberia.

Baumbeschreibung: Sehr große, gradschäftige, weitgehend zylindrische Bäume mit Durchmessern von 70 bis über 200 cm bei astfreien Stammschäften bis über 25 m. Sehr starke und meist überalterte Stämme haben bereits innere Kernfehler und neigen zu einer unregelmäßigen Wuchsstruktur.

Farbe: Das bis über 10 cm breite, hellgraue Splintholz geht nach innen zu einer mehr rötlichen Färbung über. Das frische Kernholz mit seiner zunächst rosabraunen Farbe entwickelt mit zunehmender Austrocknung und Lichteinwirkung einen zum Splint deutlich unterschiedenen rotbraunen bis braunvioletten Farbton. Je nach Ort und Herkunft kann die Färbung etwas schwanken. Naturbehandelte Flächen präsentieren sich farbiger und stärker glänzend.

Makroskopisches Erscheinungsbild und Gesamtstruktur: Die gegenüber dem Sapelli etwas weniger reichlichen, groben Gefäße sind gleichmäßig verteilt und auf den Längsflächen als Porenrillen durch dunkle Kernstoffeinlagerungen deutlich erkennbar. Die Holzstrahlen mit ihren dichten Spiegeln beeinflussen das Holzbild nicht. Hingegen verursachen die angeschnittenen Parenchymbänder Fladerbildung. Glanzstreifen durch Wechseldrehwuchs kommen vor. Ein deutlich poriges, meist schlichtes Holz, das mit einzelnen Stämmen jedoch auch verschieden dekorative Strukturbilder aufweisen kann.

Eigenschaften: $r_{15} = 0{,}66\ g/cm^3$, Landungsgewicht 820 kg/m^3; mäßig hart mit etwas geringeren Festigkeitswerten als das bekannte Sapelli-Mahagoni bei einer Druckfestigkeit von 58 N/mm^2 und einer Biegfestigkeit von 106 N/mm^2. Im lufttrockenen Zustand hat Sipo ein mittleres bis gutes Stehvermögen. Es ist recht widerstandsfähig gegen Pilz- und Insektenbefall.

Bearbeitung und Oberflächenbehandlung: Vorwiegend Sägen und Messern, gelegentlich auch Schälen. Der Einschnitt sowie die Einmesserung und anschließende Bearbeitung bereiten keine Schwierigkeiten, sofern es sich um schlichtes, gradfaseriges Holz handelt. Bei starkem Wechseldrehwuchs besteht bei der Bearbeitung Neigung zu Faserausrissen oder Abplatzen. Stumpft die Werkzeuge rasch. Die künstliche Trocknung soll milde, nicht über 60° C verlaufen, verbunden mit einer Nachklimatisierung. Stärkere Dimensionen neigen zu geringerer Verformung als schwache.
Die Oberflächenbehandlung für Außenverwendung ist sowohl mit Klarlackierungen als auch mit Lasuranstrichen und Decklakkierungen gut möglich, jedoch muß zuvor eine Holzfeuchte von max. 12 bis 14 Prozent vorhanden sein. Reichliche Zellwandeinlagerungen verursachen »weiße Poren«.

Fehler: Vereinzelte Ringschäle sowie Faserquerbrüche. Vereinzelt kommen dunkle, traumatische, ringförmige Aderungen sowie fleckige Verfärbungen vor.

Eignung und Verwendung: Als Vollholz eines der begehrtesten im Außenbau bewährten Hölzer für Türen, Tore, Fenster und Verbretterungen, wozu der Einschnitt vorwiegend als Blockware erfolgt. Auch im Innenbau vielseitig einsetzbar; ferner für den Bootsbau und für gleiche Zwecke wie alle anderen echten afrikanischen Mahagonisorten. Als Messerfurnier in gestreifter Qualität, für Möbelfurniere im Austausch mit Sapelli.

Sucupira preta

Alcornoque, Tatabu, Zwarte Kabbes, Sebipira

Fälschlicherweise wird Sucupira auch als Partridge Wood bezeichnet.

Bowdichia nitida, u.U. auch *Diplotropis purpurea* (beschrieben wird *Bowdichia*)

Familie: *Fabaceae*

Vorkommen: Südamerika, besonders nördliches brasilianisches Amazonasgebiet.

Baumbeschreibung: Mittelgroße Bäume mit nicht sehr geraden, zylindrischen Stämmen, Durchmesser 50 bis 100 cm, bis auf 20 m astfreie Stammschäfte.

Farbe: Der schmale, fast weiße Splint ist scharf vom zunächst, frisch, hellrötlichbraunen bis dunkelbraunen Kernholz abgesetzt, das mit zunehmender Austrocknung zu Kaffeebraun bis Graurötlich nachdunkelt.

Makroskopisches Erscheinungsbild und Gesamtstruktur: Die zerstreut angeordneten groben Gefäße, von Speicherzellen ringförmig oder augenförmig umgeben, bilden oft radiale Gruppen und zeigen sich auf dem Längsschnitt als deutliche Porenrillen, die von hellen Speicherzellenbändern besäumt sind und damit das Holzbild wesentlich beeinflussen.
Die sehr feinen, kaum sichtbaren Holzstrahlen zeigen sich radial als feine niedrige Spiegel. Wechseldrehwuchs kommt vor, wodurch Glanzstreifen entstehen. Das Holz fühlt sich etwas wachsig an.

Eigenschaften: $r_{15} = 0{,}96$ g/cm^3, Landungsgewicht 1100 kg/m^3, mäßig schwindendes, jedoch wenig gut stehendes, hartes Holz; an den Kanten leicht splittrig. Witterungsfest.

Bearbeitung und Oberflächenbehandlung: Vorwiegend zum Sägen und Messern geeignet. Das feste Holz ist ohne Schwierigkeiten zu bearbeiten, sofern nicht durch den Wechseldrehwuchs grundsätzliche Probleme wegen Widerspänigkeit mit Neigung zum Ausreißen entstehen. Schwierig zu trocknen, da es zum Verwerfen neigt.
Die Oberflächenbehandlung bereitet keine Schwierigkeiten, obgleich inhibierende Inhaltsstoffe sich störend bemerkbar machen können.

Fehler: Starker Wechseldrehwuchs.

Eignung und Verwendung: Hochwertiges, dekoratives Furnierholz, aus dem wertvolle Messerfurniere gewonnen werden; als Vollholz für dekorative Ausstattungen, Parkett und für Sonderverwendungen, z. B. Schwellen, wo es auf Festigkeit oder gutes Aussehen ankommt.

Tali (TAL)

Alui, Elondo, Erun, Missanda, Muave

Erythrophleum ivorense

Familie: *Caesalpiniaceae*

Vorkommen: In West-, Mittel- und Ostafrika. Hauptlieferanten Kamerun, Gabun, Elfenbeinküste, Ostafrika.

Baumbeschreibung: Ein großer Baum mit Durchmessern von 80 bis 120 cm, bis auf halbe Höhe hinauf astfrei, bei unregelmäßigen Stammformen und häufiger Kernhohlfäule.

Farbe: Das etwa 6 cm breite Splintholz ist grau bis gelblichweiß und hebt sich deutlich vom gelblichbraunen bis goldbraunen oder rötlichdunkelbraunen Kernholz ab. Letzteres kann auch häufig einen grünlichen Schimmer haben und von breiteren, dunklen Streifen durchzogen sein. Ostafrikanisches Holz ist heller und einheitlicher.

Makroskopisches Erscheinungsbild und Gesamtstruktur: Mittlere bis grobe, nicht sehr zahlreiche, zerstreut angeordnete Gefäße, die als große Porenrillen auf den Schnittflächen deutliche, gelbbraune bis schwarzgelbe Einlagerungen zeigen. Die Holzstrahlen sind als kleine Spiegel auffällig. Um die Poren ist ring- oder augenförmiges Speichergewebe vorhanden. Zuwachszonen sind durch unterschiedliche Porendichte undeutlich erkennbar. Teils wechseldrehwüchsiges, grobporiges, glänzendes Holz.

Eigenschaften: $r_{15} = 0{,}97$ g/cm^3, Landungsgewicht 1150 kg/m^3; ostafrikanische Herkünfte scheinen leichter zu sein. Verhältnismäßig geringes Raumschwindmaß; hohe Festigkeitswerte, wenn auch die Schlag- und

Stoßfestigkeit, verglichen mit dem hohen Gewicht, nur mäßig ist. Mäßiges Stehvermögen. Insekten- und witterungsfest; schwer entflammbar; sehr hohe Abriebfestigkeit.

Bearbeitung und Oberflächenbehandlung: Fast ausschließlich Sägen. Die maschinelle Bearbeitung wird durch häufigen Wechseldrehwuchs und Härte erschwert und erfordert einen hohen Kraftaufwand; Bearbeitung mit Hand ist kaum noch möglich. Die Werkzeuge nutzen sich vorzeitig ab, weshalb Hartmetallbestückung bzw. Stellitisierung der Sägen zu empfehlen sind. Beim Hobeln Neigung zum Ausbrechen. Die Trocknung verläuft sehr langsam. Alle Holzverbindungen halten gut, jedoch müssen Nägel und Schrauben vorgebohrt werden.
Die Oberflächenbehandlung durch Lacke und Firnisse ist gut durchführbar, empfehlenswert ist Mattieren und Polieren.

Fehler: Krümmungen, häufiger Wechseldrehwuchs, Spannrückigkeit, Faulhohlkern, inhibierende Inhaltsstoffe, große Farbschwankungen.

Eignung und Verwendung: Als Werkholz dort, wo es auf hohe Festigkeit und Dauerhaftigkeit ankommt, insbesondere bei allen Wasserbauten, für Schwellen (= Weichen), stark beanspruchte Fußböden bzw. Parkett. Bevorzugt wird der Import von schon in Afrika gefertigten Parkettrohfriesen; früher viel von Ostafrika als Missanda.

Tamo (ESJ)

Mandschurische oder Japanische Esche, Yachidamo, Frêne du Japon

Fraxinus mandshurica

Familie: *Oleaceae*

Vorkommen: Japan, Ostsibirien, Nordostchina, Korea, Mandschurei, Sachalin.

Baumbeschreibung: Mittelgroßer, gerader, weitgehend zylindrischer Baum mit Durchmessern von 50 bis über 100 cm, astfreie Stammschäfte bis etwa 15 m.

Farbe: Das fast weißgefärbte, mittelbreite Splintholz hebt sich ziemlich deutlich vom blaßbraunfarbenen Kernholz ab. Etwas dunkler als europäisches Eschenholz.

Makroskopisches Erscheinungsbild und Gesamtstruktur: Im Frühholz ringporig angeordnete, grobe Gefäße, die im Spätholz zerstreuter sind, so daß sich mit den engeren Gefäßen deutliche Jahrringgrenzen abheben. Die Poren sind teils von Speichergewebe umgeben. Bei durchschnittlich drei Jahrringen zu je einem cm ist es als engringig zu bezeichnen. Konzentrische Ringe verschiedener Farbtiefe bewirken eine gestreifte oder wolkige oder sogenannte »Fiddleback«-Zeichnung. Teils wird versucht, einen welligen Faserverlauf durch Abbinden junger Bäume zu fördern. Gleichmäßig und gemasert gewachsenes, dekoratives Holz.

Eigenschaften: $r_{15} = 0{,}60$ g/cm^3, Landungsgewicht 900 kg/m^3, mäßiges Schwindmaß. Die Festigkeitswerte liegen etwas unter denen des europäischen Eschenholzes, sind aber noch als überdurchschnittlich gut zu bezeichnen. Wenig witterungsfest.

Bearbeitung und Oberflächenbehandlung: Tamo wird sowohl gesägt als auch gemessert und geschält. Letzteres dient in Japan zur Sperrholzfertigung in einer erstklassigen Qualität. In der Bearbeitung können sich zwar die unterschiedlich dichten Zuwachszonen etwas störend auswirken, jedoch gibt es keine grundsätzlichen Schwierigkeiten. Das Holz trocknet gut und läßt sich vorzüglich verleimen.
Die Oberflächenbehandlung ist mit allen üblichen Mitteln gut durchführbar; vorzüglich geeignet zum eichenähnlichen Beizen.

Fehler: Wuchsfehler kommen selten vor. Färbung sehr unterschiedlich, weil vom

Wuchsstandort abhängig, z. B. in China viel brauner.

Eignung und Verwendung: Als Schälfurnier für Sperrholz und als Messerfurnier für großflächige Paneele sowie für Möbel und dekorative Innenausstattungen mit lebhaft gemaserten Furnieren. Als Vollholz dort, wo hohe dynamische Festigkeit gefordert wird, wie für Sportgeräte sowie im Maschinen-, Schiffs- und Gerätebau. Weitere Einsatzgebiete sind die Kunsttischlerei und der Pianobau.

Tanne (TA)

Edeltanne, Weißtanne, Silver Fir, Sapin

Tanne wird oft mit Fichte zusammen gehandelt, was abzulehnen ist.

Abies alba

Familie: *Pinaceae*

Vorkommen: Mittel- und Südeuropa, besonders im Gebirge. Andere Tannenarten wachsen sowohl in Nordamerika als auch in Ostasien.

Baumbeschreibung: Gerade, vollholzige, hingegen im Freistand abholzige Bäume mit Durchmessern von 40 bis 120 cm und astfreien Stammschäften bis zu 20 m. Die Äste der Tanne sind meistens waagrechter als bei der Fichte gerichtet, das führt beim Schnittholz zu runden Querschnitten. Die Äste sind auch dunkler und härter als bei der Fichte.

Farbe: Reifholzbaum, d. h. ohne Kernfärbung weiß bis weißlichgrau, dabei das schmale Spätholz etwas rötlich bzw. Herzpartien oft rötlichgrau- bis rötlichviolettgetönt, mit fortschreitender Alterstönung verstärkt sich der rötlichviolette Schimmer.

Makroskopisches Erscheinungsbild und Gesamtstruktur: Betont runde Jahrringe mit nach außen scharf begrenzter, breiter, rötlichgelber Spätholzzone. Die Übergänge Frühholz – Spätholz innerhalb des Jahrringes verlaufen allmählich. Markante Fladerung bzw. Streifung, die auch bei der intensiven Alterstönung betont hervortritt. Da Harzkanäle fehlen, keine Harzgallen. Die einreihigen Holzstrahlen sind unregelmäßig angeordnet, sie enthalten häufig Calciumoxalatkristalle. Gehobelte Flächen sind stumpf. Frühholz häufig etwas filzig.

Eigenschaften: $r_{15} = 0{,}50$ g/cm^3, Landungsgewicht 950 kg/m^3 und mehr, d.h. schwerer als die Fichte. Mäßig schwindend, gutes Stehvermögen, Festigkeitseigenschaften je nach Boden- und klimatischen Verhältnissen unterschiedlich; elastisch, sehr biegsam, tragkräftig. Mäßig witterungsfest, im frischen Zustand anfällig für Pilze (Verfärbungsgefahr) und Insekten, jedoch auch im trockenen Zustand insektengefährdet. Gerade- und langspaltig.

Bearbeitung und Oberflächenbehandlung: Vorwiegend Sägen, auch gelegentlich Schälen. Gut spaltbar, leicht splitternd; gut zu nageln und zu schrauben. Steht besser als Fichte. Die Trocknung verläuft gut und schnell, geringe Neigung zum Reißen und Werfen.
In der Oberflächenbehandlung schwerer zu beizen als Fichte und nicht gut zu polieren, sonst aber gute Haftfähigkeit. Ziemlich beständig im Freien, bei Bauholz nachhaltige Schutzbehandlung nötig.

Fehler: Krümmungen, Drehwuchs, Naßkernbildung bewirkt Verfärbungen. Holzige Wundgewebe.

Eignung und Verwendung: Wie Fichte als Konstruktionsholz bevorzugt für Arbeiten, bei denen keinerlei Harzgehalt erwünscht ist, z. B. Behälter für chemische Erzeugnisse. Bei sorgfältiger Auswahl für Innenausbau wirkt Tanne sehr dekorativ. Dort auch für Blindböden, Türen und im Außenbau für Fenster. Ferner im Erd- und Wasserbau. Resonanzholz für Musikinstrumente und Orgelpfeifen, sofern sehr engringig.

Tasmanian Oak (TAO)

*Eucalyptus delegatensis (*Synonym = *E. gigantea)* = Alpine Ash

E. obliqua = Messmate Stringybark

E. regnans = Mountain Ash oder White Mountain Ash. (Die Bezeichnung Tasm. Eiche ist irreführend.)

Familie: *Myrtaceae*

Vorkommen: Im südöstlichen Teil von Australien, in Queensland besonders *E. obliqua* sowie reichlich auf der Insel Tasmanien. Überall mit vielen anderen Eukalyptus-Arten vergesellschaftet.

Baumbeschreibung: Sehr schlanke, zylindrisch gewachsene, hohe Bäume, die in einzelnen Fällen über 60 m erreichen können, bei Durchmessern bis 1 bis 1,2 gelegentlich auch bis 2 m, wobei sich eine sehr offene, parkähnliche Waldformation ergibt. Einzelne Bäume von *E. regnans* gehören mit über 90 m Höhe, z.B. in Tasmanien, zu den größten Laubbäumen der Erde. Besonders auffallend bei ihnen ist die hellgraue, glatte Rinde, die sich zum Teil abschält.

Farbe: Wegen der Zusammenfasung von drei Arten nicht ganz einheitlich im Farberscheinungsbild, weil die Kernfärbung wenig uniform zwischen einer hellbraunen bis blaßrosa Färbung schwankt. Messmate-Stringybark ist mehr hellbraun mit einem deutlich abgesetzten schmalen, hellen Splintring, die Mountain Ash ist farblich blasser, jedoch mehr variierend und die Alpine Ash weist einen sehr hellen, blaßbraunen Farbton auf. Der 25 bis 33 mm breite Splintholzring ist nur etwas heller als das Kernholz.

Makroskopisches Erscheinungsbild und Gesamtstruktur: Ein grobporiges Holz mit einer deutlichen Spätholzausbildung, deshalb Zuwachszonen mit auffälligen Fladern; sehr feine Holzstrahlen bzw. Spiegel. Gummiharz-ähnliche Adern (=Kino) kommen am häufigsten bei *E. obliqua* vor.

Eigenschaften: Das Gewicht zwischen den drei Arten schwankt: *E. regnans* ist am leichtesten und *E. obliqua* am schwersten. r_{15} = entsprechend von 0,65 g/cm^3 bis 0,80 g/cm^3, Landungsgewicht von 900 bis über 1100 kg/m^3. Mittleres, mäßiges Raumschwindmaß um 10,8 Prozent. Das Stehvermögen ist zufriedenstellend; radiales Schwindmaß für *E. regnans* und *E. delegatensis* = 3,7 Prozent, tangentiales Schwindmaß = 7,1 Prozent, hingegen für *E. obliqua* radial = 5,5 Prozent und tangential = 6,8 Prozent. Insektenbefall im Splintholz kommt selten vor, am häufigsten bei *E. obliqua*, jedoch gute Pilzfestigkeit.

Bearbeitung und Oberflächenbehandlung: Diese unterschiedlich schwere, meist harte Holzgruppe hat gute Festigkeitseigenschaften. Sie bereitet zwar keine besonderen Schwierigkeiten in der Bearbeitung, verlangt jedoch gut geschärfte Werkzeuge, möglichst mit Hartmetallauflagen. Trocknet langsam im Freien, die Kammertrocknung verläuft jedoch verhältnismäßig schnell. Es empfiehlt sich eine Nachklimatisierung.
Bei der Oberflächenbehandlung muß der hohe Gerbstoffgehalt beachtet werden, der Reaktionsfleckenbildung verursachen kann.

Fehler: Eine gewisse Neigung zu Oberflächenrissen und zu Verdrehungen.

Eignung und Verwendung: In der Bundesrepublik vor allem als Eichenaustausch, besonders für Profilbretter, verwandt. Im übrigen für Fußböden und Innenausbau. Wegen der mittelguten Witterungsfestigkeit auch im Außenbau einsetzbar.

Tatajuba (BAS)

Amarello, Bagaceira, Bagasse, Cow-Wood, Bois jaune, Jahawedan

Bagassa guianensis Aubl. und *B. tiliaefolia* R. Ben.

Familie: *Moraceae*

Vorkommen: Amazonas-Becken (= Brasilien) bis zu den nördlich angrenzenden drei Guayana-Ländern. Dort besonders *B. tiliaefolia.*

Baumbeschreibung: Ein großer Baum mit Höhen zwischen 27 und 30 m, bei Durchmessern zwischen 60 und 75 bis 100 cm. Astfreie Nutzholzschaftlängen zwischen 10, 18 und 21 m möglich.

Farbe: Das bis etwa 4 cm breite Splintholz ist weiß bis blaß gelblichgrau. Das angrenzende frisch gelblichgrüne bis hellgoldbraune Kernholz bräunt am Licht schnell zunächst zu Orangebraun, sodann zu Rotbraun - etwas dem Doussie ähnlich - nach.

Makroskopisches Erscheinungsbild und Gesamtstruktur: Auf dem Querschnitt sind Zuwachszonen durch schmale und etwas dunklere Spätholzzonen noch deutlich, jedoch auf dem Längsschnitt kaum noch zu erkennen. Die mittelgroßen bis überwiegend groben Poren markieren sich durch eine regelmäßige Thyllenverstopfung als helle Punktierung, wodurch die Porenrillen auf dem Längsschnitt sich hellgrau, das Holzbild mitbestimmend, absetzen. Die feinen Holzstrahlen, auf dem Hirnschnitt als Linierung kaum sichtbar, bilden auf dem glatten Längsschnitt kleine, bis 5 mm hohe Spiegel und sind als solche frei zu erkennen. Speicherzellen sind nicht wahrzunehmen. Bei teils vorkommender schwacher Wechseldrehwüchsigkeit ergibt sich eine entsprechende undeutliche oder unregelmäßige Glanzstreifenbildung. Es ist ein schon äußerlich an Doussie erinnerndes oberflächendichtes und überwiegend schlichtes Holz.

Eigenschaften: $r_{15} = 0{,}80$ g/cm^3, Landungsgewicht des frischen Rundholzes um 1100 kg/m^3 bei einem niedrigen Raumschwindmaß von etwa 10,2 Prozent (tangential = 5,2 bis 6,6 Prozent, radial = 3,7 bis 5,2 Prozent von frisch bis lufttrocken). D. h. Tatajuba hat ein gutes bis befriedigendes Stehvermögen, jedoch nicht so gut wie Doussie. Seine Festigkeitswerte mit 80 N/mm^2 für die Druckfestigkeit und 127 N/mm^2 für die Biegefestigkeit sowie der Elastizitätsmodul mit 17300 N/mm^2 sind gut. In den äußeren Schichten trocknet es relativ schnell, jedoch soll dieser Vorgang vorsichtig in der Kammer gesteuert werden, um ein Verziehen zu vermeiden. Einmal getrocknet, steht es gut. Es ist recht pilz- und insektenresistent, bedingt angeblich auch teredofest. Eisenmetalle verursachen in Verbindung mit Feuchtigkeit eine graublaue Verfärbung.

Bearbeitung und Oberflächenbehandlung: Trotz seiner hohen Dichte und Härte ist dieses Holz bei etwas erhöhtem Kraftaufwand nicht schwierig zu bearbeiten und stumpft die Werkzeuge wenig. Die bearbeiteten Flächen sind glatt, Ecken und Profile lassen sich fest und scharfkantig erzeugen. Nach entsprechender Trocknung sind alle üblichen Oberflächenmittel gut aufzubringen. Für den Außenbau empfehlen sich pigmentierte Lasuren. Alle Holzverbindungen durch Nägel, Schrauben, Leime halten gut, jedoch empfiehlt sich ein Vorbohren. Nach entsprechender gründlicher Dämpfung sind die Stämme auch schäl- und messerbar.

Fehler: Am Stammfuß Spannrückigkeit, verbunden damit auch Faserabweichungen. Schlecht zu imprägnieren.

Eignung und Verwendung: Tatajuba ist ähnlich wie Afzelia/Doussie einsetzbar, vor allem auch dort, wo es auf größere Dauerhaftigkeit und Festigkeit ankommt, also auch im Wasser und Schiffsbau. Ferner für tragfähige Konstruktionen und für Fenster, die sehr witterungsfest sein sollen, sowie für Treppen und Parkett, Container- und Fahrzeugbau. Auch für Wandverkleidungen wurde es als Profilholz schon erfolgreich eingesetzt. Es bietet sich als ein gewisses technisches Austauschholz für Eiche sowie für Doussie, Iroko, Bilinga und Basralocus als Vollholz, als Furnier für Afrormosia an.

Tchitola (TCH)

Tola, rotes Tola, Tshibudimbu, Lolagbola

Oxystigma oxyphyllum

Familie: *Caesalpiniaceae*

Vorkommen: In Südnigeria zunächst mit geringen Vorkommen beginnend, weiter nach Süden über Kamerun, Gabun bis zu den Hauptvorkommen im Kongo, Cabinda und Zaire. Wichtigste Exporteure sind Südgabun (von Mayumba) und Kongo (von Pointe Noire).

Baumbeschreibung: Großer Baum mit schwankenden Durchmessern von 70 bis 180 cm, astfreie Stammschäfte bis 25 m.

Farbe: Das teilweise sehr breite, blaßweißrosagefärbte Splintholz setzt sich deutlich vom tief rotbraunen, sehr nachdunkelnden Kernholz ab, das durch Harzaustritte viele harzige Flecken aufweist und von dunklen, braunschwarzen, schmalen Adern durchzogen wird.

Makroskopisches Erscheinungsbild und Gesamtstruktur: Die wenig zahlreichen, einzeln zerstreut angeordneten, mittelgroßen bis groben Gefäße verlaufen auf dem Längsschnitt als sehr gerade, große Porenrillen, die häufig einen rötlichen Inhalt aufweisen. Charakteristisch sind porengroße, einzeln liegende, teils zu feinen Bändern ausgezogene und mit schwarzen Einlagerungen angefüllte Harzkanäle, deren Ausfluß häufig sehr deutlich ist. Die sehr enggestellten bis 1 mm hohen, feinen Holzstrahlen verursachen auf dem Radialschnitt deutlich eine breite Spiegelbildung. Ein meist gradfaseriges, homogenes Holz mit mittelfeiner bis grober Struktur.

Eigenschaften: $r_{15} = 0{,}65$ g/cm^3, Landungsgewicht 850 kg/m^3, verhältnismäßig geringes Raumschwindmaß. Weich bis mittelhart, mit mäßigen mechanischen Festigkeitseigenschaften, splittert wenig und ist im Kernholz witterungsfest und damit dauerhaft.

Bearbeitung und Oberflächenbehandlung: Vorzugsweise Messern und Schälen nach einem entsprechenden, besonderen Dämpfverfahren, gelegentlich auch Sägen. Alle Bearbeitungsvorgänge sind ohne Schwierigkeiten durchzuführen, doch verschmutzt der im Splint sehr reichlich vorkommende Harzgehalt die Werkzeuge stark. Hierdurch sowie durch inhibierende Inhaltsstoffe ist bei der Verleimung bei manchen Sorten mit Schwierigkeiten zu rechnen. Holzverbindungen durch Nageln und Schrauben halten gut. Natürliche und künstliche Trocknung bereiten außer dem Harzausfluß keine Schwierigkeiten, jedoch sollten zu hohe Temperaturen vermieden werden.
Bei der Oberflächenbehandlung entstehen durch den hohen Harzgehalt und die inhibierenden Inhaltsstoffe Anstrichschäden, da sich die angeschnittenen Harzkanäle häufig unter der Lackschicht markieren.

Fehler: Frischholzinsektenbefall im Splintholz, sehr breite Splintausbildung, sehr starker Harzgehalt.

Eignung und Verwendung: Als Schälfurnier im Austausch mit Okoume zur Sperrholzerzeugung. Als Messerfurnier für Möbelfronten als Nußersatz sowie als Druckunterlage. Als Vollholz aus dem Kern geschnitten überall dort, wo es auf gute Dauerhaftigkeit ankommt; wurde auch schon erfolgreich als Profilholz für Leisten und Rahmenwerk verwendet.

Teak (TEK)

Teck, Djati, Maisak, Kyun, Sagwan

Teaknamen zusätzlich zu anderen Holzarten wie z. B. Goldteak (Afrormosia) oder Afrikanisches Teak sind abzulehnen.

Tectona grandis

Familie: *Verbenaceae*

Vorkommen: Südostasien, vorwiegend Indien, Burma (= Rangun), Thailand (= Bangkok) und auf Java. Wichtigster Ausfuhrhafen ist heute Rangun; von Vietnam, Laos und Kambodscha unbedeutend. Auch in anderen Erdteilen kultiviert: West- und Ostafrika, Amerika (Karibik) und Brasilien.

Baumbeschreibung: Stämme bis auf 10 m, sehr selten bis 20 m astfrei mit Durchmessern von 40 bis 80 cm, selten über 120 cm, oft unrund oder spannrückig.

Farbe: Das schmale, gelblichweiße bis graue Splintholz ist deutlich vom gelbbraunen bis dunkelbraunen Kernholz abgesetzt. Letzteres dunkelt mit zunehmender Austrocknung sehr nach, weist je nach Standort erhebliche Schwankungen auf und wird von schwarzen Adern durchzogen. Wachsig glänzend.

Makroskopisches Erscheinungsbild und Gesamtstruktur: Ringporige Gefäßanordnungen mit meist einreihigen, groben Frühholzporen sowie kleineren, zerstreut angeordneten Poren im Spätholz. Die deutlichen Porenrillen enthalten oft dunkle bis helle Einlagerungen (phosphorsaurer Kalk), Speicherzellen begrenzen bandartig die Zuwachszonen. Kein Wechseldrehwuchs. Deutlich hell-dunkel gefladertes, dekoratives Holz mit meist streifiger oder blumiger Struktur.

Eigenschaften: $r_{15} = 0{,}75$ g/cm^3, Landungsgewicht: »dry« unter 1000 kg/m^3, »grün« über 1000 kg/m^3, sehr gering schwindend bei überdurchschnittlich gutem Stehvermögen. Gute mittlere Festigkeitswerte, wie z. B. Elastizitätsmodul 13400 N/mm^2, Biegefestigkeit 105 N/mm^2. Fettig-wachsig und witterungsfest.

Bearbeitung und Oberflächenbehandlung: Vorwiegend Sägen und Messern, wegen mineralischer Einlagerungen können die Schneiden schnell stumpfen. Gut zu drechseln und zu schnitzen. Die Trocknung verläuft langsam, aber gut und zeigt keine grundsätzlichen Schwierigkeiten. Nach der Trocknung bleibt das Holz sehr formstabil. Beim Nageln und Schrauben ist vorzubohren. Verleimung mitunter erschwert.
Für die Oberflächenbehandlung müssen Spezialmittel verwendet werden, insbesondere können bei der Behandlung mit Filmbildnern Trocknungs- und Haftschwierigkeiten auftreten. Für Polyesterlacke ist vorher zu entfetten.

Fehler: Bei der Bearbeitung können Hautreizungen auftreten.

Eignung und Verwendung: Als dekoratives Messerfurnier im Möbelbau und für anspruchsvolle Innenausstattungen. Als Vollholz sehr vielseitig im Schiffs-, Wasser- und Brückenbau, für den Behälterbau für die chemische Industrie, für Fenster, Tore, Fußböden, Sitzmöbel, Verkleidungen, Kunstgewerbe und überall dort, wo es auf große Dauerhaftigkeit sowie Fugen- und Formfestigkeit ankommt.

Tiama (MAT)

Edinam, Gedu nohor, Lifaki, Livuite

Die Holzart Akuminata aus Gabun und dem Kongo ist entweder eine Untervarietät oder dem *E. congoense,* jedoch mehr dem Sapelliholz ähnlich, wenn auch Rinde und Blätter mehr zu Tiama tendieren.

Entandrophragma angolense, E. congoense

Familie: *Melicaceae*

Vorkommen: West- und Zentralafrika. Größte Exportlieferanten Elfenbeinküste, Kamerun, Zentralafrikanische Republik, für Acuminata besonders die Gegend von Mayumba (= Gabun) und um Pointe Noire (= Kongo).

Baumbeschreibung: Großer Baum mit vielfach hoch hinaufreichenden Brettwurzelanläufen, bis auf 28 m hinauf astfrei. Ausgeprägte flügelartige Wurzelanläufe. Selten zylindrisch, oft verformt gewachsene, astfreie Nutzholzschäfte von 15 bis 20 m; Durchmesser von 70 bis 140 cm.

Farbe: Das bis über 10 cm breite, schwachweißlichgraue bis hellrötliche Splintholz ist zwar erkennbar, wird aber zunächst nicht sehr farbscharf vom lachsroten über rotbraunen bis mahagonifarbenen frischen Kernholz abgesetzt. Erst mit zunehmender Austrocknung und damit starker Nachdunklung wird der Farbunterschied deutlicher, besonders wenn das Holz zu einem dunkelrotvioletten Farbton umschlägt. Die mahagoniähnliche Färbung ist je nach Herkunft sehr verschieden intensiv; allgemein mehr nachdunkelnd als Sapelli, wobei die Oberflächen glänzender sind.

Makroskopisches Erscheinungsbild und Gesamtstruktur: Die Gefäße sind größer als beim Sapelli und enthalten rotbraune, kristalline Inhaltsstoffe, die sich auf dem Längsschnitt als schwärzliche Porenrillen abzeichnen. Zuwachszonen mit Fladerwirkung deutlich. Harzgefäße sind reichlich vorhanden; die Holzstrahlen zeichnen sich auf allen Schnittflächen als Spiegel deutlich ab. Ausgeprägter, breiter und enger Wechseldrehwuchs kommt häufig vor, bewirkt dekorative Streiferzeichnung. Auch andere Strukturbilder von schlicht bis bunt können erscheinen. Grobporiges, mahagoniähnliches Holz.

Eigenschaften: $r_{15} = 0{,}60$ g/cm^3, Landungsgewicht 900 kg/m^3, mäßiges Raumschwindmaß, größer als bei Sipo. Mittelhartes Holz mit geringeren mechanischen Festigkeitseigenschaften als Sapelli und Sipo, lediglich seine Elastizität ist gleichwertig. Dauerhaft.

Bearbeitung und Oberflächenbehandlung: Sägen, Schälen, Messern. Alle Bearbeitungsvorgänge bereiten keine grundsätzlichen Schwierigkeiten, aber vorhandene Harzgallen verschmieren leicht die Werkzeuge. Eine stark wechseldrehwüchsige Struktur wirkt sich beim Glätten erschwerend aus. Die Trocknung erfolgt gut und schnell, wenn auch eine Neigung zum Werfen besteht. Der Furnieraufbereitung sollte eine gründliche Dämpfung vorausgehen, um einen starken Harzausfluß zu gewährleisten. Alle Holzverbindungen halten gut. Der Oberflächenbehandlung sollte eine Entharzung vorangehen. Zur Erhaltung der Naturfärbung sind transparente, also klare Überzugsmittel zu empfehlen; für Außenverwendung sind Lasuren vorzuziehen.

Fehler: Im Rundholz teils unrunde Formen, Beulen, Krümmungen, Gummiadern.

Eignung und Verwendung: Als Messerfurnier wie alle anderen mahagonieähnlichen Arten für Möbelfronten, als Schälfurnier für Spezialsperrholz und Furnierplatten. Als Vollholz im Innenausbau für Parkett und Treppen, im Schiffsbau sowie im Austausch für Sapelli.

Virola (BAB)

Cuangare, Otoba, Ucuhuba, Dalli, Banak

Dialyanthera sp. pl.

Virola sp. pl.

Familie: *Myristicaceae*

Das Baboen = *V. surinamensis* aus Surinam ist bei schwächeren Abmessungen sehr ähnlich, gleichfalls das Ucuhuba rana von *Iryanthera sagotiana.*

Vorkommen: *Dialyanthera*-Arten: in den Andenvorbergen der kolumbianischen Pazifikküste sowie im Amazonas-Dreieck von Kolumbien, Venezuela, Brasilien. *Virola*-Arten: in allen Guayana-Ländern und Brasilien.

Baumbeschreibung: Gerade, zylindrische, mittelgroße Bäume mit Durchmessern von ca. 50 bis über 90 cm, auf 18 m Länge praktisch astfrei.

Farbe: Das schmale, blaß rosafarbene geht allmählich zum sehr ähnlichen blaßbräunlichen Kernholz über.

Makroskopisches Erscheinungsbild und Gesamtstruktur: Zuwachszonen sind kaum zu erkennen. Die einzeln oder in Gruppen angeordneten, offenen, mittelgroßen Gefäße enthalten dunkelbraune Kernablagerungen, was in den kurzen, sehr geraden, feinen Porenrillen zu erkennen ist. Die bis 1 mm hohen Holzstrahlen sind mit bloßem Auge kaum erkennbar. Auf dem Radialschnitt Spiegelglanz. In den Holzstrahlen sind rotbraune Harzgänge erkennbar. Sehr gleichmäßig strukturiertes, schlichtes, mittelfeines, gradfaseriges, ilombaähnliches Holz, dem ausgesprochene Dichtezonen fehlen.

Eigenschaften: $r_{15} = 0{,}48$ g/cm^3, Landungsgewicht 700 kg/m^3 (brasilianische Herkünfte kennen noch eine schwerere Gewichtsklasse). Teilweise stärker schwindend, Stehvermögen nicht immer befriedigend. Weiches Holz, dessen Festigkeitseigenschaften denen von Ilomba sehr ähneln; wenig tragfähig.

Bearbeitung und Oberflächenbehandlung: Vorzugsweise Sägen und Schälen. Keine Bearbeitungsart bereitet Schwierigkeiten, sofern nicht wolliger Kern vorkommt. Das faserige Holz neigt etwas zum Ausreißen und gibt keine sehr scharfen Kanten. Alle Holzverbindungen durch Nägel, Schrauben und Leime halten gut. Die Trocknung verläuft ohne Schwierigkeiten, wenn sie auch nicht zu schnell gesteuert werden darf, um einen Zellkollaps zu vermeiden.
Die Oberflächenbehandlung bereitet mit allen üblichen Mitteln keine Schwierigkeiten.

Fehler: Das Splintholz wird schnell von Insekten und Bläuepilzen befallen; Rundholz reißt schnell. Nicht witterungsfest.

Eignung und Verwendung: Als Schälfurnier zur Sperrholzerzeugung; als Vollholz vorzugsweise für Leisten, Profile, Verpackung und Modellbau. Ein Austauschholz für Okoume und Ilomba.

Weißbuche (HB)

Hainbuche, Hagebuche, Hornbaum

Carpinus betulus

Familie: *Carpiuaceae* (teils auch unter *Corylaceae* und/oder *Betulaceae* eingeordnet)

Vorkommen: Vorwiegend im mittleren und südlichen Europa, wenig in Südwest- und Nordeuropa. Reinbestände nur im Osten; andere Arten in Ostasien und Nordamerika.

Baumbeschreibung: Selten zylindrische, meist spannrückige, im Freien auch krummschäftige Bäume mit Durchmessern von 60 bis 90 cm. Astfreie Stammschäfte bis 10 m.

Farbe: Kernholz und Splintholz sind nicht unterschieden. Gelblichweiß bis schwachhellgrau. Gehobelte Flächen schwach glänzend, bei starkem Licht vergilbend.

Makroskopisches Erscheinungsbild und Gesamtstruktur: Jahrringe nur undeutlich, meist sehr wellig verlaufend, einzelne Jahrringe in sich oft auffallend ungleich breit. Gefäße sehr fein, ohne Hilfsmittel nicht sichtbar. Speicherzellen in feinen, tangentialen Bändern; leicht mit dem sehr schmalen, dichten, etwas dunkleren Spätholz zu verwechseln. Holzstrahlen sehr fein, einzelne kaum sichtbar, aber häufig derartig engstehend, daß der Eindruck breiter kristallführender Holzstrahlen (Scheinholzstrahlen) entsteht. Radial unregelmäßige, fleckenartige Spiegel durch falsche Holzstrahlen, strichartig von dunklerer Färbung. Ziemlich homogenes Holz mit kaum sichtbarer feiner Fladerung. Das Holz der Hopfenbuche (*Ostrya carpinifolia*) ist sehr ähnlich.

Eigenschaften: $r_{15} = 0{,}86$ g/cm^3, Landungsgewicht über 1000 kg/m^3, stark schwindend; sehr hart, fest und zäh. Im Freien wenig dauerhaft und nicht witterungsfest.

Bearbeitung und Oberflächenbehandlung: Vorwiegend Sägen, noch messerbar.

Schlecht zu bearbeiten, splittert leicht, Faserausrisse beim Hobeln, schwer zu nageln. Schwierig zu trocknen, neigt zum Reißen und Werfen. Verleimungen halten nicht gut. Die Oberflächenbehandlung erfordert größte Sorgfalt, jedoch beiz- und polierbar.

Fehler: Spannrückigkeit, Vergrauung.

Eignung und Verwendung: Bevorzugt für Werkzeuge, im Maschinenbau und überall dort, wo Härte, Zähigkeit und hohe Widerstandsfähigkeit gegen Stoß und Reibung erforderlich sind, z. B. Hackbretter und -klötze; vereinzelt für Parkett.

Wenge (WEN)

Awong, Mokonge, N'Gondou, Ntoko

Millettia laurentii

Familie: *Fabaceae*

Die Holzart Panga-Panga ist die sehr ähnliche, nahverwandte Art *M. stuhlmannii.*

Die Holzart *Amphimas sp. pl.* sollte nicht als Weißes Wenge, sondern als Lati gehandelt werden.

Vorkommen. Südkamerun, Nordkongo, Zaire.

Baumbeschreibung: Mittelgroße, meist zylindrische Bäume mit Durchmessern von 50 bis 100 cm bei astfreien Baumschäften von etwa 14 m, jedoch sind nur etwa 9 m hiervon zum Export verwertbar. Leichte Beulen und Krümmungen kommen vor.

Farbe: Der schmale, bis etwa 3 cm gelblichweiße Splint ist vom frischen Kernholz durch dessen braune Farbe gut zu unterscheiden. Mit zunehmender Austrocknung dunkelt das Holz zu Braunschwarz nach bei einer etwa 0,5 mm breiten hell-dunkel Streifung. Gehobelte Flächen mattglänzend.

Makroskopisches Erscheinungsbild und Gesamtstruktur: Die groben, zerstreut angeordneten, nicht sehr zahlreichen Gefäße zeigen in den Porenrillen dunkle oder gelblichgraue Inhalte. Die feinen Holzstrahlen haben Stockwerkbau. Die auf den Querschnitten porenbreiten Speicherzellen verbinden als helle Bänder die Gefäße und bewirken auf den radialen Flächen eine hell-dunkle Streifung sowie auf dem Tangentialschnitt eine lebhafte, blumige, das Holzbild wesentlich beeinflussende Fladerung. Grobstrukturiertes, jedoch dekoratives Holz mit deutlich zweifarbigem Strukturbild, meist gradfaserig gewachsen.

Eigenschaften: $r_{15} = 0{,}86$ g/cm^3, Landungsgewicht 1150 kg/m^3, schwindet mäßig, gelegentlich auch stärker, hat jedoch ein gutes Stehvermögen. Dunkles, schweres Holz, dessen Festigkeitseigenschaften denen von Afzelia nahekommen mit ebenfalls hoher Abriebfestigkeit. Gegen Pilzbefall sehr dauerhaft.

Bearbeitung und Oberflächenbehandlung: Vorwiegend Messern und Sägen. Wenn auch ein erhöhter Kraftaufwand erforderlich ist, so bestehen doch für alle Werkzeuge keine besonderen Schwierigkeiten, sofern nicht unregelmäßiger Faserverlauf vorliegt. Es lassen sich saubere Flächen erzielen; für Holzverbindungen durch Nageln und Schrauben ist vorzubohren. Verleimung auf Kunstharzbasis gibt gute Verbindungen. Die Trocknung verläuft zwar recht langsam, jedoch besteht wenig Neigung zu Rißbildung und Verformung. Die Oberflächenbehandlung ist nicht ganz einfach, weil sich nicht alle üblichen Mittel bisher bewährt haben, mit Ausnahme von DD-, Alkyd- und Polyurethanpräparaten.

Fehler: Kernfäule und grober innerer Wurmbefall kommen bei manchen Standorten vor. Neigt zum Splittern.

Eignung und Verwendung: Besonders als Messerfurnier vornehmlich dekorativ einsetzbares Holz für Möbel, das im Tangentialschnitt ein zart blumiges Bild zeigt. Daher ausgesprochenes Innenausbauholz für repräsentative Räume und Schaufenster oder als Kontrast zu hellen Flächen. Als Vollholz sowohl wegen seiner Festigkeit vielseitig einsetzbar für Parkett und Treppenstufen als auch dekorativ zur Erzielung von Kontrastwirkungen. Eines der wertvollsten und teuersten afrikanischen Importhölzer.

White Wood (WIW)

Canary Wood, Tulip Tree, Yellow Poplar, Tulpenbaum

Liriodendron tulipifera L.

Familie: *Magnoliaceae*

Vorkommen: In den südöstlichen Teilen der USA und in Kanada zwischen dem Huron- und dem Erie-See. Heute auch weltweit kultiviert.

Baumbeschreibung: Ein verhältnismäßig schnell wachsender Laubbaum, der große Abmessungen erreicht mit Höhen bis über 40 m, bei Durchmessern von etwa 60 bis 150 cm, u. U. bis um 200 cm. Die recht geraden Stammschäfte sind bis auf 20 bis 25 m astfrei und zylindrisch ausgeformt, soweit sie in geschlossenen Beständen wachsen.

Farbe: Das fast weiße, bei Zweitwuchs oft sehr breite Splintholz setzt sich mit zunehmender Austrocknung deutlich vom zunächst im frischen Zustand hell gelbgrünlich bis dunkelgelb gefärbten Kernholz ab, das an der Luft schnell zu Olivbraun bis Graubraun nachdunkelt.

Makroskopisches Erscheinungsbild und Gesamtstruktur: Die jährlichen Zuwachszonen werden auf dem Hirnschnitt durch feine, hellfarbigere Speicherzellenbänder deutlich. Ein homogenes, schlichtes Holz mit zerstreuter Gefäßanordnung, wobei die Porenrillen undeutlich sind. Die Holzstrahlen sind als feine Spiegel erkennbar. Das mittelfein texturierte Holz ist meist gradfaserig. Im Splint pappelähnlich.

Eigenschaften: $r_{15} = 0{,}52$ g/cm^3, Landungsgewicht 700 kg/m^3. Mäßig schwindend, getrocknet gutes Stehvermögen, weich und leicht, jedoch im Alter zunehmend brüchig. Es erinnert etwas an Framire (*Terminalia ivorensis*). Nicht dauerhaft und nicht witterungsbeständig, insektenanfällig.

Bearbeitung und Oberflächenbehandlung: Ist mit allen Werkzeugen gut und leicht zu bearbeiten. Gut zu trocknen. Läßt sich leicht nageln, ohne zu splittern. Gehobelte Flächen haben einen matten Glanz; die üblichen Oberflächenmittel sind gut aufzubringen. Holzverbindungen durch Nägel, Schrauben und Leime halten gut.

Fehler: Wenig schlagfest und biegefähig. Der Splint kann durch Saftflecken verfärbt sein. Insektenbefall leicht möglich.

Eignung und Verwendung: In Nordamerika im Möbelbau, als Leistenholz sowie für leichte Musikinstrumente wie z. B. für konstruktive Teile bei Cembalo und Spinett. Sehr gut für den Modellbau. Schälfurniere zum Absperren und für Sperrholz bzw. als Blindholz. Jedoch nur dort einsetzbar, wo witterungsgeschützt, empfehlenswert, wo es auf Form- und Maßhaltigkeit ankommt.

Zebrano (ZIN)

Zebrawood, Zingana, Amouk, Enuk-Enug

Microberlinia brazzavillensis

Familie: *Caesalpiniaceae*

Vorkommen: Kamerun, Äquatorialguinea, Südgabun, Nordkongo.

Baumbeschreibung: Mittelgroßer bis kurzstämmiger Baum mit Durchmessern zwischen 60 bis 120 cm; astfreie Stammlängen von ca. 15 m bei geringen Brettwurzelanläufen.

Farbe: Etwa 10 cm breites, fast weißes Splintholz, deutlich vom gelb-dunkelbraun gestreiften Kernholz abgesetzt. Auf dem hellgelben bis goldbraunen Grund erscheinen alle 5 bis 10 mm mehr oder minder breite (1 bis 3 mm) dunkelbraune, auch olivbraune, mattglänzende Farbstreifen.

Makroskopisches Erscheinungsbild und Gesamtstruktur: Auf dem Hirnschnitt ist der gezonte Charakter dieses Holzes besonders deutlich, wenn auch die Ausprägung der Farbringe häufig nicht sehr deutlich und sehr scharf begrenzt ist. Die mittelgroßen bis groben, ovalen Gefäße sind zerstreut angeordnet und von einem hellen, ring- oder augenförmigen Speichergewebe umgeben, das in den undeutlich ausgebildeten Zuwachszonengrenzen zu feinen Bändern zusammenfließt. Einige Poren sind mit Inhaltsstoffen angefüllt, es gibt auch tangential angeordnete Kernstoffgallen. Die meist stockwerkartige Anordnung der sehr feinen, schrägen Holzstrahlen verursacht eine schwache Riffelzeichnung. Tangential entsteht durch die Farbstreifen eine auffallende Fladerung. Wenig ausgeprägter Wechseldrehwuchs. Ziemlich grobes, jedoch dekorativ gezeichnetes Holz.

Eigenschaften: $r_{15} = 0{,}80$ g/cm^3, Landungsgewicht 1050 kg/m^3, Schwindung mäßig. Ein mittelhartes, festes, elastisches Holz mit einer mittelgroßen Schlagbiegefestigkeit; radial schwer spaltbar. Witterungs- und insektenfest.

Bearbeitung und Oberflächenbehandlung: Vornehmlich Messern nach intensiver Dämpfung und Sägen. Der häufige Wechsel harter und weicher Zonen macht sich jedoch hierbei bemerkbar. Alle Arbeitsvorgänge bereiten aber keine außergewöhnlichen Schwierigkeiten, wenn auch das Sägen etwas erschwert ist, zumal manche Herkünfte harzhaltiger sind, was sich auch in der Kammertrocknung und Oberflächenbehandlung nachteilig auswirken kann. Das Hobeln ist bei wechseldrehwüchsigen Flächen schwierig. Die Kammertrocknung ist nicht ganz einfach und muß sehr langsam gesteuert werden, da Zebrano sonst leicht reißt und sich wirft. Einmal getrocknet, ist das Stehvermögen befriedigend.
In der Oberflächenbehandlung läßt sich Zebrano durch geschicktes Beizen teak- oder nußähnlich herrichten. Lackschäden können auftreten.

Fehler: Das Holz ist frisch übelriechend und neigt besonders bei alten Stämmen zu Kernhohlfäule; Harzgallen.

Eignung und Verwendung: Als Messerfurnier in Quartier radial aufgearbeitet für dekorative Innenausstattungen und Möbel sowie Armaturenverkleidungen im Autobau. Nach verändernder Oberflächenbehandlung auch als Teak- und Nußersatz. Als Vollholz in der Kunsttischlerei und Drechslerei sowie für luxuriöse Innenausstattungen, wie z. B. für Schiffskabinen.

Technologische Kennzahlen und Handelsformen

Holzname	Darr-dichte g/cm³	Schwindmaß % radial	Schwindmaß % tan-gential	Elastizitäts-modul N/mm²	Biege-festigkeit N/mm²	Handelsformen Rund-holz	Schnittholz (+ Parkett = P)	Furnier (Messer-)	Sperr-holz
Abachi/Wawa	0,35	3,0	5,2	6 000	73	●	●	●	●
Abura	0,52	4,3	9,5	7 700	100	●	●		●
Afrormosia	0,65	3,5	6,5	10 400	120	●	● P	●	
Afzelia (*A. bip.*)	0,70	3,1	4,6	14 000	110	●	● P		
Agba	0,45	2,4	5,7	8 700	90	●	● P		
Ahorn (Berg-)	0,59	3,0	8,0	9 400	95	●	● P	●	
Amazakoue	0,76	4,2	8,0	17 100	70	●	●	●	
Andiroba	0,58	4,8	7,7	11 700	110		● P	●	●
Aningre	0,52	4,1	6,7	11 000	95	●	●	●	
Antiaris	0,43	4,2	7,4	7 100	82	●		●	●
Avodire	0,51	4,0	5,3	10 100	132	●	● P	●	
Azobe	1,0	7,8	11,7	17 400	227	●	●		
Balau (Yellow)	0,8	4,5	8,3	18 700	142		● P		
Balsa	0,13	2,4	5,4	2 160	15		●		
Basralocus	0,79	5,1	8,3	14 500	120		● P		
Bilinga	0,63	5,0	7,5	11 300	130	●	● P		
Birke (Sand-)	0,61	5,3	7,6	15 500	147	●	● P	●	●
Birnbaum	0,66	4,6	9,1	8 000	98	●	●	●	
Boire	0,70	5,4	7,4	12 000	90	●	● P		
Bosse (*G. cedrata*)	0,54	5,5	7,0	10 700	140	●	●	●	●
Bubinga	0,88	5,3	8,6	16 000	190	●	● P	●	
Buche (Rot-)	0,64	5,8	11,8	13 000	123	●	● P	●	●
Buchsbaum	0,92	11,0	15,0	15 000	120		●		
Cedar (Red) Eastern*	0,45	3,3	5,0	8 500	60		●		
Cedar (Red) Western*	0,34	2,4	4,5	7 700	55		●		
Cedro	0,43	4,0	5,9	7 900	70	●	●	●	
Cerejeira	0,57	2,5	4,5	8 800	85		●		
Cocobolo	1,03	2,7	4,3	18 000	150		●		
Coigue	0,55	6,2	13,1	11 300	97	●		●	
Courbaril	0,82	3,7	7,5	17 900	179		● P	●	
Dibetou	0,49	3,9	6,2	8 400	83	●	●	●	
Ebenholz (Makassar)	0,95	8,2	12,8	17 700	164	●	●	●	
Eibe*	0,59	3,7	5,3	12 000	92	●	●	●	
Eiche (Stiel-)	0,63	4,0	7,8	11 700	95	●	● P	●	
Ekaba	0,54	4,9	8,9	14 300	95	●			●
Erle (Schwarz-)	0,49	4,4	9,3	10 600	97	●	●		●
Esche (deutsche)	0,65	5,0	8,0	13 400	120	●	● P	●	
Faro	0,44	3,6	7,2	7 500	64	●			●
Fichte*	0,43	3,6	7,8	11 000	78	●	●		●
Framire	0,50	3,7	5,5	9 000	83	●	●	●	●
Fromager	0,26	3,0	6,7	4 100	43	●	●		●
Greenheart	0,98	7,3	8,9	24 500	240	●	●		
Grenadille	1,10	3,0	5,0	16 000	226		●		
Hemlock (Western)*	0,47	4,3	7,9	10 500	83		●		
Hickory	0,76	7,0	10,5	14 800	135	●	●		
Ilomba	0,46	3,4	7,2	4 000	71	●	●		●
Iroko	0,63	3,8	5,5	11 000	110	●	● P		

* Nadelholz. Schwindmaße verstehen sich auf den atro-Zustand, Elastizitätsmodul und Biegefestigkeit gelten für eine Holzfeuchtigkeit von 12 bis 16 Prozent. P = Es liegen bereits positive Erfahrungen über Parketteinsatz in Europa vor.

Holzname	Darr-dichte g/cm³	Schwindmaß % radial	Schwindmaß % tan-gential	Elastizitäts-modul N/mm²	Biege-festigkeit N/mm²	Handelsformen Rund-holz	Handelsformen Schnittholz (+ Parkett = P)	Handelsformen Furnier (Messer-)	Handelsformen Sperr-holz
Jarrah	0,76	4,8	7,4	16 000	152		● P		
Jelutong	0,40	1,4	3,0	8 100	50	●	●	●	●
Kapur	0,65	2,1	6,5	13 500	114	●	● P		●
Keruing (Yang)	0,72	3,9	7,4	15 700	120	●	● P		●
Khaya (*K. ivorensis*)	0,46	3,2	5,7	10 000	87	●	●	●	●
Kiefer*	0,48	4,0	7,7	12 000	80	●	● P	●	●
Kirsche	0,54	5,0	8,7	11 000	105	●	●	●	
Kondroti	0,44	4,7	8,6	7 000	66	●			●
Kosipo	0,64	4,3	6,0	8 100	113	●	● P	●	●
Kotibe	0,68	5,0	8,0	10 800	116	●	●	●	●
Koto	0,48	4,7	10,7	12 000	140	●	●	●	●
Lärche (europ.)*	0,55	3,3	7,8	13 800	99	●	●	●	
Lauan	0,50	4,0	9,0	9 000	85	●	●		●
Lenga	0,48	6,3	11,0	10 000	88	●	●	●	
Limba	0,52	4,7	5,5	12 500	94	●	●	●	●
Linde	0,49	5,5	9,1	7 400	106	●	●		
Louro preto	0,84	4,3	7,9	12 400	130			●	
Mahagoni (amerik.)	0,52	3,0	4,2	8 500	90	●	●	●	
Makore	0,62	5,9	7,8	11 000	137	●	●	●	●
Maniu*	0,48	4,6	8,1	9 900	75	●	●		
Mansonia	0,59	4,7	7,9	11 000	150	●	● P	●	
Mecrusse	0,86	6,1	6,9	12 400	180		● P		
Merantii Dark Red	0,67	4,1	9,7	14 500	119	●	●	●	●
White	0,57	2,6	6,3	12 900	90	●	●		●
Yellow	0,53	2,6	6,3	10 800	86	●	●		●
Movingui	0,68	3,7	6,2	11 800	162	●	● P	●	
Muhuhu	0,82	3,5	5,9	11 000	149		● P		
Muiratinga	0,57	3,4	6,7	8 100	90			●	●
Mutenye	0,72	5,3	9,6	18 200	150	●	● P	●	
Niangon	0,64	4,4	9,7	11 500	144	●	● P	●	
Nußbaum (amerik.)	0,56	4,8	7,1	12 400	103	●	●	●	
Nußbaum (europ.)	0,64	5,4	7,5	12 500	115	●	● P	●	
Okoume	0,41	4,8	7,5	7 800	87	●	●	●	●
Ozigo	0,53	5,6	8,0	11 200	120	●	●		●
Padouk (afrik.)	0,65	3,2	5,3	12 300	164	●	●	●	
Palisander (ostind.)	0,83	2,7	5,8	12 500	119	●	●	●	
Palisander Rio	0,83	2,8	6,1	8 000	131	●		●	
Pao Rosa	0,93	4,3	6,1	17 000	208	●		●	
Pappel (Schwarz-)	0,41	5,2	8,3	8 800	65	●	●	●	●
Parana Pine*	0,51	3,9	6,4	13 200	133		●		●
Pitch Pine*	0,62	4,0	7,1	12 000	104		● P		
Pockholz	1,10	5,6	9,3	12 300	132	●	●		
Radiata Pine*	0,41	2,1	3,4	8 900	60	●	●		
Ramin	0,57	4,0	9,4	15 500	110	●	●		●
Rauli	0,51	4,7	9,3	10 000	87	●	●		
Redwood*	0,38	2,0	4,4	7 500	58		●		
Robinie	0,70	4,4	6,9	11 300	136	●	● P		
Rüster	0,64	4,6	8,3	11 000	89	●	● P	●	●
Saligna**	0,54	5,3	8,8	15 000	67		●		
Sapelli	0,60	5,0	7,0	11 000	140	●	● P	●	●

* Nadelholz. Schwindmaße verstehen sich auf den atro-Zustand, Elastizitätsmodul und Biegefestigkeit gelten für eine Holzfeuchtigkeit von 12 bis 16 Prozent. P = Es liegen bereits positive Erfahrungen über Parketteinsatz in Europa vor. ** Die Werte gelten für Plantagenholz; australischer Primärwuchs liegt bis etwa 30 Prozent höher.

Holzname	Darr-dichte g/cm³	Schwindmaß % radial	tan-gential	Elastizitäts-modul N/mm²	Biege-festigkeit N/mm²	Handelsformen Rund-holz	Schnittholz (+ Parkett = P)	Furnier (Messer-)	Sperr-holz
Sen	0,49	4,5	7,0	8 500	74		●	●	●
Sipo	0,60	4,0	5,9	11 500	106	●	●	●	●
Sucupira	0,86	4,9	7,1	18 000	144		● P	●	
Tali	0,84	5,4	9,2	15 700	170	●	● P		
Tamo	0,52	3,5	6,0	10 000	91		●	●	
Tanne*	0,41	3,8	7,6	11 000	73	●	●		
Tasmanian Oak (= *E. obliqua*)	0,58	5,5	6,8	14 500	120	●	●		
Tatajuba	0,78	5,2	6,2	17 300	127		● P		
Tchitola	0,55	4,0	8,0	12 200	105	●		●	●
Teak	0,62	2,3	4,2	13 400	105	●	●	●	
Tiama	0,52	5,0	7,6	9 800	78	●	● P	●	●
Virola	0,41	5,4	9,8	10 300	71		●	●	●
Weißbuche	0,71	6,8	11,5	16 200	160	●	● P		
Wenge	0,79	6,3	10,0	17 400	200	●	● P	●	
White wood	0,43	4,0	7,1	10 500	65	●	●	●	●
Zebrano	0,73	9,6	16,3	14 100	153	●	●	●	

* Nadelholz. Schwindmaße verstehen sich auf den atro-Zustand, Elastizitätsmodul und Biegefestigkeit gelten für eine Holzfeuchtigkeit von 12 bis 16 Prozent. P = Es liegen bereits positive Erfahrungen über Parketteinsatz in Europa vor.

Stichwortverzeichnis

Von den Suchwörtern sind fett gedruckt die Leitnamen und ihre entsprechenden Seitenziffern. Danebenstehende, normal gedruckte Ziffern geben an, auf welchen Seiten die Leitnamen außerdem vorkommen. Normal gedruckt sind Handelsnamen und lokale Bezeichnungen der Hölzer sowie der Verweis auf den Leitnamen, dem sie zugeordnet sind. In Klammern gesetzte Ziffern geben an, auf welcher Seite dieses Stichwort unter seinem und weiteren Leitnamen erwähnt ist.

Inhaltsverzeichnis

Abbildungsverzeichnis

Schrifttum

A.T.I.B.T., Nomenclature generale des Bois tropicaux, 1982 und Atlas der tropischen Hölzer (3 Bände), 1986-89-90, Nogent-sur-Marne

Burgess, P.F., Timber of Sabah, Sabah 1966

Dahms, K.-G., Afrikanische Exporthölzer, Stuttgart 1968

Dahms, K.-G., Forst und Holz in Mittel- und Südamerika, Stuttgart 1956

Dahms, K.-G., Asiatische, ozeanische und australische Exporthölzer, Stuttgart 1982

Dahms, K.-G., Nordamerikanische Exporthölzer, Stuttgart 1991

Dech, H.E., Manual of Malayan Timbers, Vol. 1, Kuala Lumpur 1941

Deutsche Gesellschaft für Holzforschung, Heft 11: Oberflächenbehandlung von Holz und Holzwerkstoff, München 1981

Dietrichs, H.H., Holzkunde/Chemisch-Technologische Merkblätter, Sonderdruck aus: Bau- und Möbelschreiner, Stuttgart 1978

Dorn, A. und Fessel, Wetteranstrich auf Holz, München 1969

Farmer, R.H., Handbook of Hardwoods, 2nd. Edition, London 1972

Forest Products Laboratory, Veneer Species of the world, Madison 1973

Forest Department Malaya, Malayan Grading Rules for Sawn Hardwood Timber, Kuala Lumpur 1968

Giordano, G., I Legnami del Mondo, Milano 1964

Gottwald, H., Handelshölzer, Hamburg 1958

Grosser, D., Die Hölzer Mitteleuropas, ein mikrophotographischer Lehratlas, Berlin 1977

König, E., Holz Lexikon, 2. Auflage, Stuttgart 1972

Hustede, K., Schnittholztrocknung, Stuttgart 1979

Kukaschka, Fr., Properties of Imported Tropical wood, Madison 1970

lee yew hon und chu yue puni, Commercial Timbers of Peninsular Malaysia, Berhad 1974

Record, S.J. and Mess, R.W., Timbers of the New World, New Haven 1965

Rendle, B.J., World Timbers, Vol. 1: Europe + Africa, Vol. 2: North + South America, Vol. 3: Asia + Australia + New Zealand, London 1970

Sallenave, P., Propriétés physiques et mecaniques des Bois tropicaux C.T.F.T., Nogent-sur-Marne 1961 (2 Bände)

Schmidt, E., Überseehölzer, Berlin 1961

VDH/Arbeitsgemeinschaft Holz, Informationsdienst HOLZ, Merkblattreihe Nr. 1–100

Wagenführ R. und Scheiber, Holzatlas, Leipzig 1974

Zeitschriften:

Holz-Zentralblatt, laufende Fortsetzungsfolgen »Neue Importholzkunde«

Bois et Fôrets des tropiques, Revue Bimestrielle, laufend bis Nr. 218

(In diesen Standardwerken sind zahlreiche Hinweise auf spezielle Fachliteratur enthalten.)